文化伟人代表作图释书系

An Illustrated Series of Masterpieces of the Great Minds

非凡的阅读

从影响每一代学人的知识名著开始

知识分子阅读,不仅是指其特有的阅读姿态和思考方式,更重要的还包括读物的选择。在众多当代出版物中,哪些读物的知识价值最具引领性,许多人都很难确切判定。

"文化伟人代表作图释书系"所选择的,正是对人类知识体系的构建有着重大影响的伟大人物的代表著作,这些著述不仅从各自不同的角度深刻影响着人类文明的发展进程,而且自面世之日起,便不断改变着我们对世界和自然的认知,不仅给了我们思考的勇气和力量,更让我们实现了对自身的一次次突破。

这些著述大都篇幅宏大,难以适应当代阅读的特有习惯。为此,对其中的一部分著述,我们在凝练编译的基础上,以插图的方式对书中的知识精要进行了必要补述,既突出了原著的伟大之处,又消除了更多人可能存在的阅读障碍。

我们相信,一切尖端的知识都能轻松理解,一切深奥的思想都可以真切领悟。

■ 文化伟人代表作图释书系

The Chrysan-
themum and the
Sword

程 兰 / 译

菊与刀 （全新插图本）

〔美〕鲁思·本尼迪克特 / 著

重庆出版集团 重庆出版社

图书在版编目（CIP）数据

菊与刀 /〔美〕鲁思·本尼迪克特著；程兰译. —重庆：重庆出版社，2020.8
ISBN 978-7-229-14665-8

Ⅰ.①菊… Ⅱ.①鲁… ②程… Ⅲ.①民族文化 – 研究 – 日本 Ⅳ.①K313.03

中国版本图书馆CIP数据核字（2020）第113846号

菊与刀
JU YU DAO

〔美〕鲁思·本尼迪克特 著　　程兰 译

策 划 人：刘太亨
责任编辑：吴向阳　谢雨洁
责任校对：刘小燕
封面设计：日日新
版式设计：曲　丹

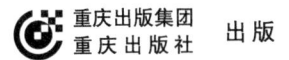

重庆出版集团
重庆出版社　出版

重庆市南岸区南滨路162号1幢　邮编：400061　http://www.cqph.com
重庆三达广告印务装璜有限公司印刷
重庆出版集团图书发行有限公司发行
全国新华书店经销

开本：720mm×1000mm　1/16　印张：23　字数：300千
2020年8月第1版　2020年8月第1次印刷
ISBN 978-7-229-14665-8
定价：58.00元

如有印装质量问题，请向本集团图书发行有限公司调换：023-61520678

版权所有　侵权必究

致谢

在日本出生或者接受教育,而战争期间生活在美国的日本人,他们的处境十分困难。大多数美国人并不信任他们。因此,我十分高兴能够在此证明,在我为本书搜集资料时,他们给予我的帮助和友好表现。我要对他们表示诚挚的感谢。我要特别感谢我战时的同事,罗伯特·羽岛。他在美国出生,在日本长大,1941年选择回到美国。他曾经被关押在战争安置营中,当他来到华盛顿为美国战争研究机构工作时,我遇到了他。

我还要感谢战争情报办公室,是它给了我关于这本书所报道的任务,特别感谢远东副处长乔治·E.泰勒教授,以及负责国外士气分析部门的亚历山大·H.雷顿指挥官。

我还要感谢那些全部或部分解读本书的人:雷顿指挥官、克莱德·克拉克洪教授和内森·莱特斯博士,当我对日本进行研究的时候,他们都在战争情报处,给予了我多方面的帮助;康拉德·阿伦斯伯格、玛格丽特·米德博士、乔治·贝特森和诺曼,我非常感谢他们的建议和帮助。

鲁思·本尼迪克特

FOREWORD | 序言

即使在最有利的情况下，了解另一种文化也是很困难的。正如鲁思·本尼迪克特所说，你需要坚强的意志，面对各种纷扰不安，仍然能够辨别个中差异。这并不是一个多愁善感的、充满手足情谊的世界，表象之下，世界多元。每个人有各自特有的兴趣、历史和经历，看世界便拥有了不同的视角。对个人来说如此，对国家而言同样适用，否则就太奇怪了。最重要的是，鲁思·本尼迪克特将对其他文化的研究称为"某种宽容"——此处的宽容指的是她审视的其他观点，即使有悖于我们的价值观念，也仍然有其自身存在的合理性。狂热的爱国者不可能成为一位优秀的文化学者。

想要在残酷的冲突中了解敌人，需要一种非同寻常的宽容。这种宽容在任何时期都需要，因为只有客观评价敌人的优劣，我们的研究才有作用。1944年6月，鲁思·本尼迪克特任职于美国政府，撰写了一份日本文化分析报告。要证实美国人对这个依旧遥远而陌生的民族存在偏见，将会轻而易举，但却毫无价值。

这些偏见在战争时期，就已经充分迎合了宣传的需求——日本人天生就是狂热分子，奸诈又野蛮。他们就是猿人、野蛮人、老鼠、疯狗或者疯狂的武士，就好像准备杀人的同时随时准备自杀。想要驯服这个残暴的民族，正如《悉尼每日电讯报》在1945年所说的："我们需要跨越2000年的一种落后的思维认知，拨开我们的文明所创造的技术知识的面纱，蕴藏其下的是和野蛮人一样凶狠的人群，他们用棍棒战斗，并深信打雷是神的声音。"

本尼迪克特不得不透过那些荒谬的理论来完成一份报告，使盟军领导人能够准确地预测出日本人将会怎样行动：是投降，还是战斗到最后一个人，不论男人、女人还是孩子；如何结束战争；如何处置天皇；日本在盟军占领下会发生什么等。即便是对曾在日本居住多年的专家而言，在1944年写下这种论述也是非常困难的。而本尼迪克特，正如她自己所言，她既不是专家，也从未去过日本，她完成这份报告只能借力于书面材料——从有关学术书籍到日本小说译本的任何材料——还包括电影，以及同日裔美国人的访谈。

然而，成为一名专家未必是一种优势。专家有时会有相当固执的想法，不愿意让新的思路打破他们专业知识的舒适圈。例如，约瑟夫·格鲁[1]是一位资深日本专家，在太平洋战争前，他曾任美国驻日本大使，他深信日本人本质上是非理性的，绝不会转向民主政府。鲁思·本尼迪克特最大的优点之一，就是她坚决反对对民族文化的歧视，在研究中保持着头脑的开放。

当然，有人可能会反对传统文化人类学的一种假说，即"民族性格"的存在。现在，它并不是一种流行的概念。有关种族和民族的伪科学理论已经腐蚀了集体特征的"同质化"。理论家更倾向于强调"混杂性"或民族多元文化，而不是从单一的文化认同去思考。与此同时，我们还受困于自身的文化认同。事实上，或许由于生活在多元文化社会的不确定性，我们被卷入全球经济之中，已经无法满足自我。关于民族英雄、民族"价值观"和民族历史的书籍在各处立即畅销起来。

国家的固执己见，恰恰与鲁思·本尼迪克特的研究背道而驰。这种自我陶醉，只会使研究寸步难行。她确实对异国文化产生了浓厚的兴趣。问题在于异国文化的轮廓和特征，是否如她所想的那般清晰。

我曾对政治事件的文化阐释持怀疑态度。过去也对鲁思·本尼迪克特著名的耻感文化和罪感文化间的差异性表示怀疑。文化分析的危险性在于，它认为世界是静止不变、始终如一的。鲁思·本尼迪克特非常清楚这种危害。但是，虽然承认许多变化随着时间流逝会对民族和文化产生影响，她仍固执地深信某些形式的影响。就如同她讲述英语语言的发展，只是因为他们"太过自我，以至于不同时期，有不同的标准和语气表达"。

那么，日本人的"自我"又是什么样的？再次读到鲁思·本尼迪克特这本

---

[1] 约瑟夫·格鲁（1880—1965年），美国资深外交官，日本问题专家，曾任美国驻日本大使。——译者注

书的时候，我对她巧妙的研究方法印象深刻。当她讨论罪与耻之间的差异时，她并没有标明绝对的标准，只是着重强调，每个日本人既知道罪也知道耻，但是日本社会不像西方社会那样，对道德准则绝对重视，他们更注重"得体行为的外在认可"。

她强调，日本人对他人的看法异常敏感。耻源于未能履行社会义务。日本人会因为被注意到的罪行而产生负罪感。耻感与他们的观察密不可分。

关于日本人迫于压力的种种行为的描述也非常形象，就像她亲自看到过这些情形一样——出于对母亲的顺从，孝子无视爱妻的要求；留学美国的女学生因受恩于同学而万分苦恼，因为她不知道如何偿还，来回报他们的恩。

由于研究任务的特殊性，她的工作困难重重。单单观察和分析日本的民族特性是不够的，本尼迪克特还需要帮助美国政府预测日本未来将有何行动。按照美国人的计划，他们将以更加自由民主的路线重建日本。因此，他们需要了解日本对于战败和天皇角色的转变，以及美国占领者的政治监控会作何反应。让盟军倍感困惑的是，一个发誓会死战到底、不共戴天的死敌，会变得温顺甚至友好，转变之迅速让人惊讶。

本尼迪克特认为，这源于日本人对天皇——日本人的根本来源——深深的责任感。人们愿意为他赴死；但是，当天皇用他那颤抖的、勉强能听见的声音命令他们"忍受无法忍受的"投降，建立一个崭新的和平的日本时，他们会立即服从。日本天皇的神圣常常被西方人误解。通常的猜想是，日本人信仰天皇就类似于西方人信仰上帝。本尼迪克特非常清楚地指出，日本人并未觉得人神之间有一条巨大的鸿沟，万事万物都被授予神圣的光环：岩石、山脉和河流，也包括死去的人。天皇作为国家等级制度的最顶层，代表着国家的一种宗教思想。你不是因为笃信天皇是一个神而尊奉这种想法，而只因为你是日本人，才对他绝对服从。

在1945年，多数日本人就是这样的，之后就不再如此了。本尼迪克特未能预知民众态度的快速转变。她将对天皇的忠诚视为日本人的重要特性之一，并且记录下来，似乎这一点不可能改变。然而，其他一些事例表明，她低估了日本人坚持既定路线的执着，例如和平主义。

本尼迪克特的一个主要论述，是关于日本人对生活价值观念的限制条件。

由于没有一种一神论的宗教道德上的绝对准则，从道德观到生活目标，所有的一切都可以随情势的变化而变化，因此一个好战民族可以轻易地转变成和平主义者。战争失败了，日本非但没有被尊为一个军事强国，反而在惨败中受尽屈辱。现在，只有遵循美国大法学家起草的宪法才能禁止发动战争，只有通过和平才能赢回国家的尊严。

本尼迪克特认为这一点也是完全情势化的。只要日本周围和平，日本就会致力于和平主义。但是如果军队强大了，并为战争再次做好了准备，日本会迅速恢复原来的军国主义。然而，她所担心的这一点并未发生。尽管日本从朝鲜战争中获得极大的利益，尽管发生了越南战争，尽管与苏联和中国关系紧张，尽管美国不断对日本施压，要求其重新武装并发挥军事作用，但大多数日本人仍然坚持他们的和平主义的理想。这一点也许会适时改变，但远非本尼迪克特所预测的那么快速。

这不是批判，因为人类学家不是预言家。她无法知道这本书完成多年以后会发生什么。1945年至今，日本发生了很多改变。现在，日本的年轻人恐怕很难遵从本尼迪克特书中所描述的"民族性格"的某些方面。忠于天皇、孝敬父母以及唯恐不能偿还人情债，这一切在重视技术、专注自我的时代，早已落下帷幕。当然，人们依旧欣然阅读《菊与刀》，因为这是一部经典之作。

谓之经典，是因其知识性和风格的独特。本尼迪克特是一位出色的作家，她并没有呆板地解释复杂的思想。有人会说，风格是性格的体现。本尼迪克特是一位极具人文主义思想以及慷慨情怀的作家。一本在战争时期筹备的书，对敌人的描述，即便是今天阅读，也不会冒犯日本的读者，即使他或她对本尼迪克特的一些结论持有不同意见。最后，尽管有很多事件改变了日本，日本也经历了半个世纪的发展，但本书中的很多内容，仍然是真实的。

伊恩·布鲁玛[1]

---

[1]伊恩·布鲁玛（1951—　），荷兰著名文化学者、作家、媒体人及《纽约书评》主编，著有《零年：1945现代世界诞生的时刻》《罪恶的代价：德国与日本的战争记忆》《创造日本：1853—1964》和《他们为什么恨日本》等。——译者注

目 录 CONTENTS

致谢 / 1
序言 / 3

第一章　任务：解读日本 …………………………… 1
第二章　战争中的日本人 …………………………… 17
第三章　各安其分 …………………………………… 36
第四章　明治维新 …………………………………… 63
第五章　历史和社会的亏欠者 ……………………… 81
第六章　回报万分之一 ……………………………… 94
第七章　最难承受的"道义" ……………………… 108
第八章　洗刷污名 …………………………………… 118
第九章　人情的范畴 ………………………………… 142
第十章　美德的两难处境 …………………………… 156
第十一章　自我约束 ………………………………… 182
第十二章　儿童的学习 ……………………………… 201
第十三章　投降后的日本人 ………………………… 233

附录：武士道

前言 / 251

第一版序 / 252

绪言 / 254

第一章　作为道德体系的武士道 …………… 258

第二章　武士道的起源 …………… 263

第三章　义——正直与公正 …………… 268

第四章　勇——果敢坚忍的精神 …………… 271

第五章　仁——恻隐之心 …………… 275

第六章　礼——喜悦与共喜悦 …………… 282

第七章　诚——诺言即凭证 …………… 287

第八章　名誉 …………… 292

第九章　忠义 …………… 297

第十章　武士的教育与训练 …………… 303

第十一章　克己 …………… 307

第十二章　自杀与复仇的制度 …………… 312

第十三章　刀——武士之魂 …………… 323

第十四章　妇女的教育及其地位 …………… 326

第十五章　武士道的影响 …………… 336

第十六章　武士道还存在吗？ …………… 341

第十七章　武士道的未来 …………… 349

第一章　任务：解读日本

在美国全力以赴与之作战的所有敌人之中，日本人是最让人难以捉摸的。在其他战争中，从未有过这样的对手，其行为举止与思维习惯是如此迥异于他人，使美国不得不调动更多的资源认真对待。如同1905年的沙皇俄国一样[1]，我们都在与一个不属于西方文化传统，却又全副武装、训练有素的民族战斗。西方国家所认可的基于人性的战争惯例，在日本人那里并不存在。因此，太平洋上的战争就不仅仅是岛屿登陆作战[2]，也不仅仅是解决艰难的后勤补给问题，了解敌人的本性也成为战争中的核心问题。我们要与之作战，就必须先掌握他们的行为方式。

这项工作困难重重。从日本紧闭的大门被打开后的七十五年里，所有对日本人的描述都使用了"既……又……"这种非常不可思议的句式。在描述其他任何国家时，这样的句式并不多见。除非描述日本，一位严谨的

---

[1] 1905年的俄国，有两大历史事件影响深远。一是外部的日俄战争，日本与俄罗斯为了争夺中国辽东半岛和朝鲜半岛的控制权，在中国东北进行了一场战争。这场战争以俄罗斯帝国的失败而告终。二是内部的俄国革命，这场革命没有组织，没有目标，也没有单一原因，主要归咎于几十年的国家动乱和对罗曼诺夫王朝的不满。沙皇指挥不力，导致军队在日俄战争中惨败是其最直接的导火线。这场革命导致尼古拉二世政府于1906年制定等同于宪法的基本法，成立国家杜马立法议会与施行多党制。——编者注

[2] 第二次世界大战期间，美军在太平洋对日军实施了一系列岛屿登陆作战，除具备传统登陆作战特点之外，还有以下三个显著特点：1.动用强大的火力支援登陆作战；2.实施越岛进攻；3.航空母舰扮演了重要角色。——编者注

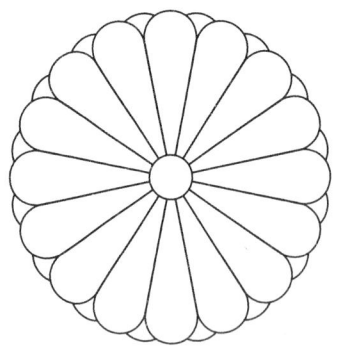

□ 日本皇室家徽菊花纹章

菊花纹章是日本皇室的家徽。由于日本法律没有确立正式的国徽，菊花纹章被作为国家徽章使用。在明治时期，除了日本天皇之外，没有人被允许使用帝国徽章。

观察家在提及其他民族时，不太可能既认定其彬彬有礼，又说他们"倨傲狂妄"；既认定其保守刻板，又说他们"会毫不犹豫地改革创新"；既认定其具有顺从特性，又说他们不轻易接受上级控制；既认定其赤胆忠心，又说他们"背信弃义，满腹怨恨"；既认定其生性勇敢，又说他们怯懦胆小；既认定其行为是出于对他们评价的考量，又说他们的行为是发自真诚的良心；既认定其军队中存在着机器人一般的纪律军规，又说他们的士兵如何不服管教；既认定其对西方文化满怀热情，又说他们是狂热的保守主义。当他写一本书来描写一个民族普遍爱美，给予演员和艺术家以崇高的赞誉，甚至人们醉心于对菊花的培育时，他一般不会又写一本书，在书中描写人们崇尚刀剑以及给予武士至高的荣誉。

然而，所有这些矛盾的论述却构成了有关日本论著的基础。这些矛盾是确实存在的。刀与菊，就是这幅画的组成部分。日本人性格极端，他们既好斗又温和，既黩武又爱美，既狂傲又有礼，既执而不化又随俗浮沉，既顺从又不听摆布，既忠诚又容易叛变，既勇敢又怯懦，既因循守旧又顺应改变。他们极端在意别人对自己行为的评价，但如果没有人发现他们的过失时，他们又会臣服于罪恶之下。他们的士兵被训练得俯首听命，又并不一味顺从。

美国要了解日本，已经刻不容缓。对这些矛盾，以及其他同样突出的问题，我们不能再置之不理。各种严峻局面已接踵而至。日本人接下来会采取什么行动？我们能否做到不战而屈人之兵？是否应该轰炸日本皇宫？日本战俘能否发挥更多的作用？对于日本军队和日本本土民众的宣传，怎样才能削弱日本决死之心以保护美军的生命？这些问题，在日本问题专家内部，也存在巨大的分歧。当和平来临后，日本是否需要采用永久军事管制来维护社会秩序？我们的军队是否做好了准备，与身处深山要塞、负隅顽抗的日本敌人作战到底？在世界和平到来之前，是否需要在日本发动一场类似法国或者俄国的革命，以及谁来领导这场革命？除了灭绝日本民族，是否还有其他可能性？对这些问题的判断，我们存在着巨大的分歧。

1944年6月，我奉命研究日本。作为一个文化人类学家，我需要竭尽所能地描绘出日本到底是怎样的民族。同年夏初，我们对日本展开的大规模反攻初露端倪。在美国，人们认为这场对日战争还将持续三年至十年，甚至更久。日本人则认为战争会持续一个世纪。他们说，虽然美国取得了局部胜利，但是新几内亚[1]和所罗门群岛[2]距离日本本土尚有千里之遥。他们的官方公报根本不承认海军的失利，日本民众仍然认为自己是胜利者。

但是，局势从6月开始出现转变。在过去两年半的时间里，最高指挥部一直给予欧洲战场军事优先权。在欧洲开辟了第二战场后，对德战争已经

---

[1] 新几内亚战役，在1943年6月至1944年7月太平洋战争期间，美澳盟军在新几内亚及其附近岛屿对日军实施的进攻性战役。新几内亚岛是太平洋第一大岛屿和世界第二大岛，又称伊里安岛。——编者注

[2] 所罗门群岛海战，1942年8月24—25日发生在瓜岛东南海域的大规模海战。这是太平洋战争中美日海军继珊瑚海海战、中途岛海战后的第三次航母对决，日军在这次海战中彻底失利。所罗门群岛是南太平洋的一个岛国。——编者注

胜利在望。在太平洋地区，美军已经登陆塞班岛[1]，大规模的行动预示着日本终将战败。自此，我们的士兵将与日军短兵相接。通过新几内亚、瓜达康纳尔岛[2]、缅甸[3]、阿图岛[4]、塔拉瓦[5]和比亚克岛[6]等战场上的交战，我们意识到我们的对手是多么可怕。

因此，到了1944年6月，回答一系列有关敌国日本的问题就成了当务之急。不管是军事战略还是外交策略，也不管是最高决策的要求还是由投放在日军前线的传单所引发，对每个问题的见解都显得尤为重要。在这场由

---

[1]塞班岛战役，1944年6月15日至7月9日发生在马里亚纳群岛中塞班岛上的战役。美国海军陆战队第2师、第4师和美军第27步兵师在霍兰·史密斯中将的指挥下，击败了由斋藤义次中将指挥的日本帝国陆军第43师团。塞班岛，美国北马里亚纳群岛邦的首府，北马里亚纳群岛中面积最大的岛。——编者注

[2]瓜达尔卡纳尔岛战役，简称瓜岛战役，是1942年8月7日至1943年2月9日期间，发生在瓜岛及其周围岛屿的战役。瓜岛战役以美军小型登陆战为开始，随后日军为夺回岛屿而逐次增兵，并在海上、陆地、空中展开了空前的争夺，从而演化成了日本与盟军的决战。双方历时半年多的争夺，均损耗了大量的战舰、飞机，而日本的伤亡人员也远超美军。日本伤亡2.5万人，美军伤亡5800人。最终日本因无力进行消耗作战，而选择撤军。美军最终完全占据瓜岛。瓜达康纳尔岛，西南太平洋岛国所罗门群岛最大的岛屿。——编者注

[3]缅甸战役，太平洋战争初期，1942年1月至1945年3月，日军在缅甸对中英盟军实施的进攻性战役。这一战役以盟国方面的失败而告终。——编者注

[4]阿图岛之战，1943年5月发生在阿图岛上的战役。阿图岛和基斯卡岛，是"二战"中乃至美国独立战争以来仅有的被日本（也是整个轴心国）占领的美国国土。在这场关乎胜败更关乎美国名誉的战事中，美军付出了549人阵亡、3500人受伤的代价；日军的2665名驻岛官兵几乎全军覆没，只有27人幸存，且大多是自杀未遂者。阿图岛，美国阿拉斯加州西南部阿留申群岛最西端的小岛。——编者注

[5]塔拉瓦战役，1943年11月20—23日发生在基里巴斯吉尔伯特群岛的战役。这是"二战"中美军在中太平洋战区的第一次军事攻击行动。也是美军在两栖登陆作战中首次面临日军猛烈的还击。最终，在这场战斗中，美军死亡1696人，日军死亡4690人。塔拉瓦为吉尔伯特群岛中一个三角形的珊瑚环礁。

[6]比亚克岛战役，1944年5月27日至6月20日，发生在比亚克岛的战役。这是美日太平洋战争新几内亚战役的一部分。比亚克岛为印度尼西亚巴布亚北部海岸外斯考滕群岛的最大岛屿。——编者注

□ 瓜达卡纳尔岛战役

瓜达卡纳尔岛战役，是1942年8月7日至1943年2月9日在第二次世界大战太平洋战区——瓜达尔卡纳尔岛及其周围进行的一次军事行动。这是盟军对日本帝国的第一次重大攻势。

日本发动的全面战争中，我们必须了解的不仅仅是东京当权者的目的和动机，日本漫长的历史、经济和军事上的统计资料，我们还应该知道日本政府可能获得民众怎样的支持。我们必须了解日本人的思维方式、情感习惯以及这些习惯的表现模式。我们必须知道这些行动和主张背后所隐藏的强制力量。我们必须暂时放下美国人行动的依据和前提，尽可能不要妄下定论，不要理所当然地认为在特定的情境下日本人的所作所为会与我们一样。

这项任务对我而言很困难。美日正处于交战状态，交战双方彻底地否定对方是容易的，但通过敌人的视角探究他们对人生的态度就很困难了。可是，任务又必须完成。问题在于，当处于他们的情境时，日本人该如何行动，而非我们会如何行动。我必须将日本人在战争中的行为反应作为研究基础，而不能将其视为不利条件。我必须观察他们处理战争的方法，而且不是将其视为军事问题，而是视为文化问题。无论是处于战争时期还是和平时期，日本人的秉性和行为都独具特色。那么，他们的生活态度和思维方式中，有哪一点会影响他们对待战争的方式呢？日本的统治者鼓舞士气、稳定民心和调兵遣将的手段，无一不显示出他们认为可资利用的力量是什么。我必须抓住战争中的各个细节，来观察日本人是如何一步步地暴

□ 约翰·恩布里
《须惠村——一个日本的农村》
《须惠村——一个日本的农村》,全书谈论了该村的历史背景、村内组织、家族状况、阶级与联系、个人生活、宗教等。

露自我的。

但是,美日两国正处于交战状态,这必然意味着我的项目研究面临一系列不利因素。我不得不放弃实地考察,而它原本是文化人类学家最重要的一种研究方法。我无法去日本,无法住在日本人家里观察他们日常生活中的细节,以便亲自观察哪些因素是至关重要的,哪些又是无关紧要的。我无法观察他们在复杂的事务中如何做决定,也无法见证他们如何培育孩子。约翰·恩布里[1]所著的《须惠村——一个日本的农村》一书,记录的是一个人类学家关于日本乡村的实地研究,非常有价值。但是,我们在1944年面临的许多有关日本的问题,在那本书成书时并没有被提及。

尽管困难重重,但作为一名文化人类学家,我依旧相信还是有某些可以利用的研究方法和技术。至少,我可以面对面接触研究对象,这是人

---

[1] 约翰·恩布里(1908—1950年),美国人类学家,日本学研究者,耶鲁大学教授。其所著《须惠村——一个日本的农村》,1939年由芝加哥大学出版社出版。——编者注

类学家十分倚重的研究方法。在美国，有许多日本人是在日本长大的，我可以询问他们的切身经历，观察他们如何看待这些事实，并通过他们的描述填补我的信息空白。对于文化人类学家而言，利用这种方法开展研究，是了解任何文化最基本的方式。别的一些社会科学家，试图通过去图书馆翻阅资料、分析历史事件和数据、跟踪调查日本文字宣传和口头宣传中词语变迁等方式来研究日本。我坚信，他们所寻找的众多答案都隐藏在日本文化中的某些规则或者价值观里，并且只有研究真正置身于这种文化中的人，才能找到更加令人满意的答案。

当然，这并不妨碍我去阅读文献资料，也不妨碍我时常向在日本生活过的西方人请教。与日本有关的大量文献以及众多有日本生活经历的优秀西方观察者，都是我进行研究的有利条件，这是那些去亚马孙河源头或新几内亚高地研究无文字部落的人类学家求之不得的。因为那些部落没有文字，也就没有关于自我描述的记录。西方人对他们的评论较少且肤浅，没有人知道他们过去的历史。在前期没有任何前辈学者帮助的情况下，进行实地考察的研究者必须探索部落的经济生活方式，去发现他们的社会如何划分等级，以及他们宗教信仰里至高无上的神灵。而在研究日本的过程中，我可以继承很多前辈的成果，大量生活细节的描写都隐藏在古籍文献中。来自欧美的男男女女记录下他们生活的经历，日本人自己也写下了许多非比寻常的自我剖析的作品。与许多东方人不同，日本人有强烈的表达自我的冲动。他们会记录他们生活的琐事，也会写下他们的全球扩张计划。这种坦率着实让人吃惊。当然，他们不会披露事情的原委。没有哪一个民族会么做。一个日本人描述日本时会忽略一些关键性的东西，因为他们对于这些已经熟视无睹，就像呼吸的空气一样习以为常。事实上，美国人在记录美国时也是一样。不过，总的来说，日本人还是热衷于剖析自我。

我阅读这些文献资料时，如同达尔文所说的他在创立物种起源理论的时候一样，十分关注那些无法理解的东西。为了理解日本人在国会演说中那些交错并存的观点，我需要掌握哪些知识？为什么他们对一些无关紧要的行为进行猛烈批判，却又坦然接受貌似蛮横无理的暴力行为？这种态度的背后究竟隐藏着什么？翻阅文献时，我不断地自问：这张照片中的场景问题何在？为了理解它，我又该掌握什么呢？

我也去看过那些在日本创作拍摄的电影——宣传片，历史片，以及有关东京和乡村现代生活的纪录片。随后，我会和在日本看过同样电影的日本人一起交流讨论。无论怎样，他们都是以日本人的视角去看待其中的男女主角或者反面角色，与我的视角截然不同。当我迷惑不解时，他们显然没有这种困惑。无论是电影故事的剧情还是人物动机，他们的理解都与我不一样，他们是从电影的整体结构来理解的。就像读小说一样，我的理解与土生土长的日本人有着很大的差异，这远比它们呈现出来的还要多。其中，一些日本人会急于为日本习俗辩护，而另一些人却憎恨有关日本的一切。我很难说清楚从哪些人群身上学到的东西更多。那些栩栩如生的画面，展示着日本人是如何规范自己生活的。无论欣然接受，还是深恶痛绝，他们的描述都是一致的。

如果人类学家只是从研究对象中收集资料并进行研究，那么这与曾经居住在日本最出色的西方观察家所做的是雷同的。如果一位人类学家提供的仅此而已，那我们就不能指望他比那些外国居住者提供更有价值的研究成果。但是，文化人类学家经过专门的训练，具有特殊的资质，他有必要试着为这个云集了众多学者专家的领域做出自己的贡献，这是值得一试的。

人类学家了解很多亚洲和太平洋地区的文化。日本很多地方的社会活动和风俗习惯，有许多甚至与太平洋岛屿的原始部落非常相似。在马来西亚、新几内亚和波利尼西亚，都能找到相似之处。通过这些相似之处推测远古的迁徙或者交往，对我来说，既是很有趣味的，也是很有价值的。不是因为我可以从中研究或许存在的历史渊源，而是因为我可以借此了解它们如何在相对简单的文化中发挥作用，并从这相似或差异中获得有关日本生活的线索。我对亚洲大陆上的暹罗[1]、缅甸和中国也有一些了解，我可以把日本和这些国家进行对比，他们都是亚洲伟大文化遗产的一部分。人类学家在对原始人群的研究中已经反复证明，这样的文化比较意义重大。一个部落的正统习俗与它周边部落的习俗可能有百分之九十都相似，但是有可能是在不断修改的，以符合其与别的民族都不相同的独特的生活方式和价值观。在这一进程中，它有可能会摒弃一些基本的习俗。哪怕这被摒弃的部分只是整体中的一小部分，都会使其未来朝着独一无二的方向发展。对于一位人类学家而言，针对整体上存在共性的诸民族，研究他们之间的差异，没有比这个更有益的了。

人类学家也需要调整自我，以适应自身文化与其他文化之间的巨大差异。为了解决这一特殊问题，他们所运用的研究方法也要精益求精。根据经验，不同文化背景的人，所面对的情境以及对这些情境的定义，在不同的部落和民族之间也是存在差异的。在某个北极村或者热带沙漠地区，人类学家所看到的血缘责任或者财物交换的部落习俗，即便有丰富的想象力也无法穷尽。他们必须进行调查，不仅调查血缘关系或者财物交换的细节，而且要调查这些习俗对部落的行为有何影响，部落的每一代人从小到大如何受其制约，就像他们祖先所经历的一样。

这种对于差异及前因后果的专业关注，可以充分用于对日本的研究。众所周知，美国与日本之间的文化差异根深蒂固。甚至有一个民间传说：无论美国人做什么，日本人永远都是背道而驰。如果研究者因双方差异显

---

[1] 暹罗王国，泰国的古称。自公元13世纪开国，先后经历了素可泰、阿瑜陀耶、吞武里和曼谷四个时代。1939年6月24日改国号为泰国，1945年复名暹罗，1949年再度改名为泰国并沿用至今。本书出版于1946年，暹罗为其国名。——译者注

著就坚信无法了解这个民族，这是很危险的。人类学家用自身的经历充分证明，再古怪的行为也不能阻止研究者对其做出解读。按其职业性质而言，相对于任何社会科学家，人类学家视这些差异为研究的积极因素，而不是一种消极因素。越是奇特的制度和民族，越会引起他的密切关注。在对部落生活方式的研究中，没有什么能被视为是理所当然的。这种研究态度使他着眼于全部事实，而不只是选取几个事例进行观察。在研究西方国家时，没有受过比较文化训练的研究者会忽略举止行为的整体性。他们认为很多事都应该如此，以至于不去探索日常生活中一些细小的习惯和家庭事务中公认的规则。而恰恰就是这些问题，如果放大到整个国家，其对整个民族未来的影响要远远大于外交官签订的条约。

人类学家必须培养研究日常事务的技巧，因为他所研究的原始部落里看似寻常的事物，在他自己国家中存在很大的差异。当他试图去理解某个部落的凶残恶毒或者另一个部落的胆小怯懦时，或当他试图了解在特定的情境下他们的行动或感受时，他会发现必须利用大量的观察资料和详尽的细节，而这些却经常在研究文明国家时被忽略。他完全有理由相信这些资料是研究的基础，也清楚如何去探索发掘这些资料。

对日本问题的研究，这种方法值得一试。因为，只有当一个人注意到某一民族日常生活中最平凡的琐事时，他才能完全赞同人类学家的研究前提，即在任何原始部落或者任何文明前沿的国家里，人类的行为都是从日常生活中学会的。无论他们的行为举止或者思想观念多么奇怪，一个人的所思所想必然与他的日常生活习惯密不可分。当我对日本人的某些行为越是感到困惑时，我就越肯定在日本人生活的某个方面，一定存在着导致这种奇怪现象的制约因素。如果我的研究可以深入到他们日常交往的细节中，那么就一定会有更多的发现。因为一切源于生活。

作为一名文化人类学家，我的研究也是基于一种前提，即最孤立的行为之间也会存在某种系统的关联。如何将数以百计的细节组合成一个整体模式，这是我非常重视的。人类社会为了繁衍生息，一定会进行某种设计。它会对某些情境下的处事方式和某些评价标准表示认同。久而久之，生活在这个社会中的人会将此方式和标准当作全世界的基础。无论遇到多大的困难，他们都努力将这些融合为一个整体。一个人接受并生活于这种社会价值体系之中，就不会将自己割裂出去，按照完全相反的价值观去思考和行动，否则他的生活就会陷入无效和混乱。因此，他们努力将自己的思维与社会价值体系保持一致，从而为自己的行动提供了某种共同的原理和共同的动机。某种程度上的一致性是必不可少的，否则整个体系必将瓦解。

因此，经济行为、家庭活动、宗教仪式以及政治目标，就像互相咬合的齿轮一样紧密地联系在一起。一个领域内的变化如果比其他领域快，就会给同一价值体系下的其他领域带来极大的压力。当然，这种压力本身也是出于保持一致性的需要。在尚未开化的部落里，人们追逐凌驾于他人之上的权力，这种意志表现在宗教活动、经济交往或者与其他部落建立的关系之中。与没有文字典籍的原始部落不同，在有文献典籍的古老文明社会中，教会一定会把过去几百年的格言警语保留下来。但是，随着公众对经济或者政治权利的要求越来越强烈，在某些相抵触的领域中，教会不得不放弃了权威。格言警语还保留着，但是原有的意义已经发生了变化。宗教教义、经济活动和政治并不是各自静止在一个个清澈又相互隔离的小池塘里，它们会从假定的边界溢出，相互汇聚在一起。换言之，各种因素相互影响，彼此联系。一个学者只有将调查分析扩展到经济、性别、宗教和儿童教育等各种领域，才能更深入地了解社会上所发生的各种事情，这一点通常毋庸置疑。在生活中的任何领域，他都能提出有效的假设，并搜集有利的资料。他会将任何民族提出的，无论是用政治、经济或者道德术语来表达要求，都视为其在社会经历中所学到的习惯表达和思维方式。因此，本书不是专门讲解日本宗教、经济、政治或者家庭的著作，而是探讨日本人所持有的关于生活方式的观念。它所描述的是，无论通过什么日常活动，这些观念是如何获得自我证明的。这是一本研究日本何以成为日本民族的书。

  20世纪以来，我们存在一些模糊不清或者带有偏见的观念，这是我们的研究所面临的障碍之一。我们不仅没有弄清日本何以成为日本民族，也没有明白美国何以成为美利坚民族，法国何以成为法兰西民族，俄罗斯何以成为俄罗斯民族等。因为缺少这些方面的认识，国家之间就会相互误解。当彼此的矛盾尚未激化时，我们却因为误解而担心这些矛盾不可调和；当我们奢望彼此畅谈共同目标时，基于不同国家各自的民族历史和价值体系，其所作所为与我们的设想却完全不同。我们没有给自己机会去了解他们的习惯和价值观。如果我们去了解了，就可能会发现一连串行为的不同之处，它未必是邪恶的，只是因为我们对它还不够真正了解。

  完全依靠每个民族阐述自己的思维习惯和行为方式是不可能的。每个民族的作家都会努力展示自己民族的历史，但这又谈何容易。每个民族观察其生活的视角都各不相同。观察者也很难意识到自己是通过什么角度来进行观察的。对他们来说，视角的选择和向其他民族展示的一切画面都是上帝的安排，这一切都是理所当然。例如，我们不会期待佩戴眼镜的人知道镜片度数的计算公式，同理，我们也不会期望各民族从自己的角度分析出他们的世界观。如果我们想要知道眼镜片的度数，我们可以培养一名验光师，并期望他会计算出拿到他那里的任何眼镜的度数。毫无疑问，我们总有一天会认识到，社会科学家的任务就是为当今世界各个民族计算出他们眼镜的度数。

  从事这项研究，既需要坚定的信念，也需要宽容的态度。有时候，研究工作要保持一种坚持不懈的精神，但这往往会遭到善意人士的指责。宣扬"同一世界"的鼓吹者，总是满怀希望地说服世界各地的人们——东方与西方，黑人和白人，以及基督教徒和穆斯林教徒之间的差异，都只是表象；事实上，人类内在的想法都是相似的。这种观点有时被称为"四海之内皆兄弟"。我所不理解的是，为什么相信了"四海之内皆兄弟"，就不能说日本人有日本人独特的生活方式，就不能说美国人有美国人的生活方式。有时候，这些善意人士只会拥护世界各个民族都是从同一模子上印出来的大同观点，仿佛只有这样，才能达成良好的愿望。但是，把这种纯粹的一致性作为尊重其他民族的前提条件，就好像要求妻子和孩子都必须跟自己长得一模一样，简直太神经质了。而信念坚定的人认为民族之间的差异是应当存在的，他们尊重差异。他们的目标是建立一个求同存异的安全世界，只要不会威胁世界和平，美国就是美国，法国就是法国，日本就是日本。一些研究者企图通过外界的干扰因素来阻止这种态度的发展，甚至担心它会蔓延到人们的生活态度中去。荒唐的是，他们自己都不承认差异就是悬在人类头上的达摩克利斯之剑[1]。他们无须担心这种态度会让世界保持现状、僵持不变。鼓励文化差异并不会让世界静止不变。伊丽莎白女王之后有安妮女王还有维多利亚女王，英国并没有因此失去英国特色。正是因为英国人坚持自己的个性，他们才能在不同的时代，维护与众不同的国家标准和国民气质。

对民族差异的系统研究，不仅需要坚持不懈，还需要有某种程度的宽容。只有信仰坚定的人，才能宽容地对待差异，宗教文化的比较研究才能繁荣发展。他们或许是耶稣的信徒，或许是阿拉伯学者，又或许是不信教者，但他们肯定不是某一宗教的偏执者。如果对于自己的生活方式高度保护，认为自己的生活方式才是解决世界上所有问题的唯一方式，那么不同文化的比较研究将很难繁荣发展。这样的偏执者永远都不懂得——了解其他不同的生活方式和知识，只会让你更加热爱自己的文化，否则只会将自己置身于愉悦且丰富的经历之外。他们如此保守，不汲取其他文明，也不

---

[1]达摩克利斯之剑，指用一根马鬃悬挂在王座上的利剑。通常象征强大的力量最易被夺走，命运的末日转瞬即至，即"迫在眉睫的危险"。——编者注

做任何改变，只是要求其他民族采取他们的特殊解决方式。如果他们是美国人，就会把美国的信条强加给其他民族。但是，其他民族是绝不会接受的，就好像我们不习惯用十二进制代替十进制进行计算，也学不会像东非土著人那样金鸡独立式的休息方式。

因此，本书所要阐述的就是那些外界期待了解的，而在日本又被日本人视为理所当然的行为习惯。它介绍了这样一些情景：日本人什么情况下能得到礼遇，什么情况下不能；什么时候会感到羞愧，什么时候会感到尴尬；他们对自己的要求是什么。对于本书中阐述的任何内容，最权威的依据来自日本街头巷尾的平民百姓，任何人都有可能。这并不意味着这些人都曾经亲身经历了每一种特定的情形，但他们都会承认，日本人在那种情况下的行为习惯的确如此。我们的研究目标，是描述出日本根深蒂固的思想方式和行为表现。即使没有达到这个目标，但这仍是本书的理想。

在这一研究中，研究者很快发现，数量再多的证词有时也无益于增加论题的确定性。比如，谁向谁鞠躬，什么时候鞠躬，这样的调查并不需要进行全民统计。几乎任何一个日本人都能够解释这种约定的习俗，找几个人证实之后，就没必要再向上百万的日本人征集同样的信息了。

如果一个研究者试图挖掘日本人建立自己生活方式的观念，这是一项繁重的任务，远非以数据统计作为实证那么简单。他所面对的艰巨任务就是：他需要指出日本人如何按照那些公认的行为和判断标准看待周围事物，他需要陈述日本人习以为常的行为习惯是如何影响他们看待生活的重点和角度的。他必须让美国人清楚地理解这些内容，因为美国人分析的角度完全不同。在分析任务的过程中，权威的评判就不一定是一个普普通通的日本人能够完成的，比如田中先生[1]，因为田中先生不会清楚地解释他

---

[1] 田中先生，指普通的日本人。田中，日本常用名。——译者注

的观念，并且在他看来，写给美国人的解释纯属多此一举。

美国的社会研究很少涉及文明社会建立的前提基础，大多数研究者都假定这些基础不言自明。社会学家和心理学家都全神贯注地研究民意和行为的"分布"，他们最常用的方法就是统计法。他们运用统计分析，处理大量的人口普查数据、问卷调查答案、访谈问题和心理测试等，试图从中推导出某些因素的独立性以及相互依存的关系。在公众舆论领域，则科学地选出部分人作为研究样本，对全国进行民意测验。这种极具实用性的调查方法，在美国日臻完善。通过这种方法，能够知道有多少人支持或反对某个公职候选人，支持或反对某项政策。支持者和反对者可以按照城市居民和农村居民、低收入人群和高收入人群、共和党和民主党进行分类。在一个施行全民选举的国家，国家的法律起草和颁布都是由国民代表完成的，这样的调查结果具有重大的现实意义。

美国人进行民意调查，并且能够接受调查的结果。之所以如此，是因为有一个不言自明的前提——他们了解美国的生活方式，并将其视为理所当然。民意调查的结果，使我们在已知信息的基础上，了解更多内容。试图了解其他国家时，首先要对这个民族的习惯和观念做系统性的定性研究，然后民意调查才会收效。认真抽选调查对象，民意调查的结果才能够反映出多少人支持政府、多少人反对政府。但是，如果我们不了解他们对政府的观念，这种抽样调查还能告诉我们什么呢？只有了解了他们对国家所持有的观念后，才能明白各个派别在街头或在国会争论的到底是什么。比起党派势力的统计数字，一个国家的国民对于政府所持的观念更具有普遍性和持久性。在美国，无论是对共和党还是对民主党，政府都是无法摆脱的恶魔，它限制了个人自由。除非是战争时期，否则政府职员的地位并不比私企职员高。美国人的这种国家观念与日本人的国家观念相去甚远，甚至与许多欧洲国家也大相径庭。因此，我们首先要知道他们的国家观。这体现在他们的民族习俗、对成功人士的评价、民族历史的神话以及民族节日的演说中。可以基于这些间接的表象来进行研究，但这种研究必须是系统的。

在选举中，我们会认真统计赞成票和反对票的比例；针对任何一个民族在生活中形成的基本观念和解决问题的统一办法，我们更需要进行详尽的研究。日本正是这样一个非常值得研究的国家。我的确发现，一旦我注意到西方人的观念与日本人的观念不同，并且知道一些他们所使用的概念或者符号时，西方人一贯认为的日本人行为上的矛盾之处就不复存在了。我开始明白，日本人为什么将行为上的极端变化看作是完整体系中的组成部分。我可以试着解释其中的原因。随着我和日本人一起工作的深入，开始时发现他们使用一些奇怪的措辞和概念，后来明白它们具有深刻的寓意和深厚的年代情感。日本人的善恶观念发生了巨大的变化，与西方所理解的完全不同。他们的体系是独一无二的，既不是佛教的，也不是儒家的，它是日本人自己的——兼具日本的优势和弱点。

第二章　战争中的日本人

在每一种文化传统中，对战争都有各自的看法。在西方各民族之间，不管存在多少差异，都有着某些共同的战争观念。在西方各国的战争中，一些情况是可以预测的，比如吹起号角就是全力以赴投入战争，出现局部失利时就会安抚军心，战死者达到一定比例时可以考虑投降，对待战俘也存在某些行为准则。他们拥有共同的文化传统，甚至也包括战争。

在战争惯例方面，日本人与西方人的观念存在的一切差异都可以成为研究资料，以探究日本人的生活观以及他们对人应该承担责任的观点。我们的目的是系统地研究日本人的文化和行为，他们与我们在军事层面上的那些差异，无足轻重。他们任何一个行为可能都是重要的。这些行为可能会表现出日本人的性格特点，而这正是我们亟待解答的。

日本人对他们战争的正义性进行了辩护，而且他们提出的标准与美国是截然不同的。他们对国际形势的判断也与美国完全不同。美国人认为战争的根源是轴心国的侵略扩张。日本、意大利和德国实施的征服行动公然破坏了国际和平。不管轴心国是在满洲国[1]、埃塞俄比亚还是波兰夺取政权，这都标志着他们开始了欺压弱小民族的罪恶行径。他们已经违反了"和平共存"的国际公约，或者至少是破坏了对自由企业"门户开放"

---

[1]满洲国，日本占领我国东北三省后扶植的傀儡政权，于1932年成立。因国民政府及国际社会都不予承认，故被称为"伪满洲国"或"伪满"。其"首都"在今吉林长春，1945年日本战败后伪满洲国灭亡。

的国际准则。日本则从另外的视角来看待战争起因。日本人认为，如果每个国家都拥有绝对独立的主权，世界就会处于无政府状态。所以，日本就有必要为建立一种等级制度而战——当然这一切必须在日本的统领下，因为只有日本才是真正实行自上而下等级制度的国家，它最能理解推行"各安其所"的必要性。日本国内已经实现了和平统一，镇压了叛乱，并建立起交通、电站以及钢铁产业。根据官方统计，日本有99.5%的青少年接受公共院校的教育。因此，根据他们的等级制度，日本应该帮助落后的小弟兄——中国。作为同在大东亚地区的民族，它应该先后将美国、英国和俄国从大东亚地区驱逐出去，进而让他们"各安其所"。各个国家在国际等级制度框架中拥有固定的位置，才能形成一个统一的世界。下一章，我们将介绍这个受到高度评价的等级制度在日本文化中的重要意义。这是日本创造出来的最适合他们的幻想。不幸的是，那些被日本占领的国家对此并不认同。即使日本战败，日本人仍然认为不应该从道德上批判"大东亚共荣圈"的理想。甚至在日本战俘中，即使是最不好战的士兵，也很少指责日本占领东亚大陆和西南太平洋的主张。在未来很长一段时间里，日本将必然保持他们已经根深蒂固的态度，其中最重要的就是他们对等级制度的信仰和崇拜。尽管这对于热爱平等的美国人来说难以理解，但我们有必要明白等级制度对于日本到底意味着什么，日本人认为实行等级制度能够给日本带来哪些积极作用。

　　同样，日本希望取得胜利的基础与美国通常所倡导的不同。日本人宣扬，他们会赢得战争，是精神对物质的胜利。美国实力强大、装备精良，但那又有什么用呢？日本人会说，这所有的一切都已经被预见，但并未放在眼里。日本民众从著名报纸《每日新闻》上读到这样的话："如果我们害怕这些数字，这场战争就不会开始，敌人的丰富资源并不是这场战争创造出来的。"

　　即使日本在打胜仗的时候，他们的政治家、最高统帅部以及士兵都反

□ 荒木贞夫

荒木贞夫（1877—1966年），日本帝国时代陆军大将，曾多次出任日本陆军大臣，皇道派领袖。日本战败后以甲级战犯被判处无期徒刑。荒木贞夫1877年生于日本和歌山县，其家族原先属于武士阶层，但其父潦倒，以开私塾为生。

复强调：这场战争不是武器装备的比拼，而是他们信仰的"精神"力量与美国人信仰的"物质"力量的较量。当美国打了胜仗的时候，日本人会再三强调——物质力量在这样的战争中终将失败。日本在塞班岛和硫磺岛[1]战败，毫无疑问，这一信条势必会成为最好的托词。但是，这并不是为了替战败做辩解而准备好的借口。这种精神力量必然战胜物质力量的信条，在连续取得胜利的几个月里，成为他们激励士气的口号。并且，早在珍珠港被袭击之前，它就已经尽人皆知了。20世纪30年代，狂热的军国主义者、前陆军大臣荒木贞夫曾经在一本《告日本国民书》的小册子中写道：日本民族的"真正使命"是"弘扬皇道于四海，力量悬殊不足忧，吾等何惧于物质"？

当然，日本和其他任何从事战争的国家一样担忧，整个20世纪30年代，日本军备开支占国民收入的比例如天文数字般急剧增长。日本偷袭珍珠港时，将近一半的国民收入用在陆军和海军的军备物资上，而用于民政

---

[1] 硫磺岛战役，是太平洋战争中最激烈的战斗之一，战斗从1945年2月19日持续到3月26日。美军牺牲了6821名士兵，日本损失了23786名士兵，除1083人被俘外，其余22703人全部阵亡。硫磺岛属于小笠原群岛。——编者注

管理相关的财政支出仅占政府所有支出的17%。由此可见，日本与西方国家之间的区别，并不是日本不重视物质方面的军备物资。军舰也好，枪支也罢，都只是日本不朽精神的表面象征，就像武士的刀是他们美德的象征。

日本一贯宣扬非物质资源，而美国一直崇拜实力。日本和美国都不得不进行满负荷的生产运动，但是日本的生产运动都基于其自身的国情。日本声称，精神就是一切，是永恒的；物质诚然必要，但它从属于精神，终会消逝。日本的广播中会高呼："物质资源是有限的，因为物质资源无法持续千年不朽。"他们对于精神的信念被原封不动地搬到战争事务中。他们的战争问答手册使用了这样一句口号——"以我训练质量对抗敌人的数量，以我血肉之躯抵挡敌人的钢刀。"这样的口号不是专为这场战争制定的，而是日本的传统口号。他们的手册开头用黑体字印刷着"读之必胜"。那些驾驶小型飞机的飞行员自杀式地冲向我们的军舰，就是一本精神战胜物质的现实教材。他们称这些人为"神风特攻队"[1]。"神风"的叫法来自于13世纪使日本免遭成吉思汗东征[2]的那股海风。海风吹散了成

---

〔1〕神风特攻队，是在"二战"末期，日本为了抵御美国军队的强大优势，挽救其战败的局面，利用日本人的武士道精神，对美国舰艇编队、登陆部队实施自杀式袭击的特攻队。——编者注

〔2〕成吉思汗，孛儿只斤·铁木真（1162—1227年）的尊号，蒙古帝国可汗，世界史上杰出的政治家、军事家。西方往往用他代称蒙古和元朝。成吉思汗东征，指的是1274年（文永九年）和1281年（弘安四年），元世祖忽必烈（1215—1294年）两次发兵侵日之事，史称"元寇来袭"。其时，成吉思汗已去世五十年左右了。文永之役中，元军副帅受伤，攻势减弱，渡海船只质量低劣，出征士兵少且不同心；弘安之役中，渡海船只依旧粗制滥造，且平底河船不适合海战，后勤和装备也比不上已做好充分准备的日本人；加上元军的海船两次都遭遇暴风雨和台风的袭击，最终只得以失败收场。后来，日本人称那两场台风为"神风"。——编者注

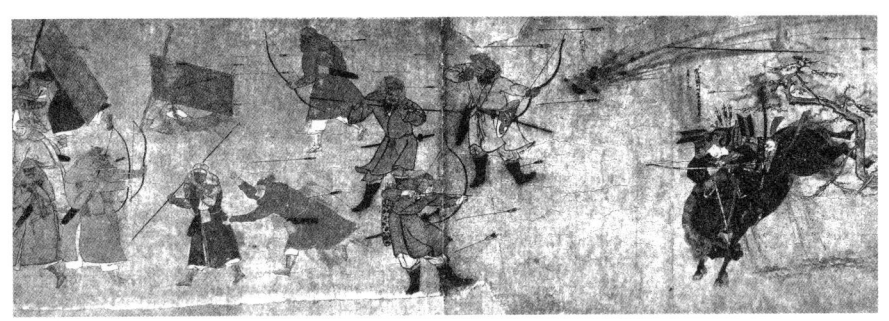

□ 蒙古袭来绘词　前卷绘七–1
蒙古袭来绘词是13世纪的卷轴画，由竹崎信永托人制作，记录了他在蒙古入侵日本时的英勇事迹。

吉思汗的部队，掀翻了他的舰队。那是一股"神风"，它拯救了日本。

即使在日常生活中，日本当权者也会推崇精神战胜物质的信条。工人们在工厂劳作了12个小时，又彻夜遭受轰炸，他们感到筋疲力尽了吗？"身体越疲惫，意志越高昂，我们的精神超越身体""我们越感到疲惫，训练就越有效果"。严冬，人们在防空洞里感到寒冷吗？大日本体育文化协会就在广播里号召大家做体操御寒保暖，还告诉大家体操不但可以代替取暖设备和被褥，更能取代维持人们正常体能且十分匮乏的食物。"当然，有人会说，目前食物短缺，我们不会考虑做体操。不！食物越是短缺，我们越应该通过其他方式来提高我们的体能"。也就是说，我们必须额外消耗更多的体能来增加体能。以美国人看待体能的观点，他们通常会考虑，前一天晚上的睡眠时间是有8小时还是5小时、饮食是否规律及有没有受寒着凉等因素，然后通过一系列计算来得出可供利用的体能。日本人完全不会考虑体能的积蓄，他们认为那是物质至上主义。

在战争期间，日本的广播更是走向极端。他们宣传：在战场上，人的精神甚至能够克服肉体的死亡。有一则广播，描述了一个英雄飞行员战胜死亡的奇迹：

当空战结束后，日军飞机以三架或四架为编队飞回基地。英勇的上尉就在最先回来的一批飞机上，他从飞机上下来之后，用双筒望远镜观察天空。他的人陆续返回，他一架一架地数着。他面色苍白，但仍然十分镇定。当最后一架飞机返回后，他写了一份报告，走向指挥部。他向指挥官做了汇报。但是，他刚结束汇报，就突然倒在地上。现场的军官们赶紧上前施救，但是我们的英雄飞行员已经牺牲了！检查时发现，他的胸部中了致命的一枪，他的身体已经冰凉。如果一个人刚刚死去，身体不可能是冰冷的。然而，我们的这位上尉，他的身体却冷得像冰一样。上尉一定是很久以前就死了，是他的精神支撑着他做了最后的汇报。这位已经逝去的上尉，是以强烈的责任感创造了这样的奇迹。

美国人当然会认为这个故事荒诞至极，但是受过教育的日本人听到这个广播却不会嘲笑。他们深信日本听众不会把它当作一个荒诞的故事。首先，他们会指出，这个报道很真实，上尉的事迹是"奇迹般的事实"。为什么不能有奇迹？精神是可以训练的，而上尉显然是一个训练高手。如果每一个日本人都知道"完美的精神能够永垂不朽"，那么，以"责任"为其全部生命的空军上尉，这种精神凭什么不能在他身体里停留几个小时呢？日本人相信，人可以通过各种特定的修行来实现精神至上的境界。而这名上尉已经学会并达到了这种境界。

作为美国人，我们完全不相信日本人这些极端的说辞，认为这只是落后民族的自我安慰，是受蛊惑者的幼稚幻想。但是，如果我们只是嗤之以鼻，强加排斥，那么无论是在战争时期还是和平时期，都很难对付他们。日本人的信条是通过一些禁忌和排斥，通过一定的训练方法和纪律要求，使其深深地植入到日本人信念里的。这些信条绝对不是孤立的怪异行为。美国人只有理解了这些，才能明白日本人的某些语言，比如战败时所承认的，他们的精神力量不够强大，仅凭"竹枪"守住阵地只是一个妄想。更重要的是，我们要理解他们承认自己精神力量不够强大的真正含义，是美国人无论在战场上的战斗精神还是在工厂里的奋斗精神都能与之匹敌。就像他们战败后坦言：他们在战争中"太过主观了"。

除了日本人推行的等级制度和精神至上的观念，日本人在战争期间对待各种事物的说法，对于比较文化的研究者来说也都很有启发性。日本人经常说，只要做好预警工作，国土安全和军队士气就会有保障。无论面临什么灾难，城市被轰炸、塞班岛战败以及菲律宾失守，日本政府都会对国民解释说，这没什么可担心的，这一切都在意料之中。广播中的大篇幅报道，显然是想安抚日本民众，告诉他们仍然生活在完全被安排好的世界里。"美军占领了基斯卡岛[1]，这使日本处于美国的轰炸范围内，但是我们对此早已预见并做了必要的准备。""敌人一定会陆海空联合向我们发起进攻，但我们早在预先计划时已经制定了对策。"有些日本战俘甚至希望日本早日结束这场胜利无望的战争，他们都坚信轰炸不会削弱前线的士气——"因为他们对此早有心理准备"。当美国开始轰炸日本城市时，飞机制造业者协会的副会长在广播中说："敌军的飞机终于飞到我们的头顶，但是，作为飞机制造业者，我们一直期待这一天的到来，并为此做了充分的准备。所以，我们没什么可担心的。"只有假定所有的事情都在预料当中，都有周密的计划，日本人才能对民众宣布——一切都按照他们的意志发展，没有谁能够强行改变他们。"我们不应该认为我们是被动地遭受攻击，而应该认为是我们主动把敌人吸引过来的。""敌人，你希望他来，他就会来。我们与其说：'敌人最后还是来了。'不如说：'我们一直期待的良机终于来了。我们很高兴他们的到来。'"日军海军大臣在国

---

[1] 基斯卡岛战役，是"二战"太平洋战场之阿留申群岛战役（1943年）中的一个重要组成部分，因日本成功组织了号称"奇迹作战"的撤离行动而出名。在这场战役中，美军1艘驱逐舰重伤，122人阵亡，198人失踪；日军毫发无损，全身而退。基斯卡岛位于阿留申群岛西部，隶属于阿拉斯加。——编者注

□ 西乡隆盛

西乡隆盛是日本历史上最具影响力的武士之一，也是领导明治维新的三大贵族之一。日本江户时代末期（幕末）的萨摩藩武士、军人、政治家。他生活在江户后期和明治初期，他被称为最后一个真正的武士。

会演讲时，引用19世纪70年代的伟大武士西乡隆盛[1]的格言——机会分两种：一种是偶然碰上的，一种是自己创造的。即使在最艰难的时期，也不要放弃创造机会。另据广播报道，当美国舰队挺进马尼拉时，山下奉文[2]将军"露出开怀的笑容说到，现在敌军已经落到我们手上……""敌军登陆仁牙因湾[3]后不久，马尼拉即刻沦陷，这只是谋划好的结果，这些都在山下将军的意料之中。山下将军运筹帷幄，一切发展都在其掌控之中。"换句话说，越是战败，就越在预料之中，没有比这个预计更准确的了。

---

[1] 西乡隆盛（1828—1877年），日本江户时代末期武士、军人、政治家，与木户孝允、大久保利通并称"维新三杰"。——编者注

[2] 山下奉文（1885—1946年），日本陆军上将，"新加坡大屠杀"惨案的制造者，"二战"战犯。——译者注

[3] 仁牙因湾战役，1945年1月9日发生在菲律宾群岛的一次登陆作战。除了盟军舰队遭到神风特攻队攻击外，仁牙因湾的日本守军未做抵抗。仁牙因湾，菲律宾吕宋岛西北部的一处海湾。——译者注

美国人和日本人一样，不过走向的是另一个极端。美国人之所以全力以赴地投入战斗，是因为被动地参加了战争——我们遭受了攻击，因此要让敌人见识下我们的厉害。谈及珍珠港和巴丹事件[1]，没有一个人会借用"这些都是我们计划之内"来稳定军心，安抚民众。相反，美国的官员会说，"敌人找上门来，我们就要给他们点颜色看看"。对美国人而言，生活就是为应付挑战而不断调整，并时刻准备好接受挑战。日本人则认为，生活的安定源自提前谋划并按部就班，而最大的威胁莫过于未曾预知的事物。

　　战争中日本人的另一个行为也能揭示出他们的生活方式。他们不断地提及"全世界的目光都在注视着我们"，因此，他们必须充分展现日本精神。美国人登陆瓜达尔卡纳尔岛时，日本指挥官对军队下达命令——现在，我们处在"全世界"的直接注视下，应该把所有精神都展现出来。海军被警告，一旦遭到鱼雷袭击，收到弃船命令，他们应该以最体面的姿态登上救生艇，否则"世界会嘲笑你，美国人会拍下你的丑态，拿到纽约去播放"。日本人非常重视他们给世界留下的印象。他们对这一点的关注也正是源于日本文化的影响。

　　在日本人的思维方式中，最引人注目的是他们对于天皇的态度。天皇对其臣民到底有多大的控制力呢？一些美国权威人士指出，在日本长达七个世纪的封建统治时期，天皇一直是毫无实权的傀儡。每个日本人效忠于

---

　　[1]这里指巴丹死亡行军，是"二战"中日本制造的震惊世界的战争罪行与虐待俘虏事件。在日本偷袭珍珠港后，日本陆军也开始侵略菲律宾，并与美国及菲律宾的联合守军交战，在菲律宾巴丹半岛上的美菲守军与日军激战达4个月，最后于1942年4月9日向日军投降，投降人数约有78000人。这近8万人被强行押解到120公里外的战俘营，一路无食无水，沿路又遭日寇刺死、枪杀。在这场暴行中约15000人丧命。——编者注

他的领主——大名[1]，以及大名之上的军事统帅——幕府将军[2]。对天皇是否忠诚，无人在意。天皇被幽禁在与世隔绝的皇宫中，宫中的仪式和活动都受到幕府将军的严格限制。对大名来说，对天皇表达敬意会被认为是对幕府将军的背叛；对普通日本民众来说，天皇几乎不存在。这些美国分析家们坚持认为，只能通过历史，才能理解日本。一个活在国民黯淡记忆中的天皇，怎么可能成为一个保守民族真正的精神支柱呢？他们认为日本评论家反复重申天皇对子民永世不坠的统治权都言过其实，那些日本人的坚持，只不过证明了这些论证的无力。因此，在执行战时政策时，美国没有理由对天皇有所优待。我们应该向这个邪恶的、日本近期才捏造出来的所谓的元首发起最猛烈的攻击，原因很明确，天皇是日本当前全民性的神道教的核心，如果我们挑战他的神圣，推翻他的权威，那么敌国日本的整个社会构架将随之坍塌。

许多了解日本的美国人反对上述观点，他们看过来自日本前线的报道或者文献资料。那些在日本生活过的人都清楚，没有什么比污蔑天皇或者攻击天皇更能刺激到日本人，激起他们的士气。他们并不相信，日本人会把我们攻击天皇等同于攻击军国主义。第一次世界大战后，"民主"成为时代的口号，而军国主义遭到质疑，军人必须换上便装才敢去东京的大街。但是，在战后，日本人对天皇的崇拜一如既往。那些在日本生活过的

---

[1] 大名，日本古时对领主的称呼，由"大的名主"一词转变而来。名主，就是占有某些土地或庄园的领主；占有土地较多、较大的就是大名主，简称大名。江户时代，它特指受封的藩主，拥有领地和家臣，但必须听命于幕府将军。——编者注

[2] 幕府将军，别称"征夷大将军"。此官始自奈良时代，是公家朝廷的将领，不具有后来武家政权幕府的意义。武家势力勃兴后，尤其是源氏消灭平氏后，借用此职位建立了独立于公家朝廷的政权结构，成为武士政权元首的固定官职，幕府亦成为武家政权的稳定组织架构。——编者注

人坚持认为，日本人对天皇的膜拜与德国人高喊"希特勒万岁"不能相提并论。希特勒式的崇拜只不过是测量纳粹党命运的晴雨表，与法西斯的邪恶计划密切相关。

　　日本战俘的证词也证实了上述说法。他们与西方战俘不同，没有受过保密训练。他们被俘后不知道什么时候该说，什么时候该保持沉默。他们对各种问题的反应大相径庭。日本之所以没有向士兵灌输这方面内容，是因为他们奉行不投降主义。直到战争的最后几个月，这种情况才有所改变，但也仅限于部分军队或地方部队。战俘的证词值得深度研究，因为他们反映了日本军方的观点。他们不是因为士气低落投降，否则他们就不是典型的日本士兵。除了少数人外，大部分战俘都是因受伤无意识或无法抵抗才被俘的。

　　日本战俘顽固到底，不遗余力，将自己极端的军国主义归因于天皇，说是"奉天皇陛下的旨意""为天皇陛下分忧""为天皇陛下献身"，"天皇引导国民进行战争，服从是我的天职"。但是还有一些人，他们反对这场战争和日本未来的征服计划，也同样将和平主义信念归于天皇。每个人对天皇的理解各不相同，天皇意味着一切。反战的人认为，天皇是"热爱和平的陛下"，他们坚持认为，天皇"一直主张自由，反对战争""天皇是被东条英机所蒙蔽"。"满洲事变[1]（九一八事变）时，天皇表明自己反对军国主义。""战争爆发，天皇并不知情，也没有征得他的准许。天皇并不喜欢战争，也不会准许任何子民卷入战争。天皇并不知道他的士兵遭受了多少苦难。"而德国战俘绝不会说出这样的供词。无论他

---

〔1〕满洲事变，一般称为"九一八事变"，又称作"柳条湖事件"。1931年9月8日，日本蓄意炸毁沈阳柳条湖附近的南满铁路（原为沙俄修建，后被日本所占），并栽赃嫁祸给中国军队。随后，日军以此为借口，侵占了沈阳，继而占领东北三省。

们对背叛希特勒的上尉或者高级指挥官有多么不满，仍然将战争以及声势浩大的备战都归咎于希特勒，认为他才是头号煽动者。日本战俘则明确表示：对皇室的尊崇与军国主义以及侵略战争完全是两码事。

对日本人而言，天皇和日本密不可分。"没有天皇的日本就不是日本""没有天皇的日本不可想象""天皇是日本人宗教生活的核心，是日本国民的象征。天皇是一个超越宗教的信仰对象"。即使日本战败，天皇也不该受到指责。"日本国民认为，天皇不应该为战争承担责任""如果日本战败，内阁和军事指挥应该承担责任，而不是天皇""即使日本战败，日本人还是会百分之百地尊崇天皇"。

日本人一致认为天皇不可以被审查，这在美国人看来就是自欺欺人，因为他们一贯认为任何人都不能免于被怀疑和批判。但毫无疑问，这就是日本民众的心声，即使日本战败。审讯战俘中最有经验的人证实，没有必要在每一份审讯单上记录"拒绝谴责天皇"，因为几乎所有的战俘都拒绝这样做，甚至那些与盟军合作并且为美军向日军广播的人也不例外。在所有的战俘审讯记录中，只有三个人委婉地反对天皇。其中一人比较直接地指出，"继续让天皇在位，将会是个错误"。另一个人则称，天皇只不过是"一个意志薄弱的傀儡"。第三个人没有前两个人那么直接，他猜测天皇可能会为了太子而退位，并且如果日本的君主立宪制被废除，那么年轻的日本妇女就有希望获取美国妇女所拥有的自由，这是她们羡慕已久的。

因此，日本军部利用日本人对天皇一致的尊崇，把"天皇恩赐"的香烟分发给部队，或者在天皇生日时，率领部队向东方三鞠躬并高呼"万岁"；"甚至在部队被日夜轰炸时"，他们仍然带领部下早晚诵读天皇在《军人敕谕》[1]中写给军队的"圣旨"，让"朗读声在山谷中回荡"。军

---

[1]《军人敕谕》，明治天皇在1882年颁布的对军人的训令。前言写到"我国军队世为天皇所亲御"。——译者注

国主义者以各种方式利用官兵对天皇的忠诚，号召他们"完成天皇陛下的心愿""解除天皇陛下所有的忧虑""以示对天皇仁慈之心的崇敬""为天皇陛下献身"。但是，这种对天皇意愿的遵从本身具有两面性。如许多战俘所言，"如果天皇一声令下，即使日本人手中只有一支竹枪，也会毫不犹豫地投入战斗。相反，如果天皇下令停战，他们也会立刻停止战斗""只要天皇发布上述命令，日本人第二天就会放下武器""就连满洲关东军"——最信奉军国主义且最好战——"也将放下他们的武器""只有天皇的旨意才能让日本人接受战败，并且甘愿为重建家园而活下去"。

对天皇这种无条件、无限制的忠诚，与对天皇以外的个人和集团横加指责，这二者形成了鲜明的对比。不管是日本报纸杂志还是在战俘的供词里，都有许多关于对日本政府和军队领导人的批判。战俘谴责他们的指挥官，尤其是那些没与部下共生死同患难的家伙。他们对那些自己乘飞机逃跑，却留部队死战到底的军官们最为痛恨。通常他们会称赞一些军官而又激烈地批判另外一些军官。没有迹象表明，他们缺少辨识事情好坏的能力。甚至在日本国内，报纸和杂志也会指责"政府"没有做到更有力的领导和更严谨的协调。因此，他们指出自己没有从政府得到应得的东西。甚至他们抨击政府对言论自由的限制。1944年7月，在东京一家报纸上刊登的一份座谈报告就是最好的证明，这份报告汇集了新闻记者、前国会议员和日本极权主义政党大政翼赞会[1]领导人等有关专家的讨论。座谈会上，其中一位说道："我认为鼓舞日本人有很多方式，但最为重要的就是言论自由。近几年，国民不能坦率地吐露心声。他们害怕因言获罪。他们犹豫不决，言辞流于表面。事实上，民众已经变得缩手缩脚。在这种情况下，我

---

[1] 大政翼赞会，日本法西斯组织，1940年10月正式成立，日本战败后于1946年6月解散。——译者注

们永远都无法发挥国民的整体力量。"另一位发言者对这一主题进行了扩展:"我几乎每天都会和选区的人们彻夜长谈,询问他们很多事情,但是他们都不敢发言。言论自由已经被否定,这绝不是激发斗志的恰当方式。人们被所谓的《战时特别刑法》和《治安维持法》严格限制,以至于他们变得像封建时代的人一样,胆小怯懦。因此,本来可以发挥的战斗力至今没有被激发出来。"

即使在战争时期,日本人还是会批判政府、最高指挥官以及他们的顶头上司。因此,他们对整个等级制度的认可并不是无条件的。然而,天皇是个例外,他不受任何批评。天皇至高无上的地位是近代才被确立的,他为什么会受到民众如此尊崇?日本人性格中的什么怪癖,使得天皇达到这种神圣不可侵犯的地位?难道真的如日本战俘所言,只要天皇下达命令,哪怕他们手握竹枪也会战斗到底,或者心甘情愿承认战败,接受被占领?这是有意误导我们的胡言乱语,还是事实的真相?

从反对物质主义的偏见到他们对待天皇的态度,日本人这些关于战争的关键态度,既与国内民众有关,也与前线士兵有关。还有一些观念是日本军队所特有的,其中之一就是对兵员损耗的态度。当美国人为台湾海峡特遣部队指挥官乔治·S.麦凯恩[1]授予海军勋章时,日本电台表示非常震惊,他们的宣传口径与美国人的态度截然相反。

授予勋章的官方原因,不是因为指挥官约翰·S.麦凯恩击退了日本军队;那是尼米兹公报所声称的,我们不明白为什么不以此为理由……授予指挥官麦凯恩勋章,是因为他成功救助了两艘受损的美国军舰,并将它们安全地护送回

---

〔1〕约翰·西德尼·麦凯恩,美国海军上将。其子约翰·悉尼·麦凯恩,亦为美国海军上将。美军现役导弹驱逐舰"约翰·S.麦凯恩号"就是以他们两人的名字命名的。"乔治"乃作者笔误。——译者注

□ 《战阵训》

"生不受俘囚之辱""死不留罪祸之污名"。1940年，今村均担任日本教育总监部本部长，奉东条英机旨意制定了《战阵训》。这一训诫影响了日军的作战方式，特别是否决了日军俘降的思想观念，间接引导了诸多战事期间的"玉碎"行为。

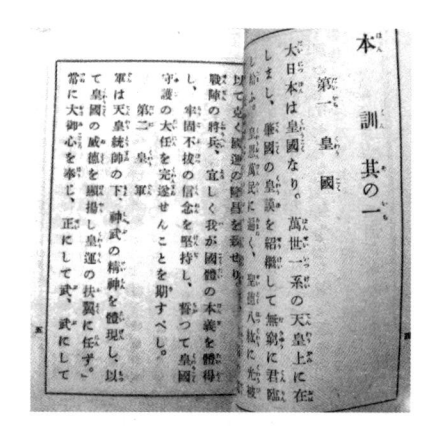

基地。这条消息引起关注，是因为它是事实，而不是编造的……因此，我们并不是质疑它，而是想让人们看清一个奇怪的事例：在美国，挽救了两艘损毁的军舰就可以被授予勋章。

美国人感动于所有的救援，即对所有陷入困境的人们的救助行为。在他们看来，英雄的行为就是英勇地挽救了"受难者"。日本人则排斥这种救助行为。甚至我们在B-29轰炸机或者战斗机上安装救生设备，都被日本人嘲笑为"胆小鬼"。日本的报纸和广播反复对这个话题进行讨论：只有视死如归才是高尚的，采取预防措施则是可耻的。他们对待那些受伤或染上疟疾的病人也是持这种态度。他们认为这些伤员就是"废物"，更何况日本医疗服务严重不足，甚至无法维持正常的军队战斗力。随着战争的持续，供给困难加剧了医疗器械的短缺现象，但这还不是真正的原因。日本人蔑视物质主义的观念是主要原因。日本士兵被灌输一种思想——死亡本身就是精神上的胜利。而美国人对疾病患者和伤者的关爱，只会成为对英雄主义的妨碍——就像飞机上的安全装置。在日常生活中，日本人也不像美国人那样，习惯于求助内外科医生。在美国，对受伤者的怜悯之情超过了对其他福利政策的关注，这一点在和平时期也常常受到来到美国旅游的欧洲人的赞叹。然而，日本人对此漠不关心。无论如何，在战争期间，日本军队缺少一支训练有素的救护队，以便从战火中将伤员撤离，并进行急救；也没有一个从前线收容所、后方野战医院到大后方康复医院组成的完整的医疗救助体系。日本人对于医疗补给的关注，让人觉得可悲可怜。在某些紧急情况下，住院的士兵被直接杀死。尤其是在新几内亚和菲律宾战场上，即使在有条件的情况下，他们也会在没有安置好伤患士兵的情况下，就从医院撤离。只有在军队执行所谓的"有计划的撤退"或者敌军已经占领了阵地时，他们才会采取一些措施。负责医疗的长官通常会在离开前，开枪打死伤员，或者让他们自己用手榴弹自杀。

如果日本人以对待废品的态度对待本国伤员，那么他们对待美国战俘也是如此。按照美国人的标准，无论是对待战俘还是对待自己的同胞，日本人都犯下了虐待罪。菲律宾前军医哈罗德·W.格拉特里上校，作为战俘在台湾被囚禁了三年。他说："美国战俘享受的医疗待遇比日本战俘好。盟军有军医照顾战俘，日本则没有任何医生。有段时间，他们唯一的医护人员是一个下士，后来是一个中士。"在一年中，格拉特里上校只见过一两次日本军医。[1]

有关战斗力消耗，日本人最极端之处就是不投降主义。任何西方军队在竭尽全力战斗后仍然胜利无望时，他们就会向敌人投降。他们仍然认为自己是光荣的，并且根据国际条约，他们的名字会被告知其本国，让家人知道他们还活着。无论作为军人还是作为普通国民，在家人眼里，他们都不会因此蒙羞。但是，日本人却完全不这么认为。在他们看来，荣誉就是战斗到死。在胜利无望的情形下，一个日本士兵应该用最后一枚手榴弹自杀，或者赤手空拳地冲向敌人，进行最后的自杀性攻击，而绝不能投

---

[1] 参见1945年10月15日《华盛顿邮报》。——原注

降。如果因受伤昏迷而沦为战俘，他会名誉扫地，"在日本再也抬不起头来"。对于曾经的生活而言，他已经"死"了。

当然，日本军规就是这样规定的。很显然，在前线已经不需要对此进行专项教导。日本军队严格执行了这一规定，以至于在缅甸北部会战中，日本被俘士兵与战死者的比例是142∶17166，约为1∶120。而战俘营中的这142人，除少数之外，被俘时都已受伤或者昏迷；只有极少数人单独或者两三个人一起"投降"。西方国家的军队中有一个不成文的规定：军队如果已经折损四分之一或者三分之一的兵力，那么就应该投降；投降者同伤亡人数的比例约为4∶1。然而，在霍兰迪亚战役[1]中，日军第一次出现大规模投降的情况，比例达到了1∶5，这比起缅甸北部会战时极端的1∶120的情况，已经是巨大的进步了。

因此，对于日本人来说，美国人沦为战俘实在是丢脸至极，因为他们都是投降的。他们才是真正的"废物"。相对而言，那些受伤，或者染上疟疾、痢疾的人，都还没有被排除在"正常人"的范畴之外。许多美国人都描述过，他们在战俘营内大笑是多么危险的事情，因为笑声会激怒日本看守。在日本人看来，投降是可耻的，但美国人对此不以为然，这让日本人难以忍受。日本军官经常让看守与美国战俘遵守同样的规矩。急行军拥挤在密闭的运输船中转移，对日本看守来说都是家常便饭。美国战俘还说过，看守的哨兵是如何严格地要求他们掩饰自己的违规行为，因为公然违规是最大的犯罪。战俘们白天在外面修路或者修建军事设施，按规定是禁止将食物从外面带回的，但这规定往往就是一纸空文——只要把带回的水果或蔬菜遮盖好就没事。如果被发现，这种公然违规的行为意味着挑衅

---

[1]霍兰迪亚战役，1944年4月22日清晨，美军战舰和一队登陆艇在霍兰迪亚港湾出现，几乎未遇任何抵抗就夺占了登陆场。4月26日，美军以伤亡1100余人的轻微代价结束了霍兰迪亚战役。霍兰迪亚港，位于新几内亚。——编者注

看守的权威。即使只是"顶嘴"都会受到严厉的惩罚，更不用说公然挑战权威了。日本人在日常生活中顶嘴会受到严厉的惩罚，在军队里惩罚就更加严重了。战俘营中存在着种种暴行和虐待，但是，这是因其文化习俗而产生的，与单纯的暴行和虐待有所区别。当然，这并不是要宽恕他们的罪行。

尤其在战争初期，日本人深信敌人会残忍地虐待并杀死全部战俘，因此更加视被俘为耻辱。有一个谣言传遍了日本的大街小巷——在瓜达康纳尔岛上的日本战俘都被坦克碾死了。虽然有些日本士兵也试图投降，但美军高度怀疑这样的行为。为保险起见，只能将他们全部枪杀了。然而，这种怀疑通常都被证明是正确的。对一个必死的日本士兵来说，最骄傲的事就是与敌人同归于尽。就如其中一个日本战俘所说："已然下定决心在胜利的祭坛上燃烧自己，那么死去时没有完成英雄事迹，就是一种奇耻大辱。"这种可能性使美国军队不得不提高警惕，也减少了日军投降的数量。

投降的耻辱感深深地烙印在日本人的内心深处。他们认为理所当然的行为，在我们的战争惯例中是完全陌生的；而我们的观念，在他们看来也同样不可思议。美国战俘要求把自己的名字通报给政府，让他们的家人知道自己还活着，日本人对此感到震惊，并充满了蔑视。至少在巴丹半岛上，日本的普通士兵没有预料到美国部队会投降，还以为他们会像日本人那样全力作战。让他们更无法接受的是，美国人在沦为战俘后居然不会感到羞耻。

西方士兵和日本士兵之间最显著的差异，无疑就是日本士兵在被俘后会同盟军合作。日本战俘不知道哪种生活准则适用于战俘。他们名誉尽失，作为日本人的生命也已经结束。直到战争结束前的最后几个月，才有少数战俘想过回到自己的家乡，而不管战争的结果如何。一些战俘要求被处死，同时表示——"但是，如果你们的习俗不允许这样，那么我愿意做一名模范战俘。"事实上，他们比任何模范战俘做得都好。这些老兵和那些长期的极端民族主义者，为我们指出弹药库的位置，并详细地解释日军的军事部署；为美军写宣传资料；与美军的轰炸机飞行员一起轰炸军事目标。他们的人生好像翻开了新的一页，上面书写的内容与以往完全相反，却又表现出相同的忠诚。

当然，并不是所有战俘都是如此，少数人是坚决不合作的。并且，无论如何，美军首先要给出某些有利条件，他们才有可能进行合作。可以理解，有些美军指挥官对接受日本战俘这种表面上的协助显得非常犹豫，有些甚至根本没有打算利用战俘的帮助。然而，在那些接受战俘协助的战俘营中，之前的猜疑逐渐被打消了，取而代之的是对日本战俘的愈加信任。

美国人对日本战俘如此巨大的转变始料未及。这并不符合我们的信条。但是从日本人的行为来看，他们选定一条道路就会全力以赴地走下去；如果失败了，就自然而然地选择另外一条道路。我们能否在战后利用他们的这种行为方式？或者这只是个别战俘表现出的特殊行为？就如同战时日本人的其他行为的特殊性迫使我们去思考一样，它引发了一系列问题：他们习惯于怎样的生活方式？他们的各项制度如何发挥作用？他们养成了什么样的思维方式和行为习惯？

第三章　各安其分

想要了解日本人，就必须从了解他们"各安其分"的含义开始。日本人对秩序和等级制度的信赖，与美国人对自由和平等的信念，如同南北两极。因此，我们很难认可等级制度作为一种可能的社会制度的公正性。对人与人的关系、人与国家的关系的认识，日本人是建立在他们对等级制度信赖的基础之上的。只有厘清他们的国民制度，如家庭、国家、宗教和经济生活，我们才有可能理解他们的人生观。

日本人用他们对等级制度的理解来看待国际关系中的所有问题，就如同他们用同样的方法看待国内问题一样。过去的十年中，他们认为自己高居于国际金字塔的顶端，而现在这一位置被西方国家所占据，他们关于等级制度的观念随之成了接受现状的心理基础。日本的外交文件不断地表明他们对等级制度的重视。1940年，日本与德国、意大利缔结了《三国同盟条约》[1]，序言中这样写道："日本政府、德国政府和意大利政府认为，世界各国各安其所是实现长久和平的先决条件……。"在签订条约时，天皇颁布的诏书也谈到了同样的问题：

弘扬大义于天地，缔造神舆成一宇，乃吾皇族之遗训，亦朕寤寐之所眷

---

[1]《三国同盟条约》，1940年9月27日，由纳粹德国、法西斯意大利与日本帝国在德国柏林签署。后来，匈牙利、罗马尼亚、斯洛伐克、保加利亚和克罗地亚等国也相继加入该条约。——译者注

念。今逢世局动乱，人类蒙祸，不知何日止息。朕所轸念者，唯在早日勘定祸乱，光复和平……兹三国盟约成立，朕心甚喜。

唯万邦各安其所，兆民悉安其业，此乃旷世大业，前途尚遥……

就在袭击珍珠港的当天，日本特使向美国国务卿科德尔·赫尔[1]递交了一份声明，也明确地表达了这一观点：

万邦各安其所，乃日本不变之国策……维持现状并续发展下去，与万邦各安其所的日本基本国策背道而驰，日本政府绝对不能容忍。

这份声明是对几天前赫尔的一份备忘录做出的回应。国务卿赫尔的备忘录引用了美国人的一些基本原则。这些原则在美国人心中的尊崇地位，犹如等级制度之于日本一样。他列举了四项原则：国家主权和领土完整神圣不可侵犯；互不干涉他国内政；信赖国际合作，和平解决矛盾冲突；平等原则。这些原则体现了美国人"权利平等和不可侵犯"的信念，并且坚信这不仅是建立国际关系的基础，也是日常生活中同样应该遵循的基本原则。对美国人而言，平等是最高的道德基础，通过它有望建立更加美好的世界。它意味着拥有没有专制、没有干涉和没有强制压迫的自由。它意味着法律面前人人平等，并且每个人都有改善自己生活的权利。平等是这个世界所维护的人类权利的基础。就算我们偶尔违背了这些原则，但仍然在维护着平等的价值，并满怀义愤地与等级制度作战。

---

[1] 科德尔·赫尔（1871—1955年），美国政治家、外交家，任职美国国务卿近二十年，1945年诺贝尔和平奖获得者。——译者注

自美国建国以来，美国人就一直坚持平等的信念。杰斐逊[1]将其写入了《独立宣言》[2]，作为宪法重要组成部分的《权利法案》[3]也是以平等为基础的。一个新国家在公开文件里正式写入这样的条款是十分重要的，因为它们反映了人们在这片大陆上繁衍生息，逐步形成的一种生活方式，而这种生活方式有别于欧洲人。一位年轻的法国人，亚历西斯·托克维尔[4]在19世纪30年代初访问美国后，写了一部关于平等问题的著作，被视为国际报告里一部重要文献。托克维尔是一位聪明且富有同情心的观察家，他能够从美国这个陌生的世界里看到很多优点。对于他来说，美国就是一个完全陌生的世界。年轻的托克维尔出身于法国贵族社会，当时活跃或是有影响力的人物依然都记得，法国社会彼时正受到法国大革命的震撼和冲击，接着又是新颁布的严厉的《拿破仑法典》[5]。他本着包容的态度，高度评价了美国新奇的生活方式，但是他是以法国贵族的视角进行观

---

　　[1]托马斯·杰斐逊（1743—1826年），美国第三任总统，民主共和党创始人，《美国独立宣言》的主要撰稿人，与华盛顿、富兰克林并称"美利坚开国三杰"。——译者注

　　[2]《独立宣言》，北美洲十三个英属殖民地宣告自大不列颠王国独立，并宣明此举正当性之文告。1776年7月4日，《独立宣言》由第二次大陆会议于费城批准。——编者注

　　[3]《权利法案》，全称《国民权利与自由和王位继承宣言》，是英国资产阶级革命中的重要法律性文件，但不是宪法。法案奠定了英国君主立宪政体的理论和法律基础，确立了议会所拥有的权力高于王权的原则，标志着君主立宪制开始在英国建立。——编者注

　　[4]亚历西斯·托克维尔（1805—1859年），法国政治家、思想家和历史学家，代表作有《论美国的民主》和《旧制度与大革命》等，这些作品使他享誉全球。——编者注

　　[5]《拿破仑法典》，总共分为三大部分，2281条法律条文。第一部分是人法，其中都是有关民事权利的规定；第二部分是物法，是有关各类财产所有权和其他物权的规定；第三部分是获取各类所有权的方法的规定，具体包括继承、遗嘱、还债、赠予和夫妻共同财产等相关法律条文。——编者注

察的，因此他的书是向旧世界报道即将到来的新事物。他相信，美国即将成为社会发展的前哨，欧洲也会如此，尽管两者存在一定的差异。

因此，他详细地报道了这个全新的世界。这里的人们真正地认为彼此平等。社会交往活动是以一种崭新且轻松的方式进行的。人与人之间平等地进行沟通。美国人也不拘泥于等级间的礼仪——他们既不要求别人遵守，也不强迫自己做到。他们喜欢说，他们不亏欠任何人。全新的世界里没有贵族或罗马式的家族模式，统治旧社会的社会等级制度也荡然无存。托克维尔说美国人只相信平等，除此之外，他们不相信任何事物。甚至是自由，也可能会在生活中无意间忽视了它。但是，他们必须平等地生活着。

透过这个陌生人的视角，先辈们一百多年前的生活方式如在目前，这让美国人感慨不已。虽然美国已经发生了很多变化，但是其基本轮廓从未改变。通过阅读托克维尔的书，我们认出了1830年的美国就已经是今天我们所熟知的美国了。这个国家，不仅过去，甚至是现在，仍然有像杰弗逊时代的亚历山大·汉密尔顿[1]那样的人，他们支持贵族式的社会秩序。但即使是汉密尔顿也得承认，这个国家的生活方式根本不是贵族式的。

因此，在偷袭珍珠港事件前夕，美国向日本陈述了其太平洋地区政策，这是以高尚的道德准则为基础制定的。这是美国最信赖的原则。美国人坚信，如果朝着他们指出的方向行进，每一步都可以改善这个并不完美的世界。同理，日本人所信奉的"各安其所"，也是其社会经历中那些根深蒂固的生活准则。几个世纪以来，不平等一直是他们信奉和尊崇的生活准则，这使一切最容易预知，也最能够被广泛接受。对他们来说，承认等

---

〔1〕亚历山大·汉密尔顿（1755／1757—1804年），美国开国元勋之一，美国《宪法》起草人之一，美国政党制度的创建者之一。——编者注

级制度就像呼吸空气一样自然。但是，这不是单纯的西方所理解的独裁主义。日本的统治者和被统治者协同一致，他们遵守着与美国相悖的传统。既然日本人已经承认美国的权威地位处于他们国家等级制度的最顶端，这就更有必要尽可能清晰地探究他们的传统。只有这样，我们才能弄清楚，在目前形势下他们可能采取的行动。

尽管日本被逐渐西化，但它仍然是一个贵族社会。每一次寒暄、每一次接触都必须表明人与人之间的亲疏远近以及地位上的差距。每当一个人对他人要说"吃""坐下"时，要按照亲疏程度或者辈分高低使用不同的词语。不同的情况下，必须使用不同的"你"来表达。动词也有不同的表达方式。换言之，同许多太平洋地区的人一样，日本人有很多"敬语"，说敬语的同时也会有适当鞠躬或者跪拜等礼节形式。所有这些，都有详细的规则和传统；不仅要知道应该向谁鞠躬，还要知道鞠躬的程度。对某个主人来说是得体合适的鞠躬，换作另一个人就可能视其为无礼，因为他与行礼者的关系略有不同。另外，行礼方式也有很多种，从双膝跪下、双手扶地及额头碰触到手背，到只是略微低头、微倾双肩，十分讲究。每一个日本人都必须从小学习，学会在不同场合中使用不同的礼仪。

一般来说，得体的行为不但要表现出等级的差别，而且要考虑双方之间的性别、年龄、家庭关系和过往交情等因素。甚至是在完全相同的两个人之间，在不同的场合也要表达不同程度的尊敬——两个平民之间相互熟悉，可能不需要行礼，但是如果一方穿上军装，着便装那一方就需要向他行礼。对等级制度表示出适当的尊重是一种艺术，它需要平衡无数的因素。在某些特殊情况下，有些因素会相互抵消，有些则可能得到增强。

当然，有些人相互之间也不必拘泥于礼仪。在美国，家庭成员之间就没有那么多讲究。当回到家，回到亲人的怀抱时，他们会忘掉任何礼仪，哪怕是最细微的。但是，在日本，家庭恰恰是学习礼仪的地方，也是需要一丝不苟地遵守礼仪的场所。当婴儿还被绑在母亲背上的时候，母亲就会用手按下孩子的头；当孩子还在蹒跚学步时，他的第一堂课就是向父亲和长兄行礼。妻子向丈夫鞠躬；孩子向父亲鞠躬；弟弟向哥哥鞠躬；女孩，都要向她所有的兄弟们鞠躬，不论长幼。这些并不是没有意义的形式。它意味着行礼的人承认对方有权干预自己的事情，尽管他更愿意自己处理；而受礼的人则承认与自己的地位相应的责任。建立在性别、辈分和长嗣继承基础之上的等级制度，是日本家庭生活的重要组成部分。

当然，孝道是中日共有的一种传统美德。早在公元六七世纪，中国的孝道文化就随着中国的佛教、儒教和世俗文化一同被引入日本。但是，孝道的形式必然要进行修改，以适应不同的日本家庭结构。在中国，即使是今天，一个人也必须忠于自己的庞大宗族。宗族的成员可能成千上万，它在管辖族人的同时也获得族人的支持。中国幅员辽阔，不同地区的情况可能各不相同，但是在大部分地区，一个村子里的所有人都属于同一个宗族。中国有4.5亿人，却只有470个姓氏，所以同姓的人都认为他们在某种程度上有亲族关系。某个地区的所有人，可能同属一个宗族，而且，在遥远的城市里也可能有同宗。像广东这样人口稠密的地区，宗族成员会联合起来共同维护宏伟的氏族宗祠，在规定的日子里，一起祭拜数以千计的已故宗亲的牌位，而这些宗亲都源自同一位祖先。每个宗族都有自己的财产、土地和寺院，还有宗族基金用于资助有前途的宗族后代的学习。宗族与分散在外的成员保持联系，负责刊印详细的族谱，每隔十年左右更新一次，以公布那些有权享受宗族特权的名字。宗族都有世代相传的族规，如果宗族与当局意见出现分歧，依照规定，甚至可以不把犯罪的族人交给国家。在封建王朝时期，这些半自治的庞大宗族只在名义上受到国家管控。实际上，那些受国家指派的官员管理起来漫不经心，并且会定期轮换。因此，在宗族成员眼里，他们都只是外人而已。

日本与中国有很大不同。直到19世纪中期，只有贵族家庭和武士家庭才能拥有姓氏。在中国，姓氏是宗族系统的根基，如果没有姓氏或者与之等同的东西，宗族就无从发展。某些宗族的族谱就起到相当于姓氏的作用。但在日本，只有上层阶级才有族谱。即使有族谱，其记录方式也与美国革命妇女会一样，是从现在活着的人往回追溯，而不是从古到今地把从祖先繁衍而来的所有人都记录进去。这两种方法有本质区别。此外，日本是一个封建国家，其效忠对象不是氏族团体，而是封建领主。封建领主是当地最高统治者，这与中国官员的短期任命完全不同，后者通常被视作外人。在日本，最重要的事情，是这个人属于萨摩藩还是肥前藩[1]，个人关系就建立在他所属的藩中。

另一种将氏族制度化的方式，是在神社或祠堂祭拜祖先或者氏族神。这是没有姓氏或者族谱的日本平民也可能参与的活动。但日本没有祭拜祖先的习惯，平民在神社祭拜，所有的村民都可以一起参加，他们不用证明是否拥有共同的祖先。他们被称作氏神[2]的"孩子"，因为他们在该神的领地上生活。就像世界上任何地方一样，世代定居的村民繁衍生息，彼此形成了亲戚关系。他们并不是由同一个祖先繁衍下来的关系亲近的宗族团体。

日本人对自己祖先的祭拜则不会去神社进行，他们在家里房间的佛坛上供奉着六七位近期去世的亲属牌位。这些亲属牌位类似微型墓碑，代表着他们的父母、祖父母或者近亲。日本上下不论哪个阶层，每天都要在佛坛前行礼、摆放供品，以示对他们的思念。墓地里，如果曾祖父母墓碑上的碑文无法辨认，也不会重刻，导致三代之上的亲人很快就会被遗忘。日

---

[1]萨摩藩，又名鹿儿岛藩、岛津藩，为日本江户时代的藩属地，位于九州岛西南部，领地包含今日的鹿儿岛县全域与宫崎县的西南部。肥前藩，是日本江户幕府时期的一个藩属地，位于日本九州岛西北部（今日本佐贺县）。——编者注

[2]氏神，日本氏族的祖先或者保护该氏族的神。——编者注

本的家族关系如此淡薄，几乎如同西方国家，也许同法国人的家族关系最为接近。

因此，"孝道"在日本仅限于面对面的家庭成员内部，最多也就包括父亲、祖父、叔（伯）父、叔（伯）祖父以及他们的后代。在这个群体中，按照辈分、性别和年龄找到自己合适的位置。名门望族也会分裂成不同的分支，次子及以下都自立门户。在这种面对面的小群体里，规范"各安其所"的准则可谓细致入微。如果长者没有正式隐退（隐居），他的命令都必须严格服从。即使是现在，就算已经有几个孩子的男子，只要他的父亲还没隐退，未经其父准许就不得擅自行事。即使子女成人已经三四十岁，父母依然可以决定他们的婚姻大事。父亲作为一家之主，必须先被服侍进餐，入浴也是父亲在先。一家人向父亲深深地鞠躬，父亲只需点头回礼。在日本有一个广为流传的谜语，把它翻译过来就是："为什么儿子想要给父母提建议就像在和尚头顶找头发？"（佛教徒都要剃度）谜底就是："不管有多想，就是做不到。"（无发——无法）

"各安其所"不仅包括辈分的差别，也包括年龄的差别。如果日本人想要表达非常困惑的意思，他们会说"非兄非弟"（长幼不分），就跟我们说的"非鱼非禽"（不伦不类）一样。因为，对于一个日本人来说，长子就应该严格保持他作为长兄的风范，才能在生活中如鱼得水。长子是继承人。去过日本的人都提到过，"在日本，长子从小就学习拥有承担责任的气质和风度"。长子在很大程度上拥有类似父亲的特权。在旧社会，弟弟的成长必然要依靠于长兄；现在，尤其是在城镇和乡村，长兄按照古老的习俗要待在家里，而弟弟们则可以出去闯荡，获得更好的教育和更高的收入。但是，古老的等级观念依旧牢固。

甚至在现今的政治评论中，对于大东亚政策的讨论，仍然生动地表现出这种传统的"长兄为大"的特权观念。1942年春天，一位陆军部中佐在谈到大东亚共荣圈的问题时说："日本是东亚国家的兄长，其他国家都是日本的弟弟。这是占领区的民众都必须深刻认识清楚的。若过多地为民众考虑，可能会让他们心中滋生出滥用日本好意的倾向。"换句话说，什么事情对弟弟有益，这是由哥哥来决定的，并且实施时不必"过分关心"。

不管年龄大小，一个人的等级地位还取决于他的性别。日本女人走路时要跟在丈夫的身后，可见她们地位的卑微。偶尔穿上西式服装的妇女能与丈夫并肩而行，先于丈夫跨过门槛，然而一旦她们换回和服，就又要走在男人的后面。日本家庭中的女孩必须竭力保持平和的心态来看待她们的兄弟得到礼物、受关注和教育经费这样的事情。即使有专门为年轻女孩而建立的高等学校，指定的课程依然都是以礼仪和行为举止之类为主。女校的知识教育也与男孩的教育标准相去甚远。一位女校的校长提倡给中上层家庭的学生开设欧洲语言课程，其理由竟然是希望日后她们打扫书架后，能把丈夫的书正确地放回去。

尽管如此，日本女人比大多数其他亚洲国家的女性拥有更多的自由，而这不只是日本西化的结果。日本从来没有像中国上层社会那样要求女人裹脚。印度女性至今还羡慕日本女人能够自由出入商店，自在地在街上走动，从来不需要任何杜帕塔[1]遮盖。在日本，妻子控制家里的收入和支出，掌管家里的钱袋。如果资金不足时，她们必须从家里选出东西用以典当。妻子管理家里的仆人，对孩子的婚事有很大的发言权，而一旦她升级为婆婆，通常就意味着她独揽家政大权，就好像从来都没有前半生唯唯诺诺、言听计从的经历一样。

在日本，辈分、性别和年龄的特权十分明显。但是，行使这些特权的人，不像是武断专横的独裁者，而更像是受托人。父亲或者长兄对全体家庭成员负责，不论是在世的、去世的，还是即将出生的。重大决定必须由

---

[1]杜帕塔，印度女性遮盖头部的纱巾。——译者注

他做出，并确保其一一落实。然而，他的权利并不是绝对的。他要为了家庭荣誉考虑，谨慎行事。他要让儿子和弟弟记住家庭遗产，既有物质遗产又有精神遗产，并要求他们要努力与之相配。即使身为一个农民，他也会对家族祖先承担高尚的责任。如果他属于更高的阶层，对家庭的责任也会随之越来越重。家庭的利益远远高于个人诉求。

遇到任何重大事务，无论阶层尊卑，家长都会召集家庭会议进行讨论。例如：为了订婚而举行的会议，家庭成员可能从日本不同地区赶来参与讨论。在做决定的过程中，所有人的不同态度都会被考虑。一位弟弟或者某位妻子的意见可能就会影响最终的决定。如果一家之主无视大多数人的意见而一意孤行，他就会陷入困境。当然，那个被决定命运的人，可能难以接受这样的决定。然而，那些也曾屈从于家庭成员决定的长辈，如今要求晚辈服从决定，就像当年的自己一样。不管从法律还是习俗的角度，日本人这种决定方式都与普鲁士父亲对妻子和孩子的专横权力明显不同。在日本，这种强制性并未减弱，只是不同的决定方式产生的效果各异而已。日本人不会在家庭生活中学习尊重专制权威，也没有培养轻易屈服于权力的习惯。服从家庭的意志是打着最高价值的旗号，无论要求多么严苛，所有人都要以"共同忠诚"之名，不惜一切代价去服从这一切。这就是所谓的最高价值。

每一个日本人首先都是从家庭内部养成遵从等级制度的习惯，然后将其应用到经济生活和政治生活等更广阔的领域。他知道，一个人要充分尊重那些级别和地位高于自己的人，无论那些人是不是在集体里拥有实权。即使一位受妻子支配的丈夫，或一位受弟弟支配的兄长，他们在正式场合仍然会受到尊重。特权的界限不会因为某人的背后操作而被破坏，特权的表象也不会因为迎合实际的当权者而改变。等级制度依然不可侵犯。这些在背后掌控而不在表面显现出来的方式，甚至有一种策略上的优势。唯其如此，主导大权的人不易受攻击。日本人从家庭经历中也认识到，对于一项决定，让全体家庭成员确信这能否维护家庭荣誉，是获得家庭成员大力支持的重点。这个决定不是独裁家长的突发奇想，也不是像暴君一样靠铁腕实施。日本的家长更像是一个物质财产和精神财产的托管人，这些财产对家族的每个人都很重要，所以要求所有家族成员的个人意志必须服从家族利益。日本人反对使用暴力，但是他们丝毫没有为之而减弱个人服从家庭利益的意志力，也不曾因此就减弱对有权势地位人的尊重。即使家庭中长者不能成为强硬的独裁者，家庭等级地位仍然保持不变。

上述是对日本家庭等级观念的直截了当的表述。对于持有不同人际行为标准的美国人而言，这些表述还不能使他们正确理解日本家庭中强有力的情感纽带。日本家庭有很强的凝聚力，探索他们怎么形成这种凝聚力正是本书重点研究的课题之一。与此同时，想要在更广阔的政治领域、经济生活中解读他们对等级制度的需求，重要的是先认清他们在家庭内部如何全面地培养这种习惯。

在日本人的社会生活中，不同阶层的等级关系制度和家庭内部的等级制度一样严格。日本在其历史发展中一直保留着稳固的等级阶层社会。一个有长达数世纪等级制度的民族，既拥有其重大的优势，也有其无法抹去的不足。自日本有历史记载以来，等级制度就是其生活的准则，甚至早在公元7世纪，日本就把从没有社会等级制度的中国借鉴过来的生活方式进行修改，使之与自己的等级制度相互融合。在公元7世纪和8世纪，日本使节对映入眼帘的伟大的中国文化叹为观止，于是日本天皇和他的宫廷大臣设定了一个目标，用这种高度文明来丰富日本文化。他们为此投入了莫大的热情。在此之前，日本甚至没有书写文字。在7世纪时，日本引进了中国的象形文字，用来记载他们那种与中国完全不同的语言。日本曾有一种宗教，它拥有四万个神祇，这些神祇掌管所有的山脉和村庄，并赐福民众。这种民间宗教经过无数变革，发展成了现代的神道教。公元7世纪，日本从中国大规模引进佛教，并将其作为一种"能够治国安邦的、卓越的"宗

□ 源赖朝将军

源赖朝（1147—1199年）是日本镰仓幕府的创始人和第一个征夷大将军。他从1192年到1199年掌握日本统治实权。他是平安时代末期河内源氏的源义朝第三子，名将源义经的异母兄长。

教。[1] 在此之前，无论是公众的或私人的，日本都没有任何雄伟的永久性建筑。此时，天皇仿照中国国都建造了新的都城——奈良，又在日本各地按照中国样式建成了很多宏伟华丽的佛教寺庙和巨大的僧院。另外，天皇通过到访过中国的使节，引进了官阶头衔、品衔制度和法律制度。在世界历史上，任何地区都很难找出一个主权国家，能够如此有计划地成功吸收他国的文明。

然而，从最初开始，日本就没有成功地复制出中国那种没有等级的社会结构。日本引进的官衔，在中国是授予那些通过科举考试进阶的行政官员的，而在日本则都授予了世袭的贵族和封建领主，成了日本等级制度的组成部分。日本分散着许多半独立的藩国，各藩领主忌惮彼此的力量；社会阶层中最重要的是与特权有关的人，包括领主、家臣和侍从。不管日本如何费尽心思地引入中国文化，都无法将其等级制度体系架构在中国官僚制度或者庞大的家族体系之中，这种家族体系将不同阶层各行各业的人团结在一起。日本也无法接受中国人视皇帝为凡人的观念。日本把皇室称之

---

[1] 参见乔治·桑塞姆爵士的《日本：文化简史》，131页。——原注

□ 日光东照宫-德川家康的灵庙

　　日光东照宫是位于日本日光市的神社，创建于元和三年（1617年），主祭神为江户幕府的开创者——德川家康。

为"云端上的人"，只有来自这样家族的人才能继承皇位。中国经常改朝换代，而日本却从来没有发生过。天皇是神圣不可侵犯的。毫无疑问，将中国文化引入日本的天皇和宫廷大臣们，他们一定没有想到中国制度在这些领域真正的概念，也不会想到他们对其做了多少改变。

　　尽管日本引入了中国文化，但是新的文明只是为世袭领主与家臣争夺国家统治权的战争扫清了道路。这场战争持续了几个世纪。在8世纪末，贵族藤原氏[1]夺取了统治权，并把天皇赶到幕后。随着时间推移，藤原氏的统治遭到封建领主的质疑，整个国家陷入内战。其中，著名的源赖朝[2]征服了所有对手，以"将军"这一古老的军事头衔成为国家真正的统治者。将军的全称是"征夷大将军"。在日本，这个头衔本来很普通，但只要源

---

　　[1]藤原氏，日本古代史上的巨族大姓之一。从天智八年到明治维新，藤原氏一族在日本政坛上活跃了近一千年。——译者注
　　[2]源赖朝（1147—1199年），日本平安时代末期至镰仓时代的武将、政治家。日本幕府制度的建立者，镰仓幕府首任征夷大将军。——编者注

□ 德川家康

德川家康（1543—1616年）是日本德川幕府的创始人和第一个将军，德川家康在1600年夺取政权，1603年被任命为将军，并于1605年退位，但在1616年去世前一直掌权。

赖朝的后代能够一直掌控其他的封建领主，"将军"就只能在源氏家族中世袭。天皇变得有名无实，他的作用主要也就是为将军进行授衔仪式。天皇没有实权，实权掌握在幕府手中。为了维持统治权，他们通过武力征服那些难以驾驭的藩国。每一个封建领主、大名，都有自己的武装家臣——武士。这些武士完全听命于大名，战乱时期，随时准备为"名声地位"讨伐敌对的大名或者挑战"将军"的统治地位和权威。

在16世纪，内战全面爆发。经过几十年的混战，伟大的德川家康[1]战胜了所有对手，于1603年成为德川幕府的第一代将军。德川幕府的统治持续了两个半世纪，直到1868年，天皇和幕府将军的"双重统治"被废除，德川统治结束，近代历史正式开始。从许多方面看，漫长的德川时代在日本历史上都算是一段卓越的统治时期。它用武力维护着日本的和平，直到政权结束前的最后几年，它推行的中央集权制，仍充分地服务于德川幕府

---

〔1〕德川家康（1543—1616年），日本战国时代、安土桃山时代三河国大名，江户幕府第一代征夷大将军，日本历史上杰出的政治家和军事家。——编者注

的目标。

德川家康曾面临一个非常棘手的问题，并且一直没有找到一个有效的解决方法。在内战期间，一些势力强大的藩主反抗他，直到被打败之后才向他臣服。这些藩主就是所谓的外样大名[1]，也就是旁系大名。德川家康让这些大名继续拥有他们的领地和家臣，甚至让他们在自己的领地上继续享有最高的自治权。不过，他不会让他们享有成为德川家臣的荣誉，也不让他们在幕府担任要职。这些要职都留给了"谱代"，即嫡系大名——内战中德川家族的支持者们。为了维持这种艰难的政治局面，德川采用了一系列策略：阻止封建领主及大名积蓄力量，阻止威胁幕府统治的大名们任何可能的联合。为了维护日本和平以及德川家族的统治，德川幕府非但没有废除封建体制，反而试图进一步加强，使之更加稳固。

日本的封建社会被明确地分成不同阶层，每个人的身份通过世袭被固定下来。德川幕府巩固了这个体系，并规定了每个阶层日常行为的细节。每户的家长必须在门上张贴表明其阶层地位和世袭身份的标志。他能穿的衣服，可以购买的食物，以及能够依法居住的房屋类型，都根据世袭身份做了明确的规定。皇室和宫廷贵族之下，日本设有四个阶层，按等级顺序依次是：武士，农民，工人，商人。再往下是贱民。贱民中数量最多、最有名的是"秽多"，即一些从事各种污秽职业的人。他们一般是拾荒者、掩埋死囚尸体的人、剥死兽皮制造皮革的人。在日本，他们是不能接触的人，或者更确切地说，他们根本不算人，甚至连穿过他们村庄的那段道路也不计入里程中，就像这片土地和居民根本不存在一样。贱民的生活非常窘迫，虽然他们从事的职业活动是许可的，但是他们仍然被排除在正式的社会结构之外。

---

[1] 外样大名，原来与德川家康敌对，关原之战后降服于德川家康的大名。外样，旁系、非嫡系。——译者注

商人阶级仅仅高于贱民阶级。不管美国人对此感到多么不可思议，可这确实是日本封建社会客观存在的事实。商人通常是对封建制度具有破坏性的阶层。如果商人备受尊崇，长盛不衰，封建制度就会走向消亡。在17世纪，德川幕府发布并实施了当时最为严苛的闭关锁国的法令[1]，想从根本上消除商人发展的基础。这在任何一个国家都尚未实行过。日本曾经在中国和朝鲜海岸线进行海外贸易，使商人这个阶层不可避免地得到发展。因此，德川幕府规定，如果有人建造或者驾驶超过一定规格的船只，将被处以死刑，从而阻止了这种贸易往来。获得许可的小船无法行驶到大陆，也无法运载贸易货物。因为每个藩都在边界设置关卡，明令禁止商品进出，所以国内贸易也受到严格的限制。另外，还有一些法律重点强调了商人低贱的社会地位。《奢侈禁令》规定了商人的着装、携带的雨伞及婚礼或丧礼的花销数目。他们不能生活在武士居住的区域。当与武士发生冲突时，他们不受法律保护，因为武士享有特权。在货币经济时期，德川幕府让商人始终处于社会底层的统治政策必然会失败。日本需要货币来运转，德川幕府的尝试与时代大潮背道而驰。

武士和农民是两个比较适合稳固封建制度的阶层，德川幕府将这两个阶层冻结起来。在德川家康结束内战前，名将丰臣秀吉[2]已经通过他著名的《刀狩令》[3]将这两个阶层分开。他收缴农民的武器，让武士享有独一

---

〔1〕日本闭关锁国是江户时代德川幕府实行的外交政策。在1635年开始实行，直到1868年德川幕府被推翻为止。德川幕府明确禁止日本人出国、禁止在外的日本人回国，并规定与外国的贸易关系仅允许在长崎进行，而且对象仅限于中国和荷兰。——编者注

〔2〕丰臣秀吉（1537—1598年），日本战国时代、安土桃山时代大名，著名政治家，与织田信长、德川家康并称"日本战国三杰"。——编者注

〔3〕《刀狩令》，日本史上的一个法令，最早由柴田胜家在越前实行，主要是没收农民手上的武器，其目的是完全做到兵农分离，实际上是为了加强对庶民的统治。——编者注

□ 丰臣秀吉

丰臣秀吉（1537—1598年）是日本战国时代卓越的大名、将军、武士和政治家，被认为是日本的第二个"伟大的统一者"。他接替了他的前君主织田信长，并结束了战国时代。

无二的佩刀的权利。武士再也不可以兼做农民、工匠或者商人。即使是身份最低下的武士也不能成为合法的生产者。他们每年都从农民的课税中收取自己的禄米，成为寄生阶层的一员。大名掌管稻米的分配，按配额分给每个武士家臣。武士完全不用担心生计问题，他完全依附于他的领主。在日本历史的早期，在与各藩国无休止的战争中，封建大名和武士之间的紧密纽带逐渐牢固。在德川统治的和平时期，这一关系演变成经济性的。日本的武士，与欧洲的骑士不同，他既不是拥有自己土地和农奴的小领主，也不是一个富有的士兵。自德川统治时期开始，武士就是按照一定等级领取固定俸禄的人。他们的俸禄不多，日本的学者估算过，所有武士的平均俸禄和农民的收入差不多，只能勉强维持生计。[1] 没有什么能比几个继承人分割这份俸禄更让家族雪上加霜的了，所以武士限制他们的家庭规模。最让他们感到难堪的是名望与财富挂钩，因此，他们在信条中着重强调，节俭是最高尚的美德。

武士与农民、工匠和商人之间存在着一道巨大的鸿沟。后三者是"庶民"，但武士不是。武士的佩刀不只是一种装饰，更是其特权和阶层的

---

[1] 参见赫伯特·诺曼《日本近代国家的诞生》（中译本名为《日本维新史》），17页。——原注

象征。他们有权对庶民用刀。早在德川统治时期之前，就已经有这个传统了。德川家康颁布法令——"如果庶民对武士无礼或者对他们的上级表示不敬，可以当场斩首。"这仅仅是将旧习俗法律化。德川家康的规约没有考虑到庶民和武士之间应该建立相互依存的关系。他的政策只是基于严苛等级的规定。武士和平民两个阶层都由大名统治，直接依附于大名。事实上，两个阶层又处于不同的社会阶梯上。每个阶梯上上下下都有一套自己的法律、法规、权限以及相互义务。两个阶层之间的人，有着遥不可及的距离。虽然某些情况下，两个不同的阶层必然会一再地发生联系，但是这并不在制度规定的范围内。

德川幕府时期，武士已不只是舞刀弄剑，他们逐渐成为其领主财产的管理者和风雅艺术的专家，比如古典的能乐[1]和茶道[2]。他们处理所有的文案，并通过巧妙的操控来实现大名的意图。在两百年的漫长和平时期，舞刀弄剑的机会十分有限。就好像当时的商人不顾等级制度的规定去创造高雅的文艺样式和享乐的生活方式一样，武士尽管时刻准备战斗，但仍然学会了各种风雅艺术。

尽管按照法律规定，农民对武士毫无防卫可言，而且需要缴纳沉重的赋税，受到各种禁令的限制，但他们仍享有一定的保障。他们获准拥有土地的所有权。而在日本，拥有土地就拥有声望。在德川幕府时期，土地不能永久转让。这是为了保护独立耕作者的利益，而不像欧洲的封建制度，保护的是封建领主的权益。农民无比珍惜这项永久的权利，并且不辞劳苦地耕作，就像他们的后代今天还在稻田里劳作一样。但农民仍旧是供养着

---

[1] 能乐，最具代表性的日本传统艺术形式之一。包括"能"与"狂言"两项，前者是极具宗教意味的假面悲剧，后者是十分世俗化的滑稽科白剧。——译者注

[2] 茶道，日本茶道源自中国，将日常生活行为与宗教、哲学、伦理和美学熔为一炉，讲究以禅品茶、茶禅合一、修身养性。——译者注

上层寄生阶层200万人的阿拉特斯[1]，供养包括将军的幕府、大名的管理机构，以及武士。农民缴纳实物税，也就是农民按比例向大名缴纳一定数量的粮食。然而，在同样是水稻产国的暹罗，传统的赋税是10%，而在德川时期的日本，赋税是40%。而且，实际的税额比这个还要高。有一些藩无情地压榨农民的体力和精力，要求农民缴纳的赋税高达80%，通常还要服徭役或者无偿劳作。像武士一样，农民也限制家庭的规模。因此，整个德川幕府时期，日本总人口几乎一直保持不变。对于一个长期处在和平时期的亚洲国家来说，停滞的人口数反映出这个政权的诸多问题。无论是依靠俸禄的武士阶层还是生产阶层，都存在斯巴达式的严苛制约[2]。但是，每个下属和他的上级之间，存在着相对信赖的关系。每个人都知道他自己的义务、权利以及地位，如果这些遭到侵犯，即使是最穷苦的人也可以进行反抗。

极度贫困会使农民起来反抗。他们不仅反抗封建领主，而且还会反抗幕府当局。在德川幕府统治的两个半世纪里，至少有一千次这样的反抗。他们反对的并不是传统的"贵族占四成，劳作者分六成"的沉重赋税，而是反对额外的附加税。当情形难以忍受时，农民们就会发动大规模游行反对领主。但是，请愿和谈判的过程却是井然有序的。农民们会起草正式的请愿书，并递交给大名的家臣，要求废除苛政。如果请愿书被中途拦截或者大名对此不予理睬，他们就派代表到江户[3]，将请愿书呈交给幕府将

---

[1] 阿拉特斯，希腊神话中一位大力神，因支持巨人族首领泰坦反对主神宙斯，被宙斯降罪，用双肩支撑苍天。——译者注

[2] 古希腊的斯巴达人把坚持极为严苛的生活方式作为城邦的一项政策。他们不佩戴珠宝，不穿精美服装，不纵容自己耽于奢侈享受，积累了大量的私有财产。他们甚至没有用于流通的贵金属，只是把铁棒作为货币。——译者注

[3] 江户，东京古称。江户是日本自德川幕府时代以来的主要都市之一，明治维新迁都江户后，改名东京。——译者注

军。在一些著名的案件中，他们为了保证诉状成功递交，甚至会在江户的大街上趁着某些高官坐轿经过时，将状纸塞到轿子里。尽管农民们递交诉状冒了很大的风险，但幕府官员在收到状纸后就会着手调查，而且大概有一半的判决是对农民有利的。[1]

然而，这种判决并不符合日本法律和秩序的要求。农民的抱怨也许是合理的，政府尊重他们的诉求也可能是适当的，但是农民领袖依然违反了严苛的等级有别的法令。不管判决对他们多么有利，他们都违背了忠诚这一基本律令，这是无法被忽略的。因此，他们会被判处死刑。他们动机的正义性与此毫无关系，甚至农民也会接受这种不可避免的命运。被处死的人是他们的英雄，人们成群结队地赶到刑场。在那里，反抗的领袖们或被滚油烫死，或被砍头，或被钉上木架，刑场的所有人却没有暴乱。这就是法律，这就是秩序。事后他们也许会为死者修建祠堂，尊他们为烈士，但是他们接受死刑，并认为这是他们赖以生活的等级制度的重要组成部分。

简而言之，德川幕府的历代将军们都在试图巩固每个藩内的等级结构，并且努力让每个阶层都依赖于封建领主。在每一个藩内，大名处于等级制度的最顶端，并且他可以对他的属下行使特权。幕府将军在政务上最大的问题就是对大名的管控。他通过各种方式防止大名结成联盟或者实施侵略计划。在各个藩的边界上，哨卡和关口的官员严密监视"出境的女人和入境的枪炮"，以防止任何大名设法私运妇女出境、走私武器入境。[2]没有将军的准许，大名之间不能联姻，以避免形成危险的政治联盟。各藩之间的贸易也受到阻碍，甚至到了有桥也不让通行的程度。幕府将军的密探让他知悉大名的财政收支情况，一旦大名财力充盈，将军就会要求他承担耗资巨大的公共工程，让他重新与其他大名经济水平一致。所有规定中

---

[1]参见博顿·休合的《日本德川时代的农民起义》。——原注
[2]参见赫伯特·诺曼的《日本近代国家的诞生》，67页。——译者注

最著名的就是大名在一年中有半年需要住在都城，即使他返回自己的领地居住时，也必须将妻子留在江户作为将军手上的人质。通过这些管理方式，幕府维护了自己的权威，加强了他在等级制中的统治地位。

当然，将军并不是这个拱门结构上起决定作用的拱心石，因为他只是获得天皇委任才进行统治的。天皇及其世袭贵族组成的宫廷被孤立在京都，并没有实权。天皇的财政收入甚至不如地位最低的大名，并且宫廷的所有仪式也受幕府的严密管控。然而，即使是最有权势的德川将军，也没有采取任何举措废除天皇和实际摄政者的双重统治。双重统治在日本不是什么新鲜事物。自12世纪以来，大元帅（将军）就剥夺了天皇的实际权力，以天皇的名义统治整个国家。有一段时期，双重统治的权力分化非常严重，达到了层层委托的程度——有名无实的天皇把实权委任给一个世袭的世俗首领，而世俗首领又将权力委托给他的世袭顾问。最初，这种权力的重复委托纵横交错。甚至在德川幕府统治的最后时期，海军准将佩里[1]也没有注意到幕后还有天皇的存在。还有我们的首任驻日公使唐森德·哈瑞斯[2]，他在1858年与日本谈判第一个贸易条约时，也不得不通过自己的努力才发现还有一个天皇存在。

实际上，日本对于天皇的观念在太平洋各岛屿上一再被发现。他是神圣的首领，可以参与管理，也可以不参与。在一些太平洋岛屿上，他自己行使权力；而在另一些岛屿上，他将权力委托给别人。但是，他本人是永远神圣的。在新西兰的一些部落中，神圣首领是如此不可侵犯，以至于

---

[1]马休·佩里（1794—1858年），美国海军将领。1853年7月，时任美国东印度舰队司令的佩里率领舰队抵达日本，就此打开了日本封闭的国门。——译者注

[2]唐森德·哈瑞斯（1804—1878年），美国外交官，首任驻日公使。——译者注

□ 佩里将军

马休·卡尔布莱斯·佩里（1794—1858年）是美国海军准将，在多次战争中指挥舰船，包括1812年战争和墨西哥—美国战争（1846—1848年）。作为美方代表，他于1854年与日本签订了神奈川公约，在日本向西方的开放中发挥了主导作用。

他不可以自己进食，被喂食时的汤匙甚至都不得碰到他神圣的牙齿。他出行时必须有人抬着，因为他的脚踏过的土地就自动成为圣地，归为首领所有。他的头尤其神圣不可侵犯，任何人都不能触碰。他可以与部落诸神对话。在某些太平洋岛屿上，例如萨摩亚岛和汤加岛，神圣首领与世俗生活没有关系，而是由一位世俗的首领承担所有责任管理整个国家。詹姆斯·威尔逊[1]曾在18世纪末访问过位于太平洋东部的汤加岛，他写道："汤加的政府和日本的政府最为相像，神圣的皇帝对于军事首领来说就是某种政治犯。"[2] 汤加岛的神圣首领被隔绝在公共事务之外，只负责主持宗教仪式。他们亲自摘取果园中的第一颗水果，然后主持一个仪式后，其他的人才能吃其他水果。当神圣首领死去时，人们用"天堂空虚了"这样的话来

---

[1]詹姆斯·威尔逊（1742—1798年），美国杰出的政治家、法学家，同时在《独立宣言》和《联邦宪法》上签名的六人之一，联邦最高法院首任大法官。他对美国早期的政治和法律生活具有重要影响，尤其是对联邦宪法的制定和批准做出了重大贡献。——译者注

[2]语出《1796、1797和1798达夫号船上的南太平洋传教之旅》。——原注

宣告他的死亡。遵照仪式，他被安葬在一个巨大的皇室墓地，但是他并未参与行政管理。

天皇尽管在政治上毫无权力，有时"对于军事首领来说就是一个政治犯"，但在日本人的定义里，他在等级制度中占有一席之地。对于日本人来说，天皇是否积极参与世俗事务，并不是衡量其地位的标准。在将军长达几个世纪的统治期间，日本人一直把天皇和位于京都的宫廷视为珍宝。只有在西方人眼中，天皇所起的作用才完全是多余的。但对于每个方面都有严格规定、习惯了等级制度的日本人而言，他们的看法则完全不同。

封建时期，日本这种从贱民到天皇的极度明确的等级制度，给近代日本留下了深刻的烙印。毕竟，封建统治在法律意义上的结束只不过是在七十五年前[1]，根深蒂固的国民习性无法在一个人的生命中完全摒除。我们在下一章就会讲到，尽管国家的目标有了根本性转变，但是近代日本的政治家们依然制定了周密的计划，来保留这一制度的大部分内容。与其他任何主权国家相比，日本人更习惯接受这样一个世界——所有微小行为的细节都被规定，并且身份地位也被固定。两个世纪以来，这个世界的法律和秩序靠铁腕来维持，因而日本人学会了把这个精心设计的等级制度与安全和稳定等同起来。只要他们置身于规定的范围内，履行他们自己应有的义务，这个世界就值得他们信赖。盗贼得到了控制，大名之间的内战也被制止。如果人们能够证明他人侵犯了自己的权利，就可以像农民受剥削时那样提出申诉。虽然这么做对个人而言有很大的风险，却被众人认可。德川幕府时期，甚至有一位开明的将军设立了投诉箱，任何百姓都可以将自己的抗议书投递进去，只有将军本人有箱子的钥匙。日本的确存在真正的

---

[1] 指明治四年（1871年）7月的废藩置县，即废除全国262个藩，统一为府县。这是建立中央集权政权的一项划时代的政治变革，从此结束了日本长期以来的封建割据局面。——译者注

保障，如果某人的行为不符合现有的规范，这会被纠正。人们信赖这种规范，并且相信只有遵照执行才能获得安全。一个人的勇气和正直体现在对制度的遵守上，而不是对它的修改或反对。在日本人的眼中，受各种规定限制的世界是已知的、可信赖的。它的规定并不是摩西十诫[1]那样抽象的道德准则，而是具体的行为规范。它规定在这样的场合应该怎么做，另外的场合又该怎么做；如果是武士应该怎么做，如果是庶民又该怎么做；长兄该怎么做，弟弟又该怎么做。

在这样的体制下，日本人并没有像其他生活在铁腕等级制度统治下的民族那样，变得温良顺从。重要的是日本各个阶层的利益被承认，并得到了特定的保障。甚至是贱民也会保障其对自身行业的垄断，当局也认可他们成立的自治团体。虽然每个阶级都受到了苛刻而繁杂的限制，但同时也获得了秩序和安定的保障。

日本对各个阶层的限制也具有某种程度上的灵活性，这是印度这样的国家所不具备的。在不破坏公认的等级体制的前提下，日本的习俗提供了一些直接有效的手段来完善这种体系。一个人可以通过几种方式来改变自己的等级地位。在日本的货币经济下，放贷人和商人不可避免地富裕起来，然后就利用各种合乎传统的手段跻身上层阶级。他们通过典押和租赁成为"地主"。虽然农民的土地不能转让，但是日本的地租非常高，让农民留守土地是有利可图的。放贷人就在那片土地上安家，收取他们的地租。在日本，这样成为土地的"所有者"能够名利双收。然后，他们的孩

---

[1]摩西十诫，第一条：你不可有别的神。第二条：不可为自己雕刻偶像。第三条：不可妄称耶和华。第四条：当纪念安息日。第五条：当孝敬父母。第六条：不可杀人。第七条：不可奸淫。第八条：不可偷盗。第九条：不可做伪证陷害人。第十条：不可贪恋他人的所有。（见《旧约圣经·出埃及记》）。——编者注

子和武士通婚，进而步入了上层阶级。

另一个改变阶层等级的传统方法就是收养。它是一种花钱"购买"武士地位的方式。尽管德川幕府时期有各种限制，但商人还是越来越富裕，这时他们会把自己的儿子过继给武士家庭。在日本，收养儿子的人很少，通常是为女儿招上门女婿。入赘的女婿被称为"婿养子"，可以成为其岳父的继承人。但是，他也为此付出了巨大的代价，因为他要放弃原来的身份，转入妻子家的户籍。他会随妻子的姓氏，并和他的岳父岳母一起生活。虽然代价高，却有高收益。富裕商人的后代成了武士，贫困的武士家庭则拥有了财富。等级制度依旧保持它原来的样子，毫发无损。但是，通过对等级制度的巧妙利用，就为富人提供了跻身上层阶级的渠道。

因此，日本并没有要求各阶层只能在自己阶层内部通婚。有几种公认的方法可以实现不同阶层之间相互通婚。富裕商人渗透到下级武士阶层，这让日本与西欧之间形成了强烈的对比。欧洲封建制度崩溃，是因为受到日益成长壮大的中产阶级的压力，这个阶级主导了近代的工业时代。而在日本，并没有出现这样强大的中产阶级。商人和放贷人通过公认的方式"购买"了上层阶级的身份，与下层武士结成了联盟。需要指出的是，当欧洲和日本的封建制度都在垂死挣扎的时候，相对于欧洲大陆，日本在更大程度上允许了阶层之间的流动，这着实令人感到奇怪和惊讶。对此最有说服力的就是，没有任何迹象表明，贵族和中产阶级之间发生过阶级斗争。

在日本，很容易明确这两个阶级有共同的目标和利益。法国以及其他个别西欧国家，也出现过类似的例子。但是，欧洲的等级制是非常顽固的。在法国，阶级之间的冲突导致了贵族的财产被剥夺。而在日本，两个阶级关系越来越紧密，推翻衰落幕府统治的联盟就是由商人、金融阶层和下层武士组成的。近代的日本依然保留着贵族体制，但是如果不允许阶级之间的自由流动，就很难出现这样的局面。

日本人热爱并信赖他们那套细致又明确的行为规范，他们有自己的某种正当的理由。只要遵守这些规定，它就能保障人们的安全。它允许对非法的侵犯行为提出抗议，它也可以做出变通以满足个人的利益。它要求相互履行义务。当德川政权在19世纪上半叶崩溃时，整个日本没有一个集团支持革除这套行为规范。那里没有像法国那样爆发"法国大革命"[1]，甚至没有发生"1848年"[2]那样的革命。然而，这仍然是令人绝望的时代。从庶民到将军，每个阶层都欠了放贷人和商人的债。庞大的非生产阶级和巨大的财政支出已经难以维持。曾经牢牢掌控贫困阶级的大名，已无力支付武士家臣的固定俸禄，连接整个封建制度的纽带已经名存实亡。他们试图通过增加农民本已十分沉重的赋税来维持自己的地位，甚至提前征收几年的赋税，这使农民们陷入了极度贫困的境地。幕府也濒临破产，难以维系。1853年，当佩里将军率领他的士兵来到日本时，日本国内已经陷入绝境。在他强行入境后，日本在1858年已无力反抗，不得不与美国签订一份通商条约。

然而，此时在日本响起的口号却是"一新"——"恢复往昔"，"复辟王政"。这与革命正相反，甚至算不上是进步。与"尊王"呼声相呼应的是同样著名的"攘夷"口号。全国上下都支持重启闭关锁国的黄金时代

---

〔1〕法国大革命，爆发于1789年7月14日，大革命中的市民革命结束于1794年7月27日，以路易·菲利浦为首的七月王朝（由银行家、交易所经纪人、铁路大王、大矿主、大森林主和大地主组成的金融贵族执政的政权）成立于1830年7月。历时三年，法国大革命才彻底结束。三年中，过往的贵族和宗教特权不断受到自由主义政治组织及上街抗议的民众的冲击，旧的观念逐渐被全新的天赋人权、三权分立等民主思想所取代，统治法国多个世纪的波旁王朝就此土崩瓦解。——译者注

〔2〕指1848年的法国二月革命。二月革命是法国推翻七月王朝，建立法兰西第二共和国的资产阶级革命，是1848年欧洲革命浪潮的重要组成部分之一。——译者注

的政策，极少数认识到这是错误路线的领导者却为此遭到暗杀。没有任何迹象表明，日本这个没有任何革命意识的国家，会改弦易辙来顺应西方模式。更不用说五十年之后，日本能在自己熟悉的领域与西方国家竞争。但是，这一切还是发生了。日本发挥自己不同于西方国家的优势，实现了一个高层集团和公众舆论都没有要求过的目标。19世纪60年代，如果西方人能够从水晶球里看到日本的未来，他们也不会相信。地平线上似乎连巴掌大小的云都没有，怎么会预示着未来十年会有一场暴风雨横扫日本？尽管如此，不可能的事还是发生了——那些备受等级制束缚的、落后的日本民众，突然转向了一条崭新的道路，并且坚持走了下去。

第四章　明治维新

宣告日本进入近代的战斗口号是"尊王攘夷",即"复辟王政,驱逐夷狄"。这一口号旨在保护日本不被外国侵犯,并使日本重现10世纪时天皇和将军"双重统治"的辉煌时代。位于京都的天皇宫廷极端反对改革。保皇派的胜利对其支持者来说,就意味着羞辱并驱逐外国人,就意味着恢复日本传统的生活方式,也意味着改革派将在各项事务上失去发言权。来自最强藩国的外样大名们带头推翻了幕府统治,他们认为通过"复辟"的方式可以取代德川家族来统治日本。他们只是希望更换统治者。农民们希望多保留一些自己种植的稻米,但他们讨厌改革;武士们希望保住他们的俸禄,并且可以在战场上建功立业;那些资助保皇派势力的商人们希望推行重商主义,但他们从来没有指责过封建制度。

1868年,倒幕势力取得胜利,保皇派结束了"双重统治"的局面。按照西方的标准[1],胜利者将致力于推行极端保守的孤立主义政策。然而,新政权从一开始就走了一条相反的道路。新政府掌权还不到一年,就废除了各藩大名的征税权。政府召集农民进行"土地登记",将原本"上交大名的四成税收"据为己有。这种征收并非没有补偿,政府将分给每个大名相当于其正常收入一半的俸禄,同时免去了大名供养其武士和承担公共工程的开销。武士同大名一样,都从政府领取俸禄。在此后的五年里,政府

---

[1] 成为符合"西方标准"或"西方文化"的社会状态。——编者注

又废除了所有阶层之间在法律上的不平等。宣布所有家族徽章和代表不同等级阶层的着装规定都是非法的——甚至下令"散发"[1]；解放了贱民阶级；废除了禁止土地转让的法律；移除了各藩之间的关卡；取消了佛教的国教地位。到了1876年，新政府又将大名和武士的俸禄以五到十五年分期兑换成公债，发放给他们。至于公债数目的多少，取决于他们在幕府时期的个人固定收入。他们可以用这笔钱在新的非封建经济体系下开创一番事业。"早在德川时期，商人、金融巨头与封建贵族结成的特殊联盟就已经出现，现在正是其确立的最后阶段。"[2]

新生的明治政府所推行的这一系列重大改革并不受欢迎。与这些新政策相比，国民的热情更多倾注在1871—1873年间对朝鲜的侵略。明治政府不仅坚持激进的改革方针，还扼杀了侵朝计划。绝大部分为明治政府奋斗过的人对这一决策都深感失望，以至于他们最伟大的领袖西乡隆盛在1877年组织了一场大规模的反政府叛乱[3]。他的军队代表了保皇派中所有支持封建制度的愿望，而在恢复王政的第一年，明治政权就背弃了这种愿望。政府招募了一支由非武士组成的志愿军，打败了西乡隆盛的武士军队。但是，这场叛乱显示出国民对明治政府非常不满。

农民的不满同样明显。1868—1878年——明治政府的第一个十年，至少爆发了190次农民起义。在1877年，新政府才缓慢开始采取减轻农民沉重赋税的举措，因此农民完全有理由认为新政府辜负了他们。除此之外，农

---

[1] 散发，指散发脱刀令，1871年发布。提倡士农工商不梳发髻、武士不带刀，以破除旧习，提倡"开化文明"。——编者注

[2] 参见赫伯特·诺曼的《日本近代国家的诞生》，96页。——原注

[3] 1877年2月，旧萨摩藩士族推举西乡隆盛为首领，在鹿儿岛发动反政府的武装叛乱。至9月兵败，西乡中弹，他"徐徐跪坐，俨然正襟，向东遥拜"，请跟在后面的萨军大将别府晋介担任介错（断头人），斩下了自己的头颅。因鹿儿岛地处日本西南，史称"西南战争"。——译者注

民们对于很多措施表示反对，包括建立学校、征兵、土地测量、剃发以及给贱民以合法的平等权，他们也反对严格限制佛教、改用阳历以及其他改变他们固定日常方式的其他措施。

那么，是谁组成了这个政府，推行如此激进且不受欢迎的改革？这就是由日本下级武士和商人阶级组成的"特殊联盟"。甚至早在封建时期，这种联盟就已经由日本的特殊体制孕育而成。这些武士在作为大名的管家和侍从时学会了治国之道，也曾经营封建垄断产业，如采矿业、纺织业和造纸业等。而商人们"购买"武士身份，并在武士阶级中传播生产技术的知识。这个武士和商人的联盟迅速推出能干和自信的管理人才，为明治政府起草政策，并计划实施。然而，真正的问题不是他们出自于哪个阶层，而是他们怎么变成如此能干又务实的人。19世纪下半叶，刚刚脱离中世纪的日本，其国力衰弱得就像今天的暹罗，却能产生一群卓越的领导者。他们深谋远虑，颇具政治家风范，筹划事业并实施执行，最终获得成功，这是其他任何国家无法企及的。这些领袖的优势和劣势都根植于传统日本人的习性中。而本书的主要目标就是讨论这种特性曾经是什么，现在又有何种变化。在此，我们暂且先来认识一下明治时期的政治家是如何进行他们的改革大业的。

他们根本没有把自己的任务当作是一场意识形态上的革命，而只把它当作一份事业。他们所设想的目标是使日本成为一个举足轻重的国家。他们并不是攻击传统观念的人。他们没有痛斥封建阶层，也没有剥夺封建阶级的财产，而是用优厚的俸禄引诱他们，诱使他们最终支持新政权。他们最后改善了农民的处境。十年的延迟，似乎并不是由于阶级立场而拒绝农民的要求，更多的是因为明治政府早期国库空虚。

然而，执掌明治政府的那些精明强干的政治家，拒绝各种废除日本等级制度的想法。通过把天皇置于顶端，并废除将军，"王政复古"只是简化了等级制度。通过撤藩，王政复古之后的政治家们消除了人们忠于藩主

□ 《大日本帝国宪法》颁布

《大日本帝国宪法》是日本基于近代君主立宪而制定的首部宪法，颁布于1889年（明治二十二年）2月11日。

或忠于国家的两难选择。这些变化并没有摒弃等级制的习惯，而是给了这些习惯一个新位置。那些被称为"阁下"的日本新领导人，甚至强化了中央集权统治，以便向民众推行他们自己的政策。为了贯彻这些方针政策，他们会自上而下地恩威并施。但是，他们没有想去迎合公众的舆论，不管公众是反对改革历法、反对建立学校，还是反对给予贱民平等的地位。

1889年，天皇颁发给臣民的《大日本帝国宪法》[1]，就是一种自上而下赐予的恩惠。它明确了人们在国家中的地位，并建立了国会。这部《宪法》是由"阁下们"在对西方各国不同宪法批判研究后精心拟定的。然而，《宪法》的起草者采取了"一切可能的预防措施以防范公众的干涉和

---

〔1〕《大日本帝国宪法》颁布于1889年（明治二十二年）2月11日，并于1890年（明治二十三年）11月29日施行。——编者注

民意的侵扰"[1]。起草《宪法》的机构是隶属于宫内省[2]的一个局，神圣不可侵犯。

明治政府的政治家们对自己的目标十分明确。19世纪80年代，《宪法》的制定者伊藤博文[3]公爵，派遣木户侯爵[4]前往英国就有关日本面临的问题咨询赫伯特·斯宾塞[5]。经过深入的交谈，斯宾塞把自己的意见以书面形式呈递给伊藤博文。关于等级制度的问题，斯宾塞写到，在日本传统习俗中，有使国家富足无与伦比的基础，应该保留并发扬光大；对上级、长辈传统上的义务，特别是对天皇的绝对忠诚，是日本绝佳的有利条件；日本可以在上级、长辈的领导下稳步前进，并克服那些在个人主义的国家中不可避免的困难。明治政治家们对自己的信念能得到认可感到非常满意。他们计划在现代世界中保留"各安其所"的所有优点。他们不打算根除等级制度的习惯。

不论是政治、宗教，还是经济，对于每一个领域的活动，明治政府的政治家们明确了国家和国民之间"各安其所"的义务。他们的整个体系与美国或者英国的体制大相径庭，以至于我们通常无法认识其基本要点。当然，日本高层的强制统治，无须顾忌公众的舆论。政府是由等级制的上

---

[1] 参见赫伯特·诺曼的《日本近代国家的诞生》，88页。这是他转引的金子坚太郎男爵的评论。金子坚太郎（1853—1942年），日本政治家，明治时期重臣，曾任伊藤博文内阁司法大臣、农工商次长等职。——原注

[2] 宫内省，总管皇室的收支、衣食和杂务等宫中之事，同时也兼管诸国献上的食料和御料地。起草宪法的具体机构，叫做制度取调局。——译者注

[3] 伊藤博文（1841—1909年），日本明治维新时代政治家，明治九元老之一，"明治宪法"之父，日本第一个内阁总理大臣。——编者注

[4] 木户孝允（1833—1877年），日本明治维新时代政治家，与西乡隆盛、大久保利通并称"明治维新三杰"。又，伊藤博文赴欧是1882年，而木户孝允1877年就去世了，诺曼转引金子坚太郎的叙述有误。——译者注

[5] 赫伯特·斯宾塞（1820—1903年），英国哲学家、社会学家、教育家。——编者注

□ 伊藤博文

　　伊藤博文（1841—1909年），日本近代政治家，日本第一任内阁总理大臣。他是出身于德川幕府末期的长州藩士。

□ 赫伯特·斯宾塞

　　赫伯特·斯宾塞（1820—1903年），英国哲学家、生物学家、人类学家及社会学家。同时，他还是维多利亚时代杰出的古典自由主义政治理论家。

层掌管，绝不会把选举出来的人包括在内。在这个层面上，国民没有发言权。1940年，政府的最高层包括那些能够"觐见"天皇的人，天皇身边的顾问，以及天皇特别任命的高官。这些高官包括内阁大臣、府县知事、法官、各局长官以及其他实权官员。在等级制度中，选举出来的官员不可能拥有这样的地位。例如，那些选举产生的国会议员在对内阁大臣、大藏省[1]或运输省[2]的长官在进行遴选或任命时，完全没有发言权。选举组成的国会下议院代表的是国民的意愿，拥有的仅仅是质询和批评高级官员这样不值一提的权利，但是对任命、决定或者预算问题却没有真正的发言权，也不能提议立法。下议院甚至受到由非选举产生的上议院的制约，上议院中有

---

〔1〕大藏省，日本自明治维新后直到2000年期间存在的中央政府财政机关，主管日本财政、金融和税收事务。——译者注

〔2〕运输省，是日本内阁下设行政部门之一，主管日本道路、交通事务。——译者注

□ **日本帝国议会贵族院**

贵族院是根据《大日本帝国宪法》设立的两院制帝国议会中的一院。贵族院由非公选的皇族议员、华族议员和敕任议员构成，贵族院不解散，所以多数议员为终身任期。

一半是贵族，另有四分之一由天皇任命。上议院批准法律的权力与下议院不相上下，这就进一步印证了等级制度的制约。

日本保证了把持政府的高官一直是那些"阁下"，但是这不意味着日本的"各安其所"制度中没有自治。在所有的亚洲国家中，不管在什么样的政权统治下，自上而下的权威往往与自下而上的地方自治势力会碰撞出火花。不同国家之间的区别主要集中在民主化的程度，承担权责的多少，地方领导力量能否对当地全体居民负责，会不会被当地豪强控制而损害公众利益。同中国一样，德川时期的日本最小的行政单位以五到十户家庭为一个小组，现在被称作"邻组"[1]。每个"邻组"的组长拥有组内事务的

---

[1] 邻组，日本战时体制下的邻保组织。在国民精神总动员地方本部的统治下，以五到十户家庭为一个小组，在大政翼赞会领导下为实现国策而服务。——译者注

领导权，对规范所有成员的行为负责，发现任何可疑行为必须报告，并把通缉的犯人交给政府。明治政府的政治家们最初废除了这种组织，但后来又恢复并称之为"邻组"。在城镇和都市中，政府不时地主动培育他们，但"邻组"在现在的乡村很少起作用了。"部落"[1]成为更重要的单位。"部落"没有被废除，也没有作为一种单位被纳入到政府机构当中。它们是国家力量无法涉及的领域。迄今为止，这些由十五户左右的家庭组成的部落，通过每年轮换部落首领，依然发挥着作用。这些部落首领"管理部落的财产，组织部落成员救助发生死亡或者火灾的家庭，决定农耕、建房和修路等协同劳作适合的时间。发现火灾时敲钟示警，在当地节日或者其他休息日时就有节奏地敲打梆子"[2]。这些部落首领，与其他亚洲国家不同，他们不负责征收国税，无须承担这项责任。他们的地位非常明确：他们只在民主责任的范围内发挥作用。

近代日本的地方政府正式确立了市、町[3]和村作为三级地方行政机构。在乡村，人们选举出的"长者"们会推选出一位他们认可的首领，由他代表本地区与代表国家的市町官员乃至中央政府交涉，处理相关事务。这位首领通常是一个老住户，一个拥有土地的农民家庭的一员。担任村长会有一定的经济损失，却能获得相当大的威望。他和长者们共同负责村里的财政、公共卫生和学校的维护，特别要负责财产登记和个人档案。村公所非常繁忙，它掌管国家划拨给所有儿童的基础教育的款项，负责募集由当地负担的数额远高于国家补助的教育经费，并监管经费的使用。它还负

---

[1] 部落，贱民及其后裔集中居住的村落。日本德川幕府时代，从事屠宰业、皮革业等所谓贱业者和乞丐游民被视为贱民，前者被辱称"秽多"，后者被辱称"非人"。明治维新后，"贱民"身份法律上被废除了，但其后裔依然备受歧视，还是处于社会最底层，有时被直接称为"部落民"。——译者注

[2] 参见约翰·恩布里的《日本民族》。——原注

[3] 町，相当于镇、街。——译者注

责管理村有财产的租赁、土地改良、植树造林以及负责记录村民的财产交易，只有在村公所登记的财产交易才具有法律意义。凡在本村居住的人，村公所都必须随时更新其相关记录，包括住址、婚姻状态、子女出生、子女领养、任何违法行为以及其他相关事实。此外，对于每个家庭，也要保存同样的资料。这些信息会从日本各地转入当事人所在的村公所，并记入个人档案。无论是在个人求职、受审还是其他需要确认身份的时候，都可以给村公所写信或者亲自前去索要一份副本，上交给相关人士。所以，人们轻易不会在自己或家庭档案上留下不良记录。

唯其如此，市、町、村责任重大。实际上，这是一种共同的责任。20世纪20年代，日本有了全国性的政党。这在任何国家都意味着执政党和在野党轮流执政，但日本的地方行政机构总体上没有受到太大的影响，整个地区还是由"长者们"管理。当然，地方行政机构在三个方面没有自治权，即所有的法官由国家任命，所有的警察和教师都是国家雇员。在日本，大部分民事案件仍是通过仲裁或者中间人来调解，法庭在地方管理中起到的作用微乎其微。相比之下，警察的作用更加重要。公众集会时，警察必须到场维持治安，但是这些职责并不是经常性的，他们大部分的时间还是在登记个人信息和财产信息。国家会经常将警察从一个地方调到另一个地方，以免他们与当地人来往过密。教师也经常被调动。国家对学校的所有事务都做了详细的规定。和法国一样，日本每一所学校在同一天要学习同一教材的同一课；每个学校都在早上的同一个时间收听同一广播做同样的早操。市、町及村的共同体，对学校、警察和法庭没有自治权。

日本政府在各个方面都和美国政府有显著的差异。在美国，选举产生的人获得最高的行政权和立法权，地方管控是通过地方警察和刑事法庭来实现。而日本的政府机构与荷兰或比利时等典型的西欧国家相比，没有什么形式上的差别。例如，荷兰与日本一样，女王的内阁起草所有的法律，议会实际上没有立法权。依据法律，荷兰女王甚至可以任命所有市镇的长官，因此在形式上，女王的权力已经延伸到了地方事务的管理，这种权力超过了1940年以前的日本。虽然实际上荷兰皇室通常会认可地方的提名，但必须由女王任命是不争的事实。警察和法院直接对君主负责，在荷兰也是一样。但是在荷兰，任何教派组织都可以随意建立学校，而日本的学校制度则是仿效法国。在荷兰，开凿运河、围海造田以及本地发展等责任完全属于当地民众，而不是政治选举产生的市长和官员的职责。

日本的政府形式和西欧真正的差异，不在其形式，而在其职能。日本人过去的经历使他们养成了顺从的习惯，并在其道德体系和礼仪中得到了巩固。政府可以很放心地确定，只要"阁下们"在其位谋其政，他们的特权就会得到尊重。这不是因为他们的政策得到了认可，仅仅是因为在日本，特权界限是不可逾越的。日本的最高决策层中，"公众意见"是没有任何位置的。政府仅仅只是要求"公众支持"。当政府在地方事务上越俎代庖时，地方也会顺从地接受。对于国家的各种职能，大部分美国人把政府当作不可或缺可又不可避免的灾祸。日本人则不然，他们认为政府更近于完美无缺。

另外，日本政府还非常谨慎地为民众的意愿确立了"恰当位置"。在合理的民众权限范围内，即使日本政府为了民众自身的利益，也希望寻求人民的支持，这种说法并不过分。在改良旧式农耕法时，日本负责国家农业发展的官员并没有使用行政权力强制推广新政策，这与美国爱达华州的同行们是一样的。在鼓励建立由国家担保的农村信用社、农村供销合作社时，政府官员必须和地方名流进行多次深入的平等交谈，然后接受他们的决定。地方性事务需要由地方处理。日本人的生活方式就是给适当的人分配适当的权利，并划定适当的权限。与西方文化相比，日本人更加尊敬"上级"，因而他们的"上级"也拥有更多的行动自由。但是"上级"本身也必须安守本分。日本人的座右铭就是——"各得其所，各安其位"。

同政治领域相比，明治时期的政治家们在宗教领域中建立的制度更加怪异。其实，他们不过是在遵循同样的座右铭而已。日本的其他信仰任由个人自由选择，只有一种特别的信仰被纳为国家管辖，其崇拜对象被视为国家统一和民族优越性的标志。这就是国家神道教。就像美国人要向国旗致敬是因为国旗是国家的标志，神道教在日本也受到特殊的尊敬。日本人说"国家神道教"其实"算不上是一种宗教"。因此，就像美国要求公民向星条旗致敬一样，日本可以要求所有公民都信奉"神道教"，而这也并不违反西方人所谓的信仰自由。这两者都不过是一种对国家忠诚的表现。既然它"不是宗教"，日本就可以在学校里教授"国家神道"而不怕西方社会的质疑。在学校里学习"国家神道"，就是学习日本从神代[1]开始的历史，以及对天皇这个"万世一系之统治者"的崇敬。神道教是由国家扶持，并由国家控制的。其他所有宗教领域，日本都像美国那样听任个人意愿，甚至连神道教的分支和异教神道教也不例外，就更别提佛教和基督教了。这两个领域在行政和经济上也是完全分开的。国家神道教在内务省有自己的管理机构，有关神职人员、祭祀仪式和神社的一切开支都由国家负责。而异教神道教、佛教和基督教都隶属文教省的宗教局，所有开支都来自于教徒或信众的善款。

由于日本在此问题上的官方立场，人们不能称国家神道教为一个庞大的国教，但至少可以称它为一个庞大的国家机构。大大小小超过11万座神社遍布日本各地，有规模宏伟的，如祭祀天照大神[2]的伊势神宫[3]，也

---

〔1〕神代，诸神统治的神话时代。在日本，指传说中的日本第一代天皇——神武天皇即位（前660年）以前的时代。——译者注

〔2〕天照大神，日本最核心的神——太阳女神。她被奉为日本天皇的始祖，也是神道教的最高神。天照大神的主要祭祀地是伊势神宫，以八咫镜为神体。——译者注

〔3〕伊势神宫，是位于日本三重县伊势市的神社，主要由内宫（皇大神宫）和外宫（丰受大神宫）构成。伊势神宫的创建时间不晚于持统天皇四年（690年）。——编者注

有小规模的，只逢特殊仪式才有人打扫的地方神社。全国的神官等级体系和政治体系并行，从最低级的神官，经地区级和府县级，直至被敬为"阁下"的最高级神官。与其说他们带领民众祭祀，不如说他们为民众举行典礼。在国家神道教中，没有什么和我们熟悉的宗教活动相类似。因为它不是宗教，法律禁止神官们布道传教，也就不存在西方人概念里的礼拜仪式。取而代之的是，在持续几天的仪式里，当地的官方代表会来到神社，站在神官身前，神官挥舞着一根扎着麻绳和纸条的布帛，为他们驱邪。神官打开内殿的大门，通过尖声大喊来召唤诸神享用贡品。神官祈祷的同时，每个参拜者根据身份地位次序恭敬地奉上日本自古以来被奉为神圣的东西：日本圣树的枝条，上面挂有白色纸条。然后神官们再用一声高呼恭送诸神归去，随即关上内殿大门。在国家神道教的大祭日里，天皇要代表国民举行仪式，政府机关也都放假休息。这些祭祀日与地方神社的祭祀或佛教节日不同，并不是老百姓的节日。地方神社的祭祀或佛教节日，完全是处在国家神道教范围之外的"自由"领域。

在这些"自由"领域中，日本民众信奉符合他们心意的几个大的教派并且举行祭祀活动。佛教依然是拥有最多信徒的宗教，众多的教派各有各的教义和始祖，他们非常活跃，几乎无处不在。即使是神道教也拥有国家神道教之外的众多支派。有的纯粹是民族主义的顽固堡垒，其历史甚至可以追溯到20世纪30年代之前，那时的政府还没有采取任何民族主义倾向的政策；有的主张信仰治疗，类似西方的基督科学教；有的信奉儒家教义；有的专攻神灵附体和朝拜圣山神社。大多数民众的祭祀节日也游离在国家神道教范畴之外。在这些日子里，人们群集神社。每个人先通过漱口净身，然后拉铃或拍手召唤神灵降临，恭敬地鞠躬后再次拉铃或拍手送神归去，接下来才开始这一天的主要活动：从摆摊的小贩那儿买些小摆设或零食，观看相扑比赛、驱魔仪式或者神乐舞，通常小丑调节气氛，让大多数人感到愉快。一个曾在日本居住过的英国人在回忆日本的祭祀节日时，总是想起威廉·布莱克[1]的诗句：

>如果教堂赐予我们美酒，
>
>再点燃灵魂中的欢乐之火，
>
>我们将终日唱歌祈祷，
>
>再无人会离经叛道。

除了那些少数立志苦修的人，日本的宗教并不清苦。日本人还着迷于宗教朝圣，通常也将其视为愉快的假日旅行。

因此，明治时期的政治家们仔细地规划了政府的国家职能，并在宗教领域里标识国家神道教的范围。在其他领域，人们享有充分的自由。但是，如果涉及那些与国家直接相关的事务，他们首先要保证自己作为新等级制中的最高统帅所拥有的决定权。在建立军队时，他们就面临了类似的问题。同其他领域一样，他们在军队中废除了旧的等级制度，而且比在民众生活中废除得更加彻底。他们甚至在军队里废除了日本的敬语，虽然事实上旧习可能仍然存在。军官晋升不再看家庭出身，而是按照功绩。这些政策施行的彻底程度在其他领域也是难以想象的。唯其如此，军队在老百姓中负有盛誉，且当之无愧。这也的确是新军赢得民心的最好方法。连和排是由来自同一地区的老乡们组成，和平时期士兵都在自家附近服役。这不仅意味着和地方建立起了某种联系，还意味着在每个士兵经过两年服役，军官与士兵、老兵与新兵的关系会取代日常生活中的武士和农民、富人和穷人的关系。在很大程度上，军队在许多方面起到了民主的平衡作用，是真正意义上的人民军队。在大多数国家中，军队都是用来维护现有

---

[1]威廉·布莱克（1757—1827年），英国第一位重要的浪漫主义诗人、版画家。——编者注

秩序的暴力工具，而在日本，军队则同情弱小农民，多次加入到反对大金融家和工业家的抗争之中。

也许，日本政治家们并不认可建立一支人民军队所带来的这一后果。他们也并不认为有必要在地方的阶级矛盾中树立军队的绝对权威。为此，他们在政府最高层制定了相应的措施。这些措施没有写入《宪法》，而是以惯例的形式延续了军事统帅在政府中的独立地位。陆海军大臣不同于外务省或内政各省大臣，可以直接觐见天皇，并以天皇的名义强制通过方案，无须征求内阁意见。除此之外，军队还可以对内阁事务指手画脚。对自己不信任的内阁，他们可以拒绝委派陆海军将领担任内阁相应的职位，从而使自己不信任的内阁无法成立。如果没有现役军官来担任陆海军大臣，内阁就无法成立；文职人员和退役军官都不能担任这些职务。同样的，如果军部不满现任内阁的任何举措，他们就可以召回在内阁的代表，造成内阁的解体。在这个最高决策层内，军事首脑们绝不允许任何人干涉他们的决定。更何况，《宪法》还规定："国会若未能通过政府递交的预算，政府可沿用上一年度的预算。"尽管外务省一再保证不会出动武力，关东军依然强行侵占了满洲，这只不过是事例之一。这说明，当军部与内阁意见不一致的情况下，军部可以趁政府未做出决策前，支持地方司令官采取行动。军队同其他领域一样：只要事关等级特权，日本人倾向于接受所有可能的后果。这并不是因为他们认同这项政策，而是因为他们不赞成对特权提出异议。

在工业发展领域，日本采用了一条和西方国家完全不同的路线。依然是那些"阁下"设计了这次游戏，并制定游戏规则。他们不仅制定了产业规划，还用政府资金建立并资助他们认为国家需要的企业。这些企业由国家成立一个机构进行统一管理和经营。他们引进外国技术专家，并派遣日本人出国留学。然后，就像他们所说的，当这些企业"组织完善、生意兴隆"时，政府把它们卖给了私人公司。这些国企甚至以"荒唐的低价"[1]逐步变卖给了政府精心挑选的金融寡头，即以三井[2]和三菱[3]两大家族为主的著名"财阀"。日本的政治家们认为工业发展对日本至关重要，不能按照供求关系和企业自主经营的规律操作。但是，日本政府采用这一政策并不是受社会主义思想的影响，真正获利的还是那些大财阀，进而实现了以最少的牺牲和消耗建立起一批它认为必须发展的产业。

通过这些手段，日本成功地修改了"资本主义生产的出发点和正常的生产秩序"[4]。日本首先兴办的是关系国计民生的重工业，而不是根据惯例从消费品和轻工业着手。兵工厂、造船厂、炼铁厂及铁路建设享有优先权，其技术效率迅速提升至很高的水平。并非所有产业都转交给了私人，庞大的军工产业依然把持在政府官僚机构手中，并且获得政府的特别财政补贴。

在国家给予特别扶持的工业产业中，民营小企业或非官办机构并没有"适当位置"。只有国企，以及那些有信誉并在政治上被青睐的金融财阀，才能享受政策优待。但是，和日本生活中的其他自由领域一样，工业产业中也有一个自由领域，即那些依靠最小投资和最大化利用廉价劳动力来经营的"残余"工业。这些轻工业可以不依赖现代科技而存在，它们现在也依旧存在。在美国，我们曾经称类似的作坊为"家庭血汗工厂"。一个小本经营的制造商购买原材料，分发给一个家庭作坊或只有四五个工人

---

[1] 参见赫伯特·诺曼的《日本近代国家的诞生》，131页。这一论述以诺曼的参照分析为基础。——原注

[2] 三井财阀，日本四大财阀之一。该财阀起始于伊势国松阪的三井高利（1622—1694年）创立的三井越后屋。——编者注

[3] 三菱财阀，日本四大财阀之一。该财阀起始于岩崎弥太郎（1834—1885年）创立的三菱商会，之后获得了政府的保护，从而得以独占日本的海运业。——编者注

[4] 参见赫伯特·诺曼的《日本近代国家的诞生》，125页。——原注

的小工厂进行加工，然后将半成品分包出去进行下一步加工。如此几经反复，最后把成品卖给商人或者出口。20世纪30年代，53%以上的工人是在这种不到五个雇员的小工厂或家庭作坊里工作的。[1]他们大多受到古老的"家长式"学徒制的保护，还有一些是大城市里的母亲，背着婴儿，在自己家里从事计件工作。

如同日本政府和宗教领域的双重性一样，日本工业的这种双重性在日本人的生活方式中发挥着同样重要的作用。日本政治家们认为，他们需要在金融产业中营造一种贵族文化，用来匹配他们在其他领域内建立的等级制度。他们为此建立了战略性工业，选择了政治上受到青睐的商人家族，并把他们放到"恰当位置"上，和其他等级联系起来。他们并不打算让政府同这些金融财阀断绝关系。相反，财阀们将受惠于一种延续不断的庇护政策，这不仅给了他们利润，而且赋予了他们很高的地位。从日本人历来对利润及金钱的态度看，金融贵族制遭到人民攻击是在所难免的，但是政府尽其所能，根据公认的等级制观念来扶持这些金融贵族。这种努力没有完全成功，因为财阀不断遭到军队中被称为少壮派的军官团体和农村地区的攻击。然而，事实上日本公众舆论攻击的主要对象并不是财阀，而是"成金"[2]。"成金"常常被译成"nouveau riche"（暴发户），但是这个词并没有正确反映日本人的情感。在美国，"暴发户"一定是严格意义上的"新来者"，他们被人嗤笑是因为他们不善交际，还没学会优雅的举止。但是，他们从小木屋起家，从赶骡子的车夫发展到拥有价值数百万

---

[1]上田教授的估计，转引自法利·米拉姆的《微型工厂》，原载《远东观察》1937年第6期第2页。——译者注

[2]成金，日本将棋术语。步卒进入对方阵地后，其杀伤力突然等同于金将或王，谓之"成金"。金将是擒获对方王的重要子力，也是保卫王的重要子力。——译者注

美元的石油大亨，这样的动人故事抵消了上述缺点。然而，在日本，"成金"两字源于象棋术语，意指"卒"突然变成"王"。这是一个像"大人物"一样在棋盘上横冲直撞的卒子。但在等级制中，它的地位不允许它这样做。日本人对"暴发户"的敌视态度完全不同于美国人对"白手起家"的态度，人们深信"成金"是通过欺骗或剥削他人发家致富。日本在其等级制度中为巨富提供了一席之地，并且与巨富保持一种联盟，但如果这种财富是违规获得的，日本的公众舆论就会予以激烈的抨击。

因此，日本人不断地通过参照等级制度来构建他们的社会秩序。在家庭和私人关系中，年龄、辈分、性别和阶级决定了人与人之间适当的行为。在政府、宗教、军队和工业中，各领域被周密地分成不同等级，无论是较高等级的人还是较低等级的人，一旦越权都将受到处罚。只要"各安其所"，日本人就毫无怨言地生活下去，这让他们觉得安全。当然，如果最大的幸福只是得到保护，那么他们也并不"安全"。他们之所以觉得"安全"，是因为承认了等级制度的合法性。这是他们人生观的特点，就像崇尚平等和企业自主经营是美国人的生活特征一样。

当日本试图向外输出自己的"安全"模式时，对它的惩罚就出现了。在日本国内，等级制度完全符合公众的观念，因为民众正是由等级制度塑造出来的。在那样的世界里，野心只能以该世界所允许的形式出现。但是，把等级模式当作商品对外输出就带来了致命的后果。其他国家极为反感日本大言不惭的主张，认为日本狂妄自大，甚至比狂妄更加恶劣。尽管如此，每当占领一个新的地方，日本的军官和士兵们还是会因为没有受到当地居民的欢迎而感到无比的震惊。尽管地位很低，但日本不还是在等级体系中给了他们一席之地吗？甚至那些人原来处在更低地位，难道日本提供的不是他们理想中的地位吗？日本的战争服务处拍摄了一系列反映中国"热爱"日本主题的战争影片，描写的是痛苦绝望、流离失所的中国姑娘同日本士兵或日本工程师相爱，从而找到了"幸福"。这与纳粹式的征服主义很不一样，但从长远看，他们同样不会成功。日本人不能以要求自己的标准来强制要求其他民族。他们认为自己可以做到，这正是他们的错误所在。他们没有认识到，把他们打造成"各得其所"的日本道德体系在其他地方是不被接受的。其他国家从来没有过这种准则，这是真正的日本产物。日本作家们把这种道德体系视为理所当然，对此也没有过多论述。所以，我们必须首先理解这种道德体系，才能去了解日本人。

第五章　历史和社会的亏欠者

在英语里，人们经常说自己是"历史的继承者"。两次世界大战和一次大规模的经济危机，在一定程度上削弱了人们说这句话时的自信心，但是这种变化丝毫没有增加人们对过去历史的负债感。东方各民族对待历史的态度则截然相反，他们认为自己是历史的受恩者。在东方各民族中，很多被西方人称之为祖先崇拜的行为并不是真正的崇拜活动，也不完全是对自己的祖先而言。它只不过是一种仪式，宣告一个人背负了来自于自己民族历史的巨大的恩情债。东方人不仅背负了历史的恩情，也在日复一日与他人交往的过程中不断增加着新的亏欠的恩情。正是这种负债感决定了他们的意识和行为，这是东方人最基本的出发点。西方人非常忽视来自社会的恩情债，尽管社会给予他们以医疗、教育、福利，甚至是出生这样最基本的一切。正是因为这种差别，日本人认为美国人的生活积极性不足。与美国人不同，在日本，即使是品德高尚的人也不会说自己不亏欠任何人，同样也不会忽略历史。日本人的正义感就是在巨大的互欠恩情的关系网中，对自己所处的地位有正确的认识。这种关系网既包括自己的祖先，也包括与自己同时代的人。

阐述这种东西方的巨大差异，说起来很简单，要辨别这种差异在生活中产生了何种影响就困难了。只有了解了这一点，我们才能理解战争中的日本人那种极端的自我牺牲行为，才能明白日本人看似莫名其妙的易怒行为。一个负恩的人很容易动怒，日本人证明了这一点。他们觉得自己肩负着巨大的责任。

无论日语还是中文，都有很多词语表达"obligations"（义务，责任）。这些词语并不是同义词，其特殊含义很难用英语准确地翻译出来，因为它们表达的含义对于我们来说太过陌生了。日语中有一个词与"obligations"（义务，责任）相对应，表示某人所担负的从大到小的所有义务，这就是"恩"。在日语中，"恩"可以被翻译成英语中一连串的词，从"obligation"（义务，责任）、"loyalty"（忠诚）到"kindness"（善意）、"love"（爱），但是这些词都没有准确表达它的意义。如果"恩"真的意味着爱甚至义务，那日本人当然可以说对自己孩子的恩，但是这个词不能这样使用。它也不等于"忠诚"，日语中有别的词语表达忠诚，两者绝不是同一个意思。"恩"在其所有用法中，都意味着一个人所能承担的一种重负、一种债务及一种负担。人们一般受恩于上级或长辈，或者受恩于同辈，这就会让人产生一种卑微的感觉。当日本人说"我受某人之恩"时，意思就是"我对某人负有感恩义务"，他们称这个债主、施恩的人为他们的"恩人"。

"知恩图报"可能是一种相互之间的奉献精神的自然流露。日本小学二年级的修身课本里有一则题为《不忘恩情》[1]的小故事，就是这个意思。这是思想品德课中讲给小孩子们听的一个故事：

哈奇是一条可爱的小狗。它出生不久就被一个陌生人抱走了，就像此人家中的孩子一样备受宠爱。因此，它那瘦弱的身体也渐渐强壮起来。当每天早晨主人上班的时候，它会送主人到车站；傍晚主人下班的时候，它又跑去车站迎接主人。

---

[1] 这是日本家喻户晓的故事，出自秋田县。2010年，它被拍成了电影《忠犬八公的故事》，由莱塞·霍尔斯道姆执导，理查·基尔、琼·艾伦等主演。哈奇，日语"はち"的音译，意为"八"。——译者注

后来，主人去世了。不管哈奇是否明白这一点，它依然每天都在寻找它的主人。它在常去的车站游荡，每当电车一到站，它就会在下车的人群里面寻找是否有它的主人。

时间就这样慢慢地过去了。一年，两年，三年，甚至十年过去了，人们仍然每天都能看到年老的哈奇在车站前守候的身影，它一直在期待着它的主人回来。

这个小故事，其寓意是爱的别名：忠诚。一个孝顺的儿子会说自己不忘母恩，意思是说他对母亲怀有如同哈奇对主人那样一心一意的挚爱。但是，这个"恩"不是特指自己对母亲的爱，而是指他还是婴儿时母亲的哺育呵护，孩童时母亲做出的牺牲，成人后母亲为了他的未来而付出的一切，是指他仅是因为母亲的存在这样一个事实，而欠下的所有恩情债。这个"恩"意味着人们对所欠恩情应该有所回报，它确实意味着"爱"，但是其中最主要的含义还是"恩情债"。然而，美国人认为"爱"是不受义务约束而自由给予的一种情感。

当"恩"被用来指一个人所受的最重要的也是最大的恩情——"皇恩"时，它就是无限忠诚的意思。这是天皇的恩典，每个人都应当怀着无限感激的心情来接受。日本人认为，一个人有幸生于自己的国家，安居乐业，事事顺心，他应该想到这些都是来自天皇赐予的恩典。贯穿日本历史始终，一个人一生中最大的恩主就是他生活圈内的最高上级。在不同的时期，这个上级有所不同，可以是当地的地头[1]、封建领主或者是将军。而现在，这个人就是天皇。最高级到底是谁并不那么重要，真正重要的是几

---

〔1〕地头，是日本镰仓幕府（1192—1333年）和室町幕府（1336—1573年）时期为领主管理庄园的家臣。——编者注

个世纪以来，日本人"知恩图报"的习惯。近代日本竭尽所能地把这种情感集于天皇一身。日本人对自己的生活方式越偏爱，就越发增加了他们对皇恩的感激。在战争时期，以天皇名义发给前线士兵的每一根香烟都强调士兵们在领受天皇的恩典；出征前所喝的每一口清酒都进一步体现了皇恩浩荡。根据日本人的说法，每一个神风敢死队里执行自杀式攻击的飞行员都是在报答皇恩；为了守卫某些太平洋岛屿而全体"玉碎"的部队也是如此。

一个人还会接受一些地位低于天皇之人的恩情。这其中当然也包括父母之恩，这是著名的东方孝道的基础。在东方孝道中，父母对子女拥有绝对的权威，而子女天生亏欠父母的养育之恩，应该努力去偿还。因此，孩子们必须顺从父母的要求。这与德国父母对子女拥有的权威不同，他们必须努力迫使子女服从自己。日本人在诠释东方的孝道时非常现实，他们有一种关于父母之恩的说法，叫作"养儿方知父母恩"。也就是说，父母之恩实际上是指父母终日对子女的照顾和操劳。日本人对于祖先的崇拜仅限于最近的还记得的先辈，这使日本人非常重视那些在孩提时期照顾过自己的人。当然，对于任何一种文化，每个人在婴儿时期都是无助的，如果没有父母的照料就无法存活下来，父母一直提供给他衣食住行直到长大成人，这是不言而喻的。日本人深知美国人对此毫不重视，如同一个作家所说的那样："在美国，记住父母之恩，只不过就是对父母好一点罢了。"没有人会让自己的孩子背上"恩"。对自己孩子的尽心照料，就是回报自己幼时父母对自己的照顾之恩。通过对自己孩子的悉心照料或者更好地抚育成人，在一定程度上就是回报自己父母的恩情。一个人对子女的这种义务，也包括在"父母之恩"中。

一个人对其老师和师父也欠有特殊的恩。这个人在成长过程中，会接受他们给予的很多帮助，因此背负着他们的"恩情"。在未来，当他的老师和师父陷入困境时，他就要出手相助，或者在他们去世后照顾其家人。

日本人必须不遗余力地履行义务，这种义务不会因时间推移而减轻，反而会不断加深，就像利息一样不断积累。所以，对任何人来说，"恩"都是非常重要的事。正如日本人常常说的："未报恩于万一。"这是一种沉重的负担，"恩的力量"通常被看作是一种超越于个人意愿之上的力量。

这种有关恩情的伦理观之所以能够顺利推行，是因为每个人都将自己看作是一个沉重的负恩者，必须无怨无悔地履行报恩的义务。我们已经了解到日本的等级制度被组织得多么完善，这种随之产生的习惯使得日本人认为报恩是道德层面上的大事，其重视程度让西方人无法理解。如果上级是心怀善意，报恩就更加理所当然了。日语中有一个有趣的证据，表明上级对其属下确实是"关爱有加"。在日本，"爱"的意思就是"love"（爱）。19世纪的传教士认为，只有"爱"这个词可以用于翻译基督教义中的"love"（爱）。他们在翻译《圣经》时，用这个词表达上帝对人类的爱和人类对上帝的爱。但是，在日文中"爱"特指上级对下属的关爱。西方人可能会觉得，日本人的这种"爱"是"paternalism"（庇护）的意思。实际上，日语的用法远不止这些，它是一个表示情感的词。在当代日本，"爱"这个词严格来讲仍然是指上级对下级的关爱。但是，也许是受到基督教用法的影响，加上官方努力破除社会等级的差别，现在这个词也可以用来表达平等关系之间的爱。

因为日本文化各种的浸润，日本人乐于接受报恩的思想，却不喜欢随便受人恩情。日本人经常说的"让人背负恩情债"，最接近的翻译就是"imposing upon another"（强人所难）。在美国"imposing"（强迫）的意思是向人索取某些东西，在日本却是指给别人某些东西或者提供帮忙。对日本人来说，最厌烦的是偶然受到来自陌生人的"恩"，因为在邻里之间以及旧的等级秩序里，人们都知道接受了"恩"会带来各种复杂的情况。如果只是点头之交或者同辈，所施的"恩"就容易让人愤怒。他们会避免被卷入到这些"恩"所带来的复杂后果里去。在日本，街上发生交通意外时人们一般会袖手旁观，这并不是因为缺乏主动性，而是他们认为任何非官方的干涉都会让接受帮助的人背负恩情。在明治维新之前，有一条著名的法律就是——如果发生争吵和纠纷，无关者不得干预。如果有人在这种情况下未经授权而对他人施以帮助，就会被怀疑是想从中非法牟利。既然知道帮助别人会使别人背负恩情，人们都不会积极插手，而是更加谨慎地对待。特别是在非正式情况下，日本人极度小心地不把自己卷入"恩"的麻烦中去。甚至从一个之前并不认识的人递过来的一支烟也会让日本人感到不安，他礼貌地表达感谢的方式是——"哦，真过意不去（気の毒）。"一位日本人曾告诉我："如果你立刻表示这一行为让你感到不安，那就比较容易接受别人的好意。因为你从来没想过为他做什么事，所以在接受他的恩惠时你会感到羞愧。"因此"気の毒"有时被翻译为"thank you"（谢谢），比如"谢谢您的烟"；有时被翻译成"I'm sorry"（对不起），因为亏欠了别人的"恩"；有时又翻译成"I feel like a heel"（承蒙您看得起），意指"您的慷慨让我感动"。日语中，"気の毒"包含所有这些意思，但又不完全等同。

日语中表示"谢谢"有很多种说法，都带有在受"恩"时感到不安的意思。其中最准确，并且在现代城市的百货商场里使用最广泛的说法是："ありがとう，有難う！"它要表达的是："这怎么可以，太为难你了！"日本人说这句话时，通常是指顾客购物而赐予商店莫大的恩惠。这是一句恭维话，在收到礼物时会用到，在别的各种场合也经常会用到。其他用来表示"谢谢"的常用语，比如"気の毒"同样表达了在受"恩"时的为难心情。经营自己店铺的店主经常会说"すみません"，其字面意思是"这可怎么使得"，它要表达的是"我受了您的恩惠，在目前的经济条件下，我无法报答您，我很抱歉"。英语中，可以把这句话翻译成"thank you"（谢谢）、"I'm grateful"（我很感激），或者"I'm sorry"（对不起）、"I apologize"（我很抱歉）。例如，你走在街上，帽子被风吹走，有人帮你追回来，你用这句来表达感谢最适合。当他把帽子还给你时，出于礼貌，你应该表示接受这种恩情时内心的不安。"我从没见过他，而他对我有恩。我没有机会报答他，对此我深感内疚，因此对他道歉会让我好受些。""すみません"大概是日本最常见的表示感谢的词。"我告诉他，我承认受到了他的恩，并且拿回帽子不代表事情的结束。但是，我能怎么办呢？我们只不过是陌生人。"

从日本人的角度看，在同样情形下，有另一种说法表达感谢的情感更为强烈，就是"かたじけない"（受之有愧）。这个词的汉字假名写作"辱ない"或"忝ない"，它同时表达了"我深感耻辱"和"我很感激"的双重含义。日语的辞典对这个词的解释是：接受了特别恩惠的你，由于自己不具备承担这些恩惠的资格而感到蒙羞受辱。通过这种说法，你明确地表示，自己在接受恩的同时感到特别羞愧。正如我们下一章将要讲到的，"羞耻"在日本会让人觉得非常痛苦。守旧的店主依然会用"かたじけない"来表示对顾客的感谢，而顾客在要求赊购时也会这样说。在明治维新之前的小说中，这个词经常被用到。一个出身低贱的美丽女孩在宫廷做侍女，被领主选中做妾时，她会对领主说："かたじけない"，意思是说："我不配接受这样的恩赐，为此我感到羞愧；您的仁慈让我受宠若惊。"参与决斗的武士被当权者赦免时也会说："かたじけない"，即"深受此恩，让我无脸见人；我不该把自己置于这样卑微的位置，对此深表歉意；我谦卑地向您致谢。"

以上这些例子比任何总结概括都更能说明"恩的力量"。接受恩惠的人总是怀着矛盾的心情。在公认的社会关系中，巨大的恩情债常常刺激日本人竭尽所能地去回报。但是，背负人情债是一件难受的事，容易让人心生怨恨。日本著名的小说家夏目漱石就在他的著名小说《哥儿》中对此进行了生动的描绘。小说主人公哥儿在东京长大，他第一次当老师是在一个小镇学校。不久他就发现大部分同事都是平庸之辈，当然就无法和他们和

□ 夏目漱石

夏目漱石（1867—1916年），本名夏目金之助，日本小说家。他最著名的作品是小说《心》和《我是猫》。他还是研究英国文学的学者。从1984年到2004年，他的肖像出现在日本1000日元钞票的正面。在日本，他经常被认为是现代日本历史上最伟大的作家之一。他对几乎所有重要的日本作家都产生过深远的影响。

谐相处。但有一名年轻老师与他关系不错，一次他们外出散步的时候，这位被他叫作"豪猪"的朋友请他喝了一杯冰水，花了一钱五厘，大概相当于五分之一美分。

没过多久，另一个老师告诉哥儿，豪猪在讲他的坏话。哥儿真的相信了这个搬弄是非的人所讲的话，并且立刻想到他从豪猪那儿接受的那杯冰水之恩。

接受这样一个家伙的恩情，哪怕只是微不足道的一杯冰水，也会有损我的名誉。一钱也好，五厘也罢，如果我欠着这样的恩，就算死了也不会安心……我接受了别人的恩而默不作声，事实上是出于好意，是看好他的人品。我没有坚持自己付冰水钱，而是接受了这份恩，并表达了自己的谢意。这是花再多的钱也无法买到的。我无权无势，但有独立的人格。让一个独立的人接受恩情，这远远超过一百万元的回报。我让豪猪花了一钱五厘，而给了他我的感谢，这远比一百万元更贵重。

第二天，他就把一钱五厘扔在了豪猪的桌子上，因为只有先了结了那杯冰水之恩，他才能去解决两人之间现有的问题——别人告诉他的那些侮辱的话。也许他们会打一架，但是必须先消除这份恩情，因为这份"恩"

已经不存在于朋友之间了。

在美国，对这种鸡毛蒜皮的事如此敏感而又容易受伤的人，只有在青少年团伙的犯罪记录里或者神经病科的病例档案中才能看到。在日本，这却是一种美德。他们认为没有多少日本人会像哥儿这么极端，因为大多数日本人还是比较马虎的。日本评论家们把哥儿描述成"性格刚烈，如水晶般纯粹"，是一个"捍卫正义的斗士"。作者说哥儿是他自己的化身，评论家们也认同主人公就是作者的写实。这部小说讲述的是有关高尚美德的故事，因为受恩者只有把自己的谢意看得价值"百万"，并采取相应行动，才能让自己摆脱背负人情债的窘境。他只能接受"体面之人"的恩情。在愤怒中，哥儿把豪猪对自己的恩情同很久以前老奶妈对自己的恩情做了比较。老奶妈几乎盲目地溺爱他，并且觉得家里的其他人都没有重视他。她曾经偷偷地带给他一些糖果、彩色铅笔作为小礼物，有一次还给了他三元钱。

"她时时刻刻对我的关心，让我感到非常不痛快。"虽然那三元钱让他感到"耻辱"，但他还是把它当作借款收了下来。这么多年之后，他仍然没有归还。他告诉自己：这与他欠豪猪的"恩"的感受不同，因为"我把她看作是自己的一部分"。这句话可以帮助我们了解日本人对待"恩"的反应。无论多么复杂的感情，只要这个"恩人"是自己人。他或是位于在"我个人"等级架构范围之内的；或者他所做的是我认为自己也会做的——比如在大风天拾起刮落的帽子；或者他是"我"的一个崇拜者，那么这样的恩情就可以心安理得地接受。一旦这些条件都不符合，那么"恩"就是一种难以忍受的痛苦。不论多么微小的恩情债都会让人感到难受，这就是对待它的正确态度。

每个日本人都知道，无论任何情况，如果所施的恩情太过沉重，都会让人陷入麻烦。最近，一本杂志的"咨询专栏"就刊登了一个典型的例子。这是《东京心理分析期刊》上的一个专栏，有些像美国的"失恋者信箱"，里面提供的建议很少弗洛伊德[1]式的，完全是日本特色。一个上了年纪的男子写信咨询：

> 我有三个儿子和一个女儿。我的妻子已经在十六年前去世了。因为觉得孩子可怜，我没有再娶，孩子们因此认为这是我的美德。现在孩子们都已经成家了。八年前，当儿子结婚时，我搬了出来，住到了几个街区以外的房子里。说出来很难为情，这三年来我一直和一个暗娼（酒吧中的妓女）有关系。她告诉了我她的身世，我非常同情她，花了一笔小钱替她赎身，把她带回家，并教给她礼仪，让她在我家里当佣人。她有很强的责任感，也非常节俭。然而，我的儿子、儿媳、女儿和女婿都为此鄙视我，视我为路人。我没有责怪他们，这是我的错。
>
> 这个女孩的父母似乎毫不知情，他们给我写信，提出让她回家，因为她到了婚嫁年龄。于是我和她的父母见了面，向他们说明了实情。虽然他们非常穷，但不是为了钱会卖女儿的贪财的人。他们同意让女儿继续待在我这里，权当她已经死了。她自己也愿意守在我身边，直到我死去。但是，我们的年龄差距有如父女，因此有时候我也考虑把她送回家。可是，我的孩子们却认为她是为了贪图我的财产。
>
> 我患有慢性病，估计最多也就能活一两年。如果你能告诉我该怎么办，我将不胜感激。最后我还想说一句，虽然那个女孩一度流落风尘，但那是因为生活所迫。她本性纯良，而她的父母也不是唯利是图的人。

日本医生认为这是一个很明显的事例：老人把对子女的恩情看得太过

---

[1] 西格蒙德·弗洛伊德（1856—1939年），奥地利精神病医生、心理学家，精神分析学派的创始人，著有《性学三论》《梦的解析》《图腾与禁忌》《精神分析引论》等。——译者注

沉重了。他回答说：

你描述的事很常见……

首先，在我陈述自己的意见之前先说明一下：从你的来信上看，你好像希望从我这里得到你想要的答案，这让我觉得有些难堪。对你长期保持单身生活的态度，我深表敬意，但是你以此想让你的孩子们对你感恩戴德，并让他们认可你现在的行为是正当的，这一点我无法赞同。当然，我不是说你很狡猾，但是你的意志很懦弱。如果你一定要有女人，没有女人便无法生活下去，那么你应该向孩子们解释清楚，而不是让他们背负你保持独身的恩情，这样做情况可能会好一些。因为你太过强调这种"恩"，孩子们自然会反对你。任何人都有情欲，你也无法控制。但是，一个人应该战胜自己的欲望。你的孩子们期待你这样做，因为这正是他们理想中父亲的形象。他们觉得你辜负了他们，我完全可以理解他们的感受，尽管他们这样是自私的。他们都结了婚，得到了性欲的满足，却自私地决定不让自己的父亲得到同样的满足。你是这样想的，而你的孩子却是那样想的（如上所述）。这两种想法南辕北辙。

你说那个女孩和她的父母都是好人。这只是你的一厢情愿。大家都知道人的善恶取决于环境和条件，不能因为他们现在没有谋求利益就说他们是"好人"。我认为女孩父母让自己的女儿嫁给一个快死的人做妾是愚蠢的。如果他们考虑让自己的女儿给别人做妾，那么就一定是想从中谋取好处。你认为不是那样，这只是你的幻想而已。

你的孩子们担心那个女孩的父母是在意你的财产，我并不觉得奇怪，事实上我也是这样认为的。这个女孩还很年轻，可能没有这种想法，但是她的父母肯定是这么想的。

你有两种选择：

1. 作为一个"完人"（完美到无所不能的人），和那个女孩一刀两断。但是，我觉得你做不到；你的情感不允许你这样做。

2. "重新做一个普通人"（放弃虚荣），打破孩子们把你当作"理想父亲"的幻象。

至于财产，尽快立一份遗嘱，写清楚给那女孩和给孩子们的份额。

总之，要记住你已经老了。从你的字里行间就可以看出，你变得越来越孩子气。你的想法缺乏理性，都是感情用事。虽然你说你想让这个女孩脱离苦海，但实际上你是想把这个女孩当作母亲的替代品。我不认为婴儿离开母亲能够活下去——因此，我建议你选择第二个方案。

这封信表明了对"恩"的诸多理解。一个人一旦决定让别人（甚至是自己的子女）背负沉重的恩情，那他想有所改变，就只能牺牲自己。他应该清楚为此要承受多少痛苦。此外，不管他对子女施恩时做出多大的牺牲，都不能以此居功。利用"恩"使自己现在的行为显得正常，这完全是错误的。他的子女"自然"会怀恨在心，因为父亲不能从一而终，这让他们觉得自己被出卖了。如果一位父亲以为在孩子们需要照顾呵护时，他已经全身心地付出自己的一切，而当孩子长大成人时，就会对自己进行特别的照顾，这种想法是愚蠢的。相反，孩子们如果只记得自己所背负的恩情，"他们会自然而然地反对你"。

美国人对此不会做出这样的判断。美国人认为，一个父亲尽心尽力地照顾失去母亲的孩子们，在晚年，孩子们就应该对他心存感激，而不是"自然而然地反对他"。为了能够从日本人的角度进行理解，我们可以把它看成是一种金钱交易，因为在这个领域，美国和日本有着类似态度。如果一位父亲在正式交易的基础上把钱借给孩子们，并且他们必须偿还本息，那么我们完全能对父亲说，"他们反对你是自然的"。从这个观点，我们也就能理解为什么一个人接受别人的香烟后说的是"惭愧"，而没有直截了当地说"谢谢"。我们也就能理解一个人让另一个人背负恩情时，是会遭到怨恨的。我们多少明白了哥儿为什么把一杯冰水的恩情看得如此之重。但是，美国人不习惯把金钱的标准用于这类事情，比如在冷饮店偶尔请客喝汽水，比如父亲为失去母亲的孩子长期牺牲自己，或者像哈奇那样的忠诚奉献。但日本人却会这样做。爱、善意和慷慨，这些我们越是重视越会无条件给予，而日本人一定会有附加条件。每一次接受这样的行为，就会成为负恩者。就如日本谚语所说："天生（非凡）大度，方能受人之恩。"

第六章　回报万分之一

"恩"是一种债务，必须偿还。但是在日本，所有的报恩行为被看作完全是另一个范畴的事情。在美国的道德规范中，以及一些中性词中，会将obligation（义务）和duty（责任）这两个范畴混淆在一起。日本人对此感觉很奇怪。这就像某些部落中发生的金钱交易一样，其语言并不区分交易中的"债务人"和"债权人"，美国人也会感到奇怪。在日本人看来，"恩"与"报恩"完全是两码事，"恩"是重要而永恒的债务，而"报恩"则必须是积极的、刻不容缓的，要用一系列不同的概念来表达。对于日本人来说：施恩不是美德，报恩才是美德。积极报恩，全身心地投入，才是美德的开始。

如果我们把这种美德与美国的金融交易做类比，并且看到如同美国的房产交易背后都有防止拖欠债务的制裁措施，就会有助于美国人理解日本的这种道德观念。美国要求人人必须履行契约。如果有人拿了不属于自己的东西，即便情有可原，也无法得到宽恕。我们不允许把归还银行贷款当作是一件随意的事情。无论是利息还是本金，负债人都同样应该偿还。这些和爱国及爱家完全是不同的。对我们来说，爱，源自于内心，自愿给予的才是最高尚的。如果把爱国主义定义为视国家利益高于一切，那么美国人基本都认为这是不切实际的，至少与易犯错的人性不符，除非美国受到敌人侵犯时，他们才会接受这种观点。美国人与日本人不同，不会一出生便意味着自动背负了极大的恩情。美国人认为一个人应该同情并帮助贫困的父母，不能殴打妻子，必须抚养孩子。但这些事情不应该像金钱债务那样锱铢必较，也不能像商业行为那样企求回报。而在日本，这些问题被看得十分重要，如同美国对待财务偿还能力一样，他们对有恩不报的制裁丝毫不亚于我们对欠债不还的制裁。这些不是战争爆发或父母病重等危急时刻才需要注意的问题，而是时刻都笼罩在心里的阴影，就像一个纽约的农夫时刻担心着自己的抵押，或者像一个华尔街的投资家，将股票刚刚出手却发现股市开始节节上升。

日本人把对恩的报答分为不同的范畴，每种都有不同的规则。其中有些无论是在数量上还是时间上都是无限的，而有些则与所受之恩在数量上是相当的，并且需要在特定的时间内偿还。那种无限的报恩被称为"义务"，对此日本人会这样说："难以报恩于万一。"一个人的义务包括两种不同的类型：对父母之恩的报答为"孝"，对天皇之恩的报答为"忠"。这两种义务都是强制性的，而且人人如此。事实上，日本的初等教育被称为"义务教育"，因为没有其他的词能更准确地表达"必修"的含义。人生的意外也许会改变义务的某些细节，但是义务是自动加在每个人身上，并超越了一切偶然的情况。

日本人的"恩"以及对应义务一览表

"恩"的被动义务	"恩"的相应义务
一个人"受恩",一个人"承恩",即从被动接受的观点出发,"恩"是义务。	一个人必须"偿还"这些债务,要向恩人"回报这些恩情",也就是说,从主动报答的角度出发,这些是义务。
皇恩:受自天皇的恩。亲恩:受自父母的恩。主恩:受自主人的恩。师恩:受自师长的恩。恩,一生中与他人接触所受的所有的"恩"。注:所有对自己施"恩"的人都成为自己的"恩人"。	义务。即便是最充分地履行这些责任,也仅仅是报答了恩情的一部分,而且时间上也没有限制。	道义。对所受的恩情必须在一定时间内等值等量地偿还。
	忠:对天皇、法律和日本国家的责任。孝:对父母和祖先(包括子孙)的责任。敬业:对自己的工作的责任。	对社会的道义。对主君的责任。对姻亲的责任。对他人的责任。因为受了他人的"恩"而产生的责任,例如收到礼金,受到青睐,工作上的帮助(作为"合作伙伴")。对非直系亲属(姨舅、叔伯、姑婶、侄子侄女、外甥外甥女)的责任。不是因为受"恩"于他们,而是因为源于共同的祖先。	对自己名誉的"道义"相当于德语的"die Ehre"(名誉)。受到污辱或被归咎失败时,有"洗刷"污名的责任。即报复或复仇的责任。(注:这种报复并不被人视为侵犯。)不承认自己(专业上)失败或无知的责任。遵守日本的礼节的责任。例如,遵守各种行为礼仪,不僭越身份等级,克制不如意的感情等等。

　　这两种形式的"义务"都是无条件的。日本把这些美德绝对化,这就有别于中国"忠""孝"的概念。自从7世纪以来,日本反复地从中国引进道德体系,"忠"和"孝"都是中文词语。但是,中国人并没有把这两种德行当作是无条件的。中国确定了一种更高级别的美德,作为"忠"和"孝"的前提。这就是"仁",它通常被译作"benevolence"(仁慈,善举)。但是,"仁"的含义几乎包括了所有西方人认为的良好的人际关系。父母必须有"仁"。如果统治者不仁,他的臣民就会以正义的理由揭竿而起。"仁"是忠的先决条件。皇位是否稳固、官员在位长短,均取决于他

们是否施行仁政。中国的道德体系把"仁"作为试金石，并将其应用到所有的人际关系中。

日本从来没有接受过中国道德体系的这一先决条件。著名的日本学者朝河贯一[1]在谈到中世纪两国的这种差异时说："在日本，这些观点显然和天皇制互不相容。因此，哪怕这些观点只是作为一种理论，也从未被全盘接受过。"[2]事实上，"仁"是完全被排除在日本伦理体系之外的道德，完全没有它在中国伦理体系中那样的崇高地位。在日本，"仁"被读作"jin"（字的书写和中文相同），而"行仁"或其另一种表达方式"行仁义"，即使是在地位高的阶层也远远谈不上是必须具备的品德。"仁"被彻底排除在日本的道德体系之外，因此它仅是指在法律以外的某些行为。比如提倡为公共慈善事业捐款，或者宽恕罪犯。它们确实值得称赞，但显然都是分外之事，也就意味着并非必做的义务。

"行仁义"被用于"法律之外"还有另一层意义，它也被用来特指"盗亦有道"。在德川时期，歹徒四处杀人越货，他们只佩单刀，由此和身佩双刀的武士区别开来。他们把"行仁义"视为一种"盗亦有道"。当他们向陌生人寻求庇护时，后者为了避免对方同伙的报复，答应帮忙将此人窝藏就是"行仁义"。在现代用语中，"行仁义"的地位变得更低，在讨论应该受到惩罚的行为时经常被使用。日本的报纸说："下等劳工仍然在'行仁义'，必须受到惩罚。现在日本的每个角落'仁义'横行，警察必须留心制止这种现象。"当然，这里指的是诈骗犯和黑帮里盛行的"盗亦有道"。尤其是近代日本的一种小包工头，他们像20世纪初美国港口的

---

[1]朝河贯一（1873—1948年），日本著名学者、思想家，20世纪日本和平学的缔造者，代表作有《日本的早期制度生活》《入来文书》《日俄冲突》和《日本的祸端》。——译者注

[2]语出《入来文书》，380页。——原注

意大利包工头一样，和非熟练工人签订非法协议，再把他们转包出去，以此牟利。他们的这种行为也被称为"行仁义"。中国关于"仁"的概念被糟践到无以复加的地步。[1]日本人完全篡改并贬低了中国道德体系中最核心的美德，并且没有替换成其他德行来作为"义务"的先决条件。因此，孝道在日本成了一个必须履行的责任，哪怕这意味着要宽恕父母的恶行和不公。只有在与对天皇的义务发生冲突时，孝道才可以免除。如果只是因为父母不值得尊敬或者父母破坏了自己的幸福，那么子女也必须尽"孝"。

在一部近代的日本电影中，一个已婚的儿子是村里的校长。那时正逢饥荒，一位年轻女学生的父母不堪饥饿，想把她卖给妓院。校长知道后，向村民们募集了一些钱来为她赎身。校长的母亲发现了这笔钱，并从儿子那里偷走了它，尽管她并不穷，甚至自己还经营着一家不错的饭馆。儿子知道是母亲偷的，却不得不自己担起罪名。他的妻子发现了事情的真相，留下遗书承担起所有丢钱的罪责，然后抱着孩子投河自尽了。真相大白后，却没有人质问那个母亲在这场悲剧中的责任。儿子尽了孝道后，只身前往北海道磨砺自己的性格，以便在未来面对类似的考验时让自己更加坚强。他是一个品德高尚的英雄。在我看来，罪魁祸首应当是那个母亲，我的日本朋友却激烈地反对我这种美国式论断。他说，孝道常常和其他德行发生冲突。如果这个英雄足够聪明，他也许可以找到一个缓解矛盾而不失自尊的方法。但如果他责怪了自己的母亲，哪怕只是在心里想，那么他将无地自容。

在小说和现实生活中，都充满着年轻人在结婚后履行孝道时肩负重担

---

[1]当日本人使用"行仁义"时，他们比较接近中国的用法。佛教劝导民众"讲仁义"，这意味着慈悲向善。但是，正如日本字典中所说的，"讲仁义指的是理想的人而不是行动"。——译者注

的例子。除了有现代观念的家庭，一般体面的人家还是理所当然地认为，应该通过媒人介绍，由父母为儿子选择妻子。最关心选个好媳妇的不是儿子本人，而是整个家庭。不仅仅是因为婚姻涉及金钱往来，还因为儿媳也会被写进家谱，通过生儿子来传宗接代。通常情况下，媒人会安排一场看似偶然的会面，男女双方在父母的陪同下相见，但是双方并不交谈。有的时候父母会为自己的儿子安排利益婚姻，女方的父亲可以获得钱财，男方的家庭则与名门望族联姻。也有的时候，父母选择儿媳是满意其品行。好儿子要报答父母之恩，因此不能质疑父母的决定。在结婚后，他还需要继续报恩。特别是当这个儿子是家庭的继承人时，他将与父母一同生活。众所周知，婆婆通常不喜欢儿媳。她会到处挑儿媳的错，即使年轻的丈夫和妻子相处和睦，想要一起白头到老，她还是有可能会将儿媳扫地出门，结束这场婚姻。在日本小说和传记中，对丈夫的痛苦描写如同妻子。丈夫屈从地解除自己婚姻，当然是为了尽"孝"。

　　一位现居美国的日本摩登妇女曾经在东京的寓所收留过一个年轻的孕妇，她被婆婆逼迫离开自己年轻的丈夫，她的丈夫因此伤心不已。她身患重病，悲痛欲绝，但她并没有责怪自己的丈夫。渐渐地，她把全部心思都寄托到快出生的孩子身上。但是，当孩子出生后，婆婆就出现了，带着她沉默顺从的儿子索要孩子。孩子当然属于丈夫的家庭，于是婆婆带走了孩子，随即又把孩子送进了孤儿院。

　　所有这些都包括在孝道的范畴内，是子女对父母亲恩的适当回报。在美国，这些故事都会被当作是外在力量干涉个人幸福的例子。日本人从不把这种干涉视为"外来"的，因为有"恩情债"这个前提。日本的这类故事，就如同美国故事里诚实的人克服万难最终还清欠债一样，宣扬的是真正的美德，他们证明了自己足够坚强以至可以承受任何挫折，因而赢回自己的尊严。无论这些挫折多么合乎道德，都在所难免地留下一丝怨恨。值得注意的是，亚洲谚语中提到的"可恨的东西"，在缅甸是"火灾、水灾、盗贼、官员和恶人"，在日本则是"地震、打雷和老东西（家长，父亲）"。

和中国不同，中国人尽孝的对象包括几百年以来的先祖以及由共同先祖繁衍下来的为数众多的宗族。日本人则只针对最近几代的先祖。墓碑必须每年重写，以便确定身份。当活着的人不再记得某位先祖时，他的坟墓就会无人问津，家里神龛中的灵位也会被撤走。日本人的尽孝对象只限于在记忆中依旧鲜活的先祖，他们只关注此时此地。不少作家都谈到过，日本人缺少抽象思维能力，对非现实事物的想象缺乏兴趣。日本孝道与中国孝道的鲜明对比，恰好证明了这一点。日式孝道最重要的实际意义就是孝的义务仅限于生者之间。

无论在中国还是日本，孝道都不仅仅是敬重和顺从自己的父母和先祖。在西方人看来，对孩子的悉心照料是出于母亲的本能和父亲的责任，东方人则认为这是对祖先的尽孝。日本人确信：一个人将自己幼时受到的照料转移到自己的孩子身上就是回报先祖的恩情。日语中没有相关词语能够表达"父亲对其子女的义务"，所有的义务都包含在对父母和祖父母的孝道中。孝道要求家长承担起不计其数的义务，包括抚养子女、教育儿子和弟弟、管理家产、庇护有需要的亲属以及数不胜数的日常事务。日本对家庭机构的严格规定，极大地明确了男人负有义务的对象。如果儿子死了，父亲有责任抚养他的遗孀和子女。同样，父亲有时也会为孀居的女儿和她的家人提供住所。但是，收容孀居的侄女或外甥女就不是义务所要求的了。如果一个人这么做了，那他所履行的是一种完全不同的义务。抚养和教育自己的孩子是义务，但如果是教育自己的侄子或外甥，通常需要先合法地收养其作为养子。如果孩子仍然保留侄子或外甥的身份，那就不是义务。

孝道并不要求在帮助贫困的下一代直系亲属时必须怀着尊敬和慈爱之心。家庭中的年轻寡妇被称为"冷饭亲戚"，意思是说她们吃的是冷饭剩菜，要听家里任何人的使唤，还要毕恭毕敬地接受与自己有关的每一项决定。她们以及她们的孩子都属于穷亲戚。在特殊情况下，她们的待遇会稍好些，但并不是因为这家的家长有义务善待她们。兄弟之间也没有必要热情地履行共同的义务。即使两兄弟彼此恨之入骨，兄长依然会因完全履行对弟弟的义务而受到赞扬。

婆媳之间存在着最激烈的矛盾。媳妇作为一个外人来到这个家庭。她有责任了解婆婆的喜好，然后学着去做。在很多情况下，婆婆直言不讳地表示年轻的媳妇配不上自己的儿子；而在另一些情况下，人们可以推断出婆婆对媳妇怀有非常强烈的嫉妒心。但是，正如一句日本谚语所说："讨厌的媳妇生下可爱的孙子。"因此，婆媳之间，"孝"也总是存在的。年轻的媳妇表面上无比顺从，但是一代又一代，这些温柔可人的女子成为婆婆时，就变得如同自己的婆婆一样苛刻和挑剔。年轻时的她们看上去毫不骄横，却并不是真正温柔宽厚的人。在以后的生活中，她们就像自己的婆婆那样，把日积月累的怨恨发泄到自己媳妇身上。现在的日本女孩会公开谈论不嫁给继承人的巨大好处，这样就不必和霸道的婆婆一起生活了。

"尽孝"并不一定是为了获得家人的仁爱。在某些文化中，这种仁爱是大家族中道德法则的关键。但是，在日本则不同。正如一位日本作家所说："日本人高度看重家庭，唯其如此，他们不会重视家庭中个别成员或成员之间的家族纽带。"[1]当然，实际情况也不总是这样，但是大致如此。日本人强调的是义务和报恩，长者身负重责，责任之一就是保证晚辈们做出必要的牺牲。他们即使对此不满，也于事无补。他们必须服从长者的决定，否则，他们就没有履行应尽的"义务"。

---

[1]野原驹吉的《日本的真实面貌》，45页。——原注

日本孝道有一个典型特征，那就是家庭成员之间可以有着十分明显的怨恨。但是，这种怨恨在另一种与孝相类似的重大"义务"（即对天皇尽"忠"）中却并不存在。日本的政治家们精心策划，将天皇奉为神圣的首领，并使其远离喧嚣的尘世。只有这样，天皇才能把所有国民联合起来，团结一致，为国家效力。仅仅把天皇当作国民之父是不够的，因为在家庭中尽管要向父亲履行所有的义务，但他也可能不是一个"备受尊敬"的人。天皇必须成为一个神圣之父，远离一切世俗杂务。对天皇的尽"忠"是最高美德，必须变成一种对幻想中不为尘世所染的仁慈圣父的虔诚膜拜。明治早期的政治家们在考察西方国家之后写道：在所有这些国家中，历史是由统治者和人民之间的矛盾冲突构成的，这不符合日本精神。他们回国后便在宪法里加入了如下内容：天皇是"神圣不可侵犯"的，他不必为国务大臣们的任何行为负责。天皇是日本团结统一的至高象征，而不是行使权力的国家元首。因为在近七个世纪中天皇从来不曾行使过执政权，所以一如既往地永久地让他充当幕后角色是轻而易举的。明治政治家们只需做一件事，即在所有日本人心中无条件地树立"忠"为最高德行，并将其奉献给天皇。在封建时期的日本，"忠"是对世俗首领和将军的义务。这一悠久历史给了政治家们以警示，在新制度下要达到自己的目的，即在精神上实现日本的统一，必须采取一些相应的措施。在那些世纪中，将军既是军事首领又是政府首脑，尽管人人都应效忠于他，但谋反和行刺依然时有发生。这是因为对将军的忠诚往往与武士对自己封建领主的忠诚相悖，相较于对领主的忠，对将军的忠往往缺少一些强制性。毕竟对自己领主的忠诚是基于一种面对面的关系，而对将军的忠诚可能就比较淡薄了。在动乱年代里，家臣武士们也会为了推翻将军而战，进而拥立自己的领主上位。明治维新的先驱者和领导者们以"效忠"隐居于幕后的天皇为口号，用了近百年的时间与德川幕府做斗争，至于天皇的具体形象，每个人都可以根据自己的意愿在心里描画。明治维新是保皇派的胜利。正是因为它把效忠的对象从将军转变成了有象征意义的天皇，才有理由将1868年的事件称为"王政复古"。天皇仍然隐居幕后，他授权于"阁下们"，并不亲自管理政府或军队，也不亲自决定政策。掌管政府的依然是顾问们，只不过人选更好了一点。真正的剧变发生在精神领域，因为"忠"从此成为每个人对神圣领袖的报恩，这位领袖是最高祭司和日本统一与永久的象征。

"忠"的对象能如此轻易地转移到天皇身上，得益于一个民间传说——日本皇室是天照大神的后裔。但是，传说的宣导作用并不像西方人想象的那样重要。当然，一些日本的知识分子完全否定这种传说，却从未对效忠天皇产生怀疑。甚至承认天皇是神灵后裔的广大民众，对此也有着和西方人不同的理解。日语里的"カミ"（神），即被译成"god"的这个字，其字面意思就是"至上"，即等级制的最高点。日本人与西方人不一样，并不认为在神与人之间存在一条巨大的鸿沟，任何日本人死后都会变成"神"。在封建时期，人们尽"忠"的对象的是等级制的头领，他们并没有神性。最重要的是，在把"忠"转移给天皇的过程中，整个日本历史上，皇室具有唯一性，朝代从未变更，延绵永世。西方人认为，这种皇室的连续性根本就是欺骗，因为其传承的规则与英国或德国迥然不同。然而，抱怨是毫无意义的。日本有日本特有的规则，按照他们的规则，皇室的传承就是延绵永世的。日本与中国不同，中国经历了三十六个不同朝代的改天换地。日本这个国家，尽管经历了各种变迁，却从未真正彻底地瓦解自己的社会体系，模式也从未改变。在明治维新前的一百年中，倒幕势力利用的正是这一点，而不是神的后裔这种说法。他们宣称，"忠"的对象应该是站在等级制度顶点的人，所以应该是天皇一个人。他们将天皇塑造成了国家的最高祭司，而这个角色并不意味着神性。这种说法比神裔说更加重要。

近代日本做出的各种努力，都是为了将尽"忠"对象指向具体的人，

□ **明治天皇**

明治天皇（1852—1912年），是日本的第122任天皇。他领导的明治时期是一个快速变化的时期。在此期间，日本帝国从一个孤立的封建国家迅速转变为一个工业化的世界强国。

特别是指向天皇本人。明治维新后的第一任天皇[1]卓越而威严，他在位多年，很容易在国民心中树立国家的人格化象征。他很少公开露面，而每次出现都在隆重的仪式中受到万民的礼拜。人们鞠躬致敬时鸦雀无声，没有谁敢抬头直视天皇。一楼以上窗户紧闭，避免有人从高处俯视天皇。天皇与其高级内阁成员的接触也同样等级分明。没有天皇传召执政官员的说法，只有少数拥有特权的"阁下们"才能"拜见"天皇。天皇从不就有争议的政治问题颁布诏书，所有的旨意都有关伦理道德，或者提倡节俭，或者是宣布某项具有里程碑意义的事件完结，以此安抚人心。当天皇临终时，全日本几乎变成了一座大寺庙，所有人都在为他虔诚地祈祷。

通过这些方式，天皇被塑造成超越一切纷争的象征。就像美国人对星条旗的忠诚高于一切党派争议，天皇是"不可侵犯"的。美国人为国旗

---

[1]明治天皇睦仁（1852—1912年），日本第一百二十二代天皇，庆应三年（1867年）继位。在位四十五年期间，近代日本改革最为显著，实现了社会、经济和军事等多方面的发展，建立了亚洲第一个资本主义国家，并完成了向帝国主义的转变，走上军国主义、称霸世界的道路。——译者注

安排了一系列的仪式，我们认为这种仪式完全不适用于个人。然而，日本人却最大程度地将最高象征集中到一个人身上。民众可以向天皇表达敬爱之心，天皇也可以做出回应。人们会为天皇"垂顾万民"而感动得欣喜若狂，一生都致力于"为天皇分忧"。在日本这样一个完全依托于人际关系的文化中，天皇就是忠诚的象征，远远超过了国旗。如果老师在教课时将人的最高职责解释为爱国，那他就不算是合格的老师，必须说是回报天皇之恩。

"忠"为国民和天皇之间的关系构建了一种双重体系。国民无须中间人，直接向天皇尽忠，通过自己的行动"为天皇分忧"。但是，臣民收到的天皇命令却是经过层层转达而来的。"秉承天皇旨意"这种说法能够唤起"忠"，而且比其他任何现代国家的号召都更强力。罗里曾经描述过一件事：和平时期的某次日军演习中，一名军官带队外出行军。他命令士兵，未经允许不得喝水壶中的水。日本军队的训练特别重视在恶劣条件下，不间断行军五六十英里的能力。这一天，有二十名士兵因为缺水和虚脱而倒下，其中五人死亡。之后检查他们的水壶时，发现滴水未动。因为"军官下了命令，他秉承的是天皇旨意"。[1]

在民政管理中，"忠"也控制着一切事情，从丧葬到赋税毫无遗漏。税务官、警察和当地征兵官员都是为让臣民尽忠而设立的。日本人认为，遵纪守法就是回报他们的最高恩情——皇恩。很难准确地描述这种社会习俗与美国的不同。对美国人而言，任何新颁布的法律，从街头的停车标志到征收个人所得税，都会让全国民众感到不满，因为它们被认为干涉了个人处理事务的自由。联邦法律更是受到双重质疑，因为它们还干涉了各个州的立法自由。人们觉得这一切是华盛顿的官僚们强加到自己身上的。很

---

[1] 参见罗里·希利斯的《日本的军事教官》，40页。——原注

多美国人认为,即使是对此做出严正抗议,也无法满足他们的自尊心。因此,日本人认定美国人是一个无法无天的民族,而美国人则认为日本人是一个毫无民主概念的驯服的民族。其实更准确地说,两个国家的公民的自尊心,与其不同的态度有关。在美国,国民自尊心取决于对个人事务的掌控;而在日本,自尊心则取决于对施恩者的报答。这两种情况都有各自的问题:美国的问题是即使某项法律对国家整体有利,也很难让国民接受;而日本的问题是,整个一生都处于偿还恩情的阴影之中。也许,每个日本人都会找到一些方法,让自己在不打破规则的前提下回避沉重的责任。他们还崇尚某些特定形式的暴力、直接行动和私人报复,这些美国人都不会赞同。尽管存在这些限制以及其他可被列举的因素,"忠"对日本人的约束力依然不容置疑。

1945年8月14日,当日本投降时,全世界见证了"忠"对日本人所具有的难以置信的约束力。许多曾在日本生活过并对日本人有所了解的西方人,他们都断定日本不可能投降。他们坚持认为,让散布于亚洲和太平洋各岛的日军和平地缴械投降,这个想法太过天真。很多日本军队在当地不曾遭遇战败,还自认为是正义之师。日本本土也到处都是誓死抵抗的人,因此占领军的先头部队人数不多,一旦他们脱离了海军战舰射程范围,就有遭到屠杀的危险。战争中的日本人无所不用其极,他们纯粹是一个好战民族。但是,美国的分析家们没有考虑到"忠"的作用。天皇旨意一出,战争就结束了。在天皇的广播讲话尚未播送之前,强硬的反抗者们封锁了皇宫,试图阻止停战诏书的发布。但是诏书一旦发出,他们就接受了。无论是满洲或是爪哇[1]的指挥官,还是在日本本土的东条英机,都没人提出

---

〔1〕爪哇岛,印度尼西亚第五大岛,印尼首都雅加达位于爪哇岛西北。——译者注

异议。美国的登陆部队降落在机场，受到了礼貌的欢迎。外国记者中有一人这样写道：早上降落时还揣着手枪，中午就已经放到了一边，晚上就在商铺里购买东西了。现在，日本人正以遵从和平的方式"为天皇分忧"。然而，就在一周以前，他们还发誓：哪怕只用竹枪，也要驱逐蛮夷。

　　这种情况并不会让人觉得不可思议，除了那些西方人，因为他们否认人的行为能够被不断变化的情感因素所影响。他们中的有些人宣称，除了彻底灭绝日本人，别无他法。另一些人则宣称，只有日本的自由派当权并推翻政府时，日本才会得救。如果是一个西方国家在民意支持下全力以赴地战斗，那么这两种说法都有一定道理。但是，他们错了，因为他们误以为日本会执行西方国家那样的行动方针。在和平占领日本几个月之后，有些西方预言家仍然认为大势已去，因为日本没有发生西方式的革命，又或者说"日本人根本没有意识到自己已然战败"。这是典型的西方社会哲学，其依据是以西方标准判断对错。但是，日本不是西方国家，不会利用西方国家的终极力量：革命。日本也不会暗中搞破坏，来对抗敌国的占领军。日本使用的是自己的力量：在军事力量没有被消灭前，要求自己将无条件投降的巨大代价作为"忠"。在日本人看来，这种代价沉重的行为换回了他们最珍视的东西，即他们有权说：这是天皇下的命令，即使是被命令投降。甚至在战败之际，最高法律依然是"忠"。

第七章　最难承受的"道义"

日本俗语说："'道义'是最难承受的。"一个人必须回报"道义"，就像他必须承担"义务"一样。但是，"道义"所包含的，是一系列不同的责任。英语中没有相应的词语可以表达它的意思。人类学家在世界各地的文明中发现了千奇百怪的道德责任，其中最奇特的就是日本的"道义"。它是日本所特有的。

"忠"和"孝"是中国和日本所共有的概念。虽然日本对两者做了修改，但它们还是和其他亚洲国家的某些道德准则有着相似之处。然而，"道义"既不源于中国的儒家思想，也同东方佛教毫无瓜葛。它是一个日本的道德范畴。如果没有考虑到日本的"道义"，就很难理解他们的行为方式。一旦日本人谈到动机、良好的名誉以及人们在本国遇到的为难之处，就会不断地提及"道义"。

对一个西方人而言，"道义"包含了一系列复杂混乱的责任（见第六章简表），从报答旧恩，直到复仇。难怪日本人从不试图向西方人解释"道义"，因为在他们自己的辞典里也很难准确地定义它。有一本辞典的解释翻译过来是这样的："正义的方式；人应该遵循的道路；为免遭社会非议所做的那些不情愿做的事。"这个解释并不能让西方人对"道义"有多少了解，但"不情愿"这个词则显示出"道义"和"义务"的差别。"义务"，无论对个人提出了多么苛刻的要求，但它至少是对自己的直系亲属、对作为国家象征的天皇所应尽的责任，是个人生活方式和爱国精神的体现。义务与生俱来，与自己有着紧密的联系。即使履行义务时可能有违心意,"不情愿"也与"义务"的定义无缘。但是,"回报道义"会让人耿耿于怀。作为债务人有许多困难,最糟糕的情况就是陷入"道义世界"中无法脱身。

道义可以划分为两个不同的类别。一类,我姑且称之为"对社会的道义"——字面意思就是"回报道义"——是指每个人都有报答同胞恩情的责任;另一类,我把它称为"对名誉的道义",是指每个人都有维护自己的名誉不受非议玷污的责任,有点类似于德国的"荣耀"之说。"对社会的道义",可以大致描述为履行人与人之间的契约关系。与之相比,"义务"则是履行与生俱来的紧密责任。因此,"道义"包括了个人对其姻亲家族所承担的所有责任;而"义务"则包括对自己直系亲属所承担的责任。岳父或公公被称为"道义上的父亲";岳母或婆婆则是"道义上的母亲";姐夫或妹夫,嫂子或弟妹都是"道义上的兄弟"或者"道义上的姐妹"。这个称呼还适用于兄弟姐妹的配偶或者配偶的兄弟姐妹上。在日本,婚姻无疑是家庭之间的契约,终其一生来完成对配偶的家庭所承担的责任,就是"履行道义"。在履行这种契约责任时,最沉重的便是报答父母双亲的"道义",因为婚姻是由他们安排的。而年轻的媳妇对婆婆的"道义"更是重中之重,因为按照日本人的说法,新娘是作为外来人进入新的家庭,开始新的生活。丈夫对岳丈家的责任虽不尽相同,但依然令人生畏。因为如果岳父母陷入穷困,女婿就必须慷慨解囊,并且必须完成其他契约责任。正如一个日本人所说:"一个长大成人的儿子为母亲做任何事,都是出于他对母亲的爱,因此不能算作'道义';只要是发自内心的行为,就不能算是履行'道义'。"然而,一个人对他的姻亲履行责任时,必须谨小慎微,因为他无论如何也要避免这种可怕的谴责:"这个人不懂'道义'。"

日本人看待对姻亲所承担的责任,最清晰的体现就是"赘婿"的例子,也就是一个男人像女人出嫁一样入赘到妻子的家庭中。当一个家庭里只有女儿、没有儿子时，父母便会为其中一个女儿招婿入赘，以延续家名[1]。赘婿将从原户籍中除名，而改成岳父的姓氏。一旦进入妻子的家庭，他就要在"道义"上服从岳父、岳母，死后也会葬在岳父家的墓地里。他的这些行为遵照的是一般婚姻中妻子应有的行为。为女儿招赘婿的原因，可能不仅仅是家里没有儿子，也常常是因为满足双方利益而进行的交易，俗称"政治婚姻"。女方家庭可能很穷，但是出身高贵，而男方可以带来现金，以提升自己在等级制度中的地位。或者女方家庭足够富有，能够为女婿提供教育，女婿则为了报答这一恩惠，放弃自己的家。又或者是女方父亲用这种方式绑定自己公司未来的合伙人。无论哪种情况，入赘的女婿所负担的"道义"都格外沉重——这是理所当然的，因为在日本将一个男人的名字改入别人的户籍，这是极为严重的事。在封建时代的日本，这个人为了在新的家庭里证明自己，必须为岳父参战，即使杀死自己的亲生父亲也在所不惜。在近代的日本，涉及赘婿的"政治婚姻"中，女方会用"道义"这种最沉重的约束力，竭尽所能地将一个年轻男子和岳父的事业或家族利益紧密地联系起来。特别是在明治时代，这种情况有时让双方家庭都获益匪浅。但是，日本人还是对成为赘婿有着强烈的不满。日本俗语云："若有三合米[2]，绝不做赘婿。"日本人说，这种不满是因为"道义"。如果美国有这种习俗，美国人可能会说，"这是因为它剥夺了堂堂正正地做男人的资格"。但日本人绝不会这么说。无论如何，"道义"太过苛刻和让人"不情愿"。所以，在日本人看来，"道义"是人际关系中难以承受的沉重负担。

"道义"不仅对是姻亲的责任，就连对叔伯舅父、姑姨婶母以及子侄外甥所承担的责任也属于同一范畴。在日本，即使对这样的近亲承担的责

---

[1]家名，即家族之姓氏。延续家名，意谓延续香火。——译者注
[2]合，容量词。三合米，其重量接近500克。——译者注

任也并不算作是孝道。这是中国和日本在家庭关系上的重大差别之一。在中国，许多这类近亲，甚至关系更远一些的亲属，都会共享各种资源。但是在日本，他们只是"道义"上的或者"契约式"的亲戚。日本人指出，日本经常会出现这种情况：人们对寻求他们帮助的近亲施以援手，绝不是出于个人恩情，而是为了向共同祖先偿还恩情。虽然抚养自己子女也是因为背后的社会约束力——这当然是一种"义务"，但是即便拥有相同的约束力，帮助这些远亲却被归于"道义"。当一个人不得不向这些远亲伸出援手时，他就会像帮助自己姻亲时那样说，"我被陷于'道义'之中"。

大多数日本人认为，最深刻的传统"道义"应该是武士对其领主以及战友所承担的"道义"，它甚至超越了姻亲关系。一个有荣誉感的人必须忠于上级以及同伴。很多文艺作品都歌颂了这种"道义"上的责任。它被视作武士的美德。在德川家统一日本之前，"道义"是比忠诚更加崇高、重要和珍贵的品德——那时，人们效忠的对象是将军。12世纪，一位源氏将军要求某位大名交出受他庇护的一位敌对藩主，该大名的回信被保留至今。将军对自己"道义"上的责难，让他感到深深的愤恨。他拒绝执行命令，即便是以忠诚的名义。在信中，他这样写道："对于公务，我个人难以控制，但存在于拥有荣誉感的男人之间的'道义'，必将万古长存。"意思就是"道义"超越了将军的权威。他拒绝"对尊敬的朋友们背信弃义"[1]。大量的民间历史传说中弥漫着这种超脱一切的旧日本武士的美德，它们至今仍在日本广泛流传，还被编入能乐、歌舞伎表演和神乐舞蹈中。

这些故事中最著名的，就是12世纪关于英雄弁庆[2]的传说。弁庆是一

---

[1] 参见朝河贯一的《入来文书》。——原注

[2] 弁庆（1155—1189年），日本平安时代末期的僧兵，源义经的家臣，武士道精神的传统代表人物之一。——编者注

□ 歌舞伎

　　歌舞伎是一种古典日本舞蹈剧。歌舞伎剧院以其戏剧风格和一些表演者精心制作的化装而闻名。在日本国内被列为重要的无形文化财产。现代歌舞伎的特征是布景精致、舞台机关复杂及华丽的演员服装与化妆，且演员清一色为男性。

个浪人（没有藩主，靠自己谋生的武士），身材高大，所向无敌。他除却一身神力之外，别无所长。借住在寺庙里的时候，和尚们都十分畏惧他。他杀死每一个过路的武士，收集他们的刀，为自己置办符合封建武士身份的装束。最后，他向一个看起来很年轻，身材瘦小，打扮纨绔的藩主挑战。但他发现，他们两人势均力敌，难分伯仲。而且，这个年轻人是源氏家族的后裔，正密谋为其家族重掌将军之位。他就是备受日本人爱戴的英雄——源义经[1]。弁庆遵循"道义"，向他俯首称臣，并为他的事业身经百战，立下赫赫战功。然而，最后因为敌众我寡，他们不得不带着随从一起逃跑。他们假扮朝圣的僧侣，谎称为一座寺庙化缘而游历四方。为了摆脱追踪，源义经扮成队伍中的普通一员，弁庆则扮成首领。在路上，他们遇到

---

　　[1]源义经（1159—1189年），日本传奇英雄，平安时代末期的名将，日本人所爱戴的传统英雄。——编者注

了敌人设置的关卡。弁庆拿出一份伪造的长长的寺庙"募捐人"名单,并假装诵读。对方几乎信以为真,打算放他们通过。但是在最后一刻,敌人对源义经起了疑心,尽管他装扮成下人的样子,还是无法掩藏其贵族气质。于是,敌人喝停了整支队伍。弁庆立刻采取行动,完全消除了敌人对源义经的怀疑:他借故将源义经痛骂一顿,并扇了他几记耳光。敌人相信了,因为如果这个云游僧真是源义经的话,他的下属绝对不敢动手打他。如此违背"道义"的行为是不可想象的。弁庆的不敬行为拯救了整个队伍。当他们到达安全区域后,弁庆跪倒在源义经的脚下,请求赐死。他的藩主仁慈地宽恕了他。

□ 义经与弁庆

作为一名技术娴熟的剑客,义经在决斗中击败了传奇战士僧侣弁庆。从此弁庆便跟随在义经左右,成为义经最亲密、忠诚的家臣,最终在衣川围攻时与他一起死亡。

□ 源义经

源义经(1159—1189年)是平安时代晚期和镰仓早期的日本源氏族的军事指挥官。在源平合战期间,他领导了一系列战斗,帮助他的同父异母兄弟源赖朝巩固了权力。他被认为是那个时代最伟大和最受欢迎的战士之一,也是日本历史上最著名的武士之一。源义经因一个可信赖的盟友的儿子背叛而死亡。

在这些古老的故事中,"道义"是发自内心的,没有沾染任何怨恨的污点。那是现代日本人梦想中的黄金时代。这些故事告诉他们,当时"道义"没有任何"不情愿"的含义。如果"道义"和"忠"发生了冲突,人们可以堂堂正正地坚持"道义"。尽管充满了封建色彩，"道义"还是成为备受人们珍视的一种直接的人际关系。"讲道义"意味着终身对藩主尽忠；作为回报，主君也会以诚相待。"回报道义"就是将自己的一切都献给藩主，甚至是生命。

当然，这只是一个幻想。日本的封建历史记载了大量武士被交战中的敌方大名所收买的事例。更为重要的是，正如在下一章将要讲到的那样，藩主对家臣的任何侮辱都可能成为其擅离职守甚至卖主投敌的正当理由。日本人歌颂复仇的主题，如同歌颂"誓死效忠"一样津津乐道。这两者都属于"道义"——忠诚是对藩主的"道义"，为受到侮辱而进行的复仇是对自己名誉的"道义"——在日本，这是一块盾牌的两面。

对今天的日本人来说，这些关于忠诚的古老故事只是让人兴奋的白日梦罢了，因为现在的"回报道义"已经不再是对合法主君的效忠，而是对各种不同的人履行的各种不同的责任。今天人们谈到"道义"，常常充满怨恨之情，强调自己迫于舆论的压力，不得不违背自己的意愿去履行"道义"。他们会说，"我安排这桩婚事，完全是出于'道义'""仅仅是因为'道义'，我才给了他这份工作""出于道义，我必须见他"。人们总是在说"被陷于'道义'之中"，这个短语在词典里的解释是"我被迫如此"。还有一种说法，"他用'道义'逼迫我"，或者"他用'道义'将我逼得别无他法"。这些用法以及其他类似用法，都意味着说话的人曾经受过某人恩惠，为了回报恩情，被迫做出违心之举。无论是在农村，在小商店的交易中，还是在财阀们的上级社交圈中，甚至是在日本内阁中，人们都"受'道义'所迫"，"被'道义'逼得别无他法"。一个追求者可以凭着旧时的关系或者两家的交情迫使某人成为自己的岳父，或者有人可以用同样的手段获取农民的土地。"被逼得别无他法"的人会觉得自己必须同意对方的要求。他会这样说："如果我不答应我的恩人（对他施恩的人），我就会在'道义'上背负坏名声。"所有这些用法都隐含了"不情愿"的意思，以及如日本词典所解释的那样，应允对方的要求"仅仅出于体面的考虑"。

"道义"的准则是对必须回报的严格规定，它与"十诫"不同，并不是一整套道德准则。当某人受迫于"道义"时，通常假定他不得不暂时无视其正义感，所以他们常说"因为'道义'，我才行此不义之举"。"道义"的准则不要求人们像爱自己一样爱他们的邻居；也不要求某人发自内心地宽容。他们说，一个人必须履行"道义"，因为"如果不这样做，大家会说这个人'不讲道义'，他将会在世人面前蒙羞"。正是因为人言可畏，"道义"才必须履行。事实上，在英语翻译中，"对社会的道义"经常被译成"服从舆论"；而在词典中，"我无能为力，因为这是对社会的道义"被翻译成"世人不会接受任何其他做法"。

将这个"道义世界"的准则与在美国偿还欠债的规则相比较，这样能够更好地帮助我们理解日本人的态度。如果美国人收到一封信或者一份礼物，又或者是别人适时的劝说，他们不会觉得需要立即回报，没有必要如同按期归还利息或者银行贷款那样急迫。在这种金融交易中，对失败者最严重的处罚就是破产。在日本人看来，一个人无力回报"道义"，其人格就破产了。日常生活中的每一次接触都有可能涉及这样或那样的"道义"。所以，美国人则根本不会在意的琐事，日本人都会将它们逐一牢记在心。对日本人来说，在这个复杂的世界里行走，必须谨小慎微。

日本人"对社会的道义"的观念，和美国人"借债还账"的观念，有一个相似之处——二者都是非常精确的等量偿还。在这方面，"道义"和"义务"完全不同，因为"义务"无论怎样偿还，永远都无法满足，而"道义"却不是无限制的。在美国人眼中，如果回报与当初获得的恩情不相符，这种偿还是奇怪的，日本人却不这样认为。在美国人眼中，日本人的送礼方式也是不可思议的。每个家庭一年两次用考究的包装将礼品包起来，作为六个月前所收馈赠的回礼。女佣的家庭也要年年都向主人家送礼，作为雇用她的回报。但是，回赠的礼物比所受的礼物贵重，是日本人的禁忌。即使回赠"纯正的天鹅绒",也不是什么光荣的事。关于送礼的最大非议,莫过于说送礼的人"用小鱼钓海鲷(一种大鱼)"。对"道义"的回报也是如此。

无论是劳务还是物品,日本人尽可能将相互间的人情往来记录在案。在村里,有些往来是由村长记录,有些是由劳动组[1]内人员记录,还有些是由家庭和个人记录。参加葬礼时,带上"奠仪"是日本的习俗。亲属们也可能带来各种颜色的布料,用来制作葬礼用的幡。邻居们会来帮忙,女人们进厨房忙碌,男人们则帮着挖墓穴和制作棺材。在须惠村,村长制作了一个册子,专门记录此类事务。对于有死者的家庭,这些记录非常重要,因为上边记载着邻居们的礼物和帮助。同时它也是一份名单,记录了将来要偿还恩情的家庭,在那些家庭有人过世的时候,同样前去吊唁。这些都是长期的礼尚往来。此外,乡下的葬礼也有短期的往来,就像筵席一样。治丧的人家需要款待帮助做棺材的人,而制棺人也会带来一些米充作部分伙食。这些米也会被村长记录在案。在大多数的筵席上,客人们也会带来一些米酒作为宴会酒水的一部分。无论是出生还是死亡,是插秧、造房还是联欢会,"道义"的往来总是被仔细地记录下来,以备日后回报。

关于日本的"道义",还有一点与西方借债还账的习俗相似:如果偿还的时间超过了一定的期限,债务就会如同利息一样不断增长。埃克斯坦[2]博士讲过他与一位日本制造商打交道的经历。这位制造商曾经资助他去日本搜集野口英世[3]的传记资料。埃克斯坦博士回到美国后,完成

---

〔1〕劳动组,依据互助关系结成的农村社团组织。——译者注
〔2〕古斯塔夫·埃克斯坦(1875—1916年),奥地利社会民主党人,也是一名记者和学者。——编者注
〔3〕野口英世(1876—1928年),日本细菌学家、生物学家,著有《蛇毒》《梅毒的实验诊断》等,有日本"国宝"之誉。——编者注

□ 野口英世

野口英世（1876—1928年），也被称为野口清作，日本著名细菌学家、生物学家，毕业于美国宾夕法尼亚大学。主要作品有《蛇毒》《梅毒的实验诊断》等。1980年，渡边淳一为野口英世作的传记《遥远的落日》获"吉川英治文学奖"。该作毫无粉饰地再现了他克服出身贫困及左手残疾的不利条件，立志医学事业，以"梅毒螺旋体"的研究成果确立了其在世界医学界中的地位的人生传奇。在最新版的日元上，野口英世先生的头像被印在了1000日元纸币之上，以兹纪念。

了这本书[1]，并把手稿寄到了日本。然而，此后他既未获得回执也未收到回信。他自然而然地开始担心，书里的内容是否冒犯了那个日本人，但是始终杳无音讯。多年以后，那位日本制造商打电话给他，说他正在美国。没过多久，他就带着几十株日本樱花树，登门拜访埃克斯坦博士。这是一份丰厚的大礼，正是因为过久的拖延，赠送贵重的礼物才是理所当然的。这位日本人对埃克斯坦博士说："您当时肯定不是希望我立刻回报吧？"

一个"迫于道义"的人经常被迫偿还日益增长的人情债。某人向小商人寻求资助，因为他的叔叔是那个商人小时候的老师。由于商人当时年幼，无力报答对老师的"道义"，所以这种人情债就随着时光流逝，与日俱增。因此，即使再不情愿，这个商人也得答应对方的要求，以免"受世人非议"。

---

〔1〕这本书名为《日本在和平中孕育战争》。——译者注

第八章　洗刷污名

"对名誉的道义"，就是保持自己的名声不受玷污的责任。它包含了一系列的美德，其中有些在西方人看来是互相矛盾的，日本人却认为它们是一致的，因为这些责任不是报恩，不属于"恩的范畴"。这些美德是保持个人的名誉，与曾经受人恩惠无关。因此，其内容包括：严格遵守"各安其所"的繁文缛节，面对疼痛时表现得坚忍不拔，独立维护自己在专业或技能方面的名声。"对名誉的道义"还要求清除诋毁和侮辱。诋毁会玷污良好的声誉，理应彻底清除。有时必须对诋毁自己的人实行报复，有时甚至必须要自尽。这两个极端行为之间还有其他无数种可以实施的方式，但是绝对不能善罢甘休。

我所称的"对名誉的道义"，日语中并没有单独的词语来表达。日本人只是称之为"恩"的范畴之外的"道义"。这只是分类的基础，并不是说对社会的"道义"主要是知恩图报，"对名誉的道义"就着重报复和复仇。西方语言中，这两者分别属于感恩和复仇这两个对立的范畴，日本人却不以为然。为什么一个人对他人善意的反应，或者对他人恶意及轻蔑的反应，不能包含在同一德行中呢？

在日本，人们就是这样认为的。对于受人恩惠或者遭人侮辱，正直的人都会有着同样强烈的感受。无论是哪一种，给予相应的回应都是品德高尚的体现。他们与美国人不同，不会把两者区分开来，一种视为侵犯，另一种视为非侵犯。对日本人来说，侵犯只存在于"道义"范畴之外；只要一个人遵从"道义"，为自己洗刷污名，这个人就不会承担侵犯的罪名。

他只不过是在清算旧账。日本人认为，如果对所受的侮辱、诋毁和失败没有进行清除或者报复，那么"世界就会失去平衡"。正直的人必须尽力恢复世界的平衡，这是人的美德，而不是人性的罪恶。在欧洲历史的某些时期，"对名誉的道义"也曾经是一种西方人的美德，其用法也如日语那样与感激及忠诚连接在一起。在文艺复兴时期，特别是在意大利，它曾经盛极一时，也同古典时期西班牙的el valor Español（西班牙式英勇）以及德国的die Ehre（名誉）有着共同之处。一百多年前欧洲盛行的决斗行为，与此类似。无论是日本还是西方，但凡是盛行这种以洗刷污名为美德的地方，其价值观的核心都是强调超越一切物质意义上的利益。一个人越是为了名誉牺牲自己的财产、家庭甚至生命，越是被看作品德高尚的人。这是道德定义的一部分，也是这些国家所提倡的一种精神价值的基础。这的确让他们遭受了巨大的物质损失，却不能简单地以利害得失来衡量。在这一点上，这种名誉观念与美国人生活中随处可见的激烈的竞争和公开的对抗，形成了鲜明对比。在美国，某些政治和经济交易可以不顾一切，但它是一场为了获得或者保持物质利益的战争。只有极少数例外，如肯塔基山区的世仇争斗，那里盛行名誉至上的观念，也可以归为"对名誉的道义"这个范畴。

但是，在任何文化中，"对名誉的道义"以及伴随而来的敌意和伺机报复，并不是亚洲大陆的典型道德特征，也不是所谓的东方特质。中国人没有这种特质，暹罗人和印度人也同样没有。中国人认为睚眦必报是"小人"的标志——这里的"小"是指道德上的缺失。和日本人不同，中国人不会把这作为理想中高贵品质的一部分。在中国的道德体系中，受到侮辱就使用暴力报复是错误的。他们认为，这种行为过于敏感，极其可笑。他们也不会通过善良和伟大的行为，来证明别人的诋毁是毫无根据的。暹罗人也完全没有这种对侮辱的敏感反应。他们和中国人一样，把诽谤者视为一个可笑的人，而不会认为自己的名誉受到了损害。他们说："让对手暴露其蛮横无理的最佳办法就是退让。"

要完全理解"对名誉的道义"具有怎样的含义，必须全面考虑"道义"在日本所包含的各种非侵略性的德行。复仇只是其特定情景下的德行之一，"道义"还包括其他许多冷静的克制的行为。一个自重的日本人必须要克制自己，这也是"对名誉的道义"的一部分。女人在分娩时不能大声哭喊，男人应该克服疼痛和危险。当洪水来临，淹没日本的村庄时，每一个持重的人都会整理好可带走的必需品，寻找地势高的地方。没有人大呼小叫，没有人四处乱跑，也没有人惊慌失措。当秋分的狂风骤雨侵袭时，日本人也同样自制。这类行为是日本人自尊心的一部分，即使他们无法完全做到。他们认为，美国人的自尊心不要求自我控制。在日本，这种自我控制中还包含了"位高任重"的含义。因此，在封建时代，对武士的要求更高于对平民的要求。对平民的要求即使不那么苛刻，这种德行依然是贯穿于所有阶层的生活准则。如果要求武士能够忍受极端的身体疼痛，就要求平民极其顺从地忍受持刀武士的暴力侵犯。

关于武士的坚忍，流传着很多故事。武士必须克服饥饿，这是不值一提的事。他们受到的训诫是，即使饿得快死了，也要装出一副刚刚吃撑了的样子，还得要用牙签剔牙。正如一句俗谚所说："雏鸟嗷嗷待哺，武士口含牙签。"在刚刚过去的这场战争中，这句话成了所有士兵的箴言。他们不能屈服于疼痛。日本人对此的态度就像小士兵回答拿破仑的问话一样："受伤了？不，陛下，我被打死了。"一个武士到死都不能流露出丝毫痛苦的迹象，他必须坚韧不拔地忍受痛苦。1899年去世的胜伯爵[1]有这样一则故事，他出身于武士家庭，但那时家道中落，一贫如洗。在他还是个小孩的时候，睾丸被狗咬伤了。当医生为他动手术时，他的父亲手执武

---

[1] 胜伯爵，即胜海舟（1823—1899年），日本江户时代末期至明治时代初期政治家，幕府海军创始人，历任外务大丞、兵部大丞、海军大辅、参议兼海军卿及元老院议官等职，与山冈铁舟、高桥泥舟并称"幕末三舟"。——编者注

士刀指着他的鼻子说："只要你哭，我就让你死，以免你受到屈辱。"

"对名誉的道义"还要求人们的生活应该与其身份相符。如果一个人不遵守这种"道义"，他就失去了自尊。德川时代的《奢侈取缔令》，对一个人的吃穿住用都做了繁复的规定。一个自重的日本人必须事无巨细地遵守规定，并视之为自尊的组成部分。这种根据出身阶级制定的法律，会让美国人深恶痛绝。在美国，自尊是与提高自己的地位紧密联系在一起的，一成不变的《奢侈取缔令》无疑是对美国社会基础的否定。德川时代的法律规定，某个阶层的农夫只可以为孩子买某一种玩具娃娃，另一个阶层的农夫只能买另一种玩具娃娃，这让美国人难以想象，无比震惊。在美国，人们用另一种方法就能达到同样的效果。工厂主的孩子可以拥有一套玩具火车，而佃农的孩子有玉米棒制成的娃娃就心满意足了，所有人都认可这样的事实。美国人承认收入的差别，认为这是理所当然的。努力获得一份更高的收入是美国这种自尊系统里的一部分。由收入的高低决定购买哪种玩具娃娃，这并不违背美国人的道德观念。富人当然能够为孩子购买更好的娃娃。在日本，变得富有会受人质疑，安守本分则不会。甚至在今天，无论是穷人还是富人，依然通过遵守等级制度的习俗来确保自己的自尊。这对美国人来说是无法理解的。早在19世纪30年代，法国人托克维尔就在他的著作[1]的前言中指出了这一点。他本人出生于18世纪的法国，尽管他对平等主义的美国给予了好评，但他依然熟悉并热爱贵族的生活方式。用他的话说，美国虽然拥有其特有的诸多美德，但缺少真正的尊严。"真正的尊严总是各安其所、不卑不亢。上至王侯，下至农夫，都是如此。"托克维尔一定能够理解日本人的态度，即认为阶级差异本身并不是一种耻辱。

今天，在对各种文化进行客观研究的时候，人们认识到不同的民族

---

[1]即《论美国的民主》，参见本书第三章有关注释。——译者注

对"真正的尊严"有不同的定义，正如他们对耻辱都有自己不同的定义一样。现在有些美国人叫嚣，只有实行美国的平等主义，日本人才能获得真正的自尊，这其实是犯了种族中心主义的错误。如果这些美国人——像他们所说的那样——希望有"一个自尊的日本"，他们就必须认清日本人自尊的基础。就像托克维尔一样，我们承认这种贵族式的"真正的尊严"正在从现代社会消失，我们坚信另一种不同的也是更好的尊严正在取而代之。毫无疑问，日本也将如此。同时，日本必定会凭借自己而不是美国的基础重建其自尊，也必定会以自己的方式净化自身。

除了安分守己以外，"对名誉的道义"还有许多其他需要履行的责任。借贷的时候，借款人会以"对名誉的道义"发誓。上一代人经常会这样说："如果不能偿还这笔欠款，就叫我在大庭广众下受尽侮辱。"实际上，即使他没有做到，也不会当众受辱。日本没有使人当众受辱的惩罚。但是当新年来临，必须还清所有欠债的时候，无力偿还的负债人可能会用自杀来"洗刷污名"。直到现在，还经常有人在除夕夜自杀，他们用这种方式来挽回自己的名誉。

各行各业都有"对名誉的道义"的相关责任。在特定的情况下，当某人成为众矢之的，备受责难时，日本人的要求经常是匪夷所思的。比如，学校失火，即使校长对火灾完全没有责任，他也会引咎自杀，因为火灾危及到了学校中悬挂的天皇画像。还有老师因为冲进火场抢救天皇画像而被活活烧死。他们用死亡来证明自己"对名誉的道义"的重视，以及对天皇的忠诚。还有一些广为流传的故事，有人在庄严地宣读天皇《教育敕谕》[1]或者《军人敕谕》时发生口误，结果用自杀来洗刷污名。现任天皇

---

[1]《教育敕谕》，是明治天皇 1890 年 10 月颁发的关于国民精神和各级学校教育的诏书。——译者注

在位期间，有人不小心给儿子取名"裕仁"——这是天皇的名字，在日本必须避讳——因而杀死了自己的孩子，然后自尽。

在日本，专业人士"对名誉的道义"的要求是十分严苛的，但又未必是像美国人所理解的那种职业道德标准。当教师说出"出于教师名誉的'道义'，我不能承认自己不知道"时，他其实是在说，即使他不知道青蛙属于哪种动物，他也要装作自己知道。即使英语老师仅凭学校教授的几年英语就去教学，他也不能允许别人来纠正他的错误。对一位教师而言，"对名誉的道义"就是特指这种自我防卫意识。同理，商人出于对商人名誉的"道义"，他们不能让任何人发现他的资产已严重萎缩，也不能让任何人发现自己为公司制定的计划已经失败。外交家在"道义"上也不能承认自己外交方针的失败。所有这些"道义"都是把个人与工作极度关联在一起，任何对个人行为或者能力的批评都自然而然地变成对其本人的批评。

日本人对别人指责自己失败和无能所做出的反应，在美国也屡见不鲜。我们都知道，有些人在受到诋毁时就会怒不可遏。但是，美国人很少有像日本人那样强烈的自我防护意识。如果一位老师不知道青蛙属于什么种类，他认为与其假装知道，不如直接承认，尽管他也有可能掩饰自己的无知。如果一名商人不满意自己以前提出的策略，他会提出另一种全新的方案。他不会认为一贯正确是维持自己的自尊的前提条件，也不认为一旦承认错误就必须辞职或退休。但是在日本，这种自我防护意识已经深入人心。因此，不当面过多地指出某人专业上所犯的错误，这既是一种智慧，也是一种礼仪。

在一个人与别人竞争失败的情况下，日本人的这种敏感表现得尤为明显。比如在应聘过程中别人被优先录用了，又或者是自己在选拔考试中失利了。失败者会为此感到"蒙羞"。这种耻辱感在某些情况下会促使人奋发图强，但更多情况下会让失败者感到沮丧。他会丧失信心，要么变得抑郁萎顿，要么变得怒不可遏，或者两者兼有。他的努力遭受挫败，意志就会消沉。对美国人来说，需要特别注意的是，日本的竞争不会产生在美国的生活体系中那样积极的社会效应。美国人高度依赖竞争，并将其视为一件"好事"。心理测试表明，竞争能够刺激美国人更好地工作，并激励其业绩不断提高。如果没有竞争，只是各自独自完成某项工作时，他们的成绩总是不如竞争中的表现。然而，日本的测试结果则恰恰相反。这一点在少儿期结束之后表现得尤为明显，因为日本的孩子们仅仅把竞争当作游戏，根本不把它当作一回事。在少年和成年人中，一有竞争时，其表现就变得非常糟糕。测试对象在独自工作时，进步明显，失误减少，速度提升。但是，一旦加入竞争对手，他们的失误就开始频频出现，速度也大幅度下降。换言之，用自我标准来衡量进步，而不是与别人进行比较的情况下，他们表现得都很好。日本的实验者们正确地分析了这种竞争环境下导致纪录不佳的原因。他们认为：一旦项目引入竞争，测试对象就开始担心自己被别人比下去，工作因此受到了影响。他们对竞争异常敏感，视其为一种侵犯。于是，他们将注意力集中到与侵犯者的关系上，而不是手中的工作。[1]

接受这种测试的学生，最容易受到因失败而导致名声受损的影响。与教师或商人坚持维护其对职业名誉的"道义"相同，学生们也十分重视对学生名誉的"道义"。在竞争比赛中失利的学生队伍，会沉浸在失败中而感到耻辱——赛艇队员会扑倒在船上，抱着船桨，号啕大哭；棒球队员也会抱成一团，悲痛欲绝。如果是在美国，人们会说这些人经不起失败。在美国人的礼节中，败者应该承认胜者技高一等，并同胜者握手致意。无论谁都不希望失败，但美国人瞧不起那些因为失败而情绪失控的人。

日本人总是想方设法回避竞争。他们的小学把竞争降到几乎没有的地步，这是美国人不可想象的。日本教师得到的指示是教育每个孩子提高自

---

[1] 参见拉迪斯拉斯·法拉戈的《日本人的性格与道德》。——原注

己的成绩，而不能给予他们相互比较的机会。他们的小学没有留级制度，所有的学生一起完成基础教育，又一起升入中学。学生的成绩单上记录的是学生在校的操行，而不是学习成绩。当真正的竞争不可避免时，例如中学的入学考试，孩子们的压力理所当然空前巨大。每个老师都知道一些孩子因为得知考试失利而自杀的故事。

这种尽量减少直接竞争的努力贯穿日本人的整个生活。在一个以"恩"为基础的道德体系中，几乎没有竞争的空间。美国的宗旨则是鼓励竞争，在与同辈人的竞争中取得优异成绩。日本人的等级制度及其相关的详尽规定，都是在尽量避免直接竞争。家族体系也限制竞争，因为从制度上说，日本的父子不像美国那样存在竞争关系；他们可能相互排斥对方，但是不会直接竞争。美国家庭中父子争着使用汽车，为获得妻子／母亲的关心而争执，这让日本人总是带着惊讶的语气进行评论。

在日本，担任调停的中间人无处不在，这是消除两个竞争者的直接对抗的最典型的方法之一。如果一个人因为事情办不成而可能感到耻辱，那么中间人就必不可少。因此，从提亲、求职和离职到安排其他无数日常事务，各种场合都需要中间人，以便向当事双方转达意见。在像婚姻这样重要的事情上，双方都会聘请自己的中间人，由他们先进行细致的磋商，然后再向自己一方的当事人转达。通过这种间接的方式，可以避免双方当事人听到对方的要求和指责；如果直接交流，就可能因为"对名誉的道义"而引起怨恨。中间人也因发挥其重要作用而获得声望，并因其成功的斡旋而赢得社会的尊重。中间人会因此而努力谈判，顺利达成的概率就会大大提高。中间人还以同样的方式，帮助客户打探潜在雇主的看法，或者向雇主转达雇员离职的意向。

对某人名誉的"道义"进行质疑，一定会让人感到羞辱。为了避免这种情况的发生，日本人制定了各种各样的礼节。因此，这些可能引发羞辱的情况被降到了最低，而且远远不限于直接竞争的范围。日本人认为，主人应该衣着考究并用特定的欢迎仪式迎接客人。所以，如果在拜访某个农夫时发现他还穿着工作服，那么客人就不得不等一会儿。农夫不会马上招待客人，直到他换上合适的衣服并准备好相应的礼仪。甚至主人不得不在客人等待的房间里更换衣服时，情形也没有什么不同，在换上得体的衣服前，主人会视若无睹，就像客人不存在一样。同样，在农村，男孩会在夜晚拜访女孩，那时女孩的全家都已熟睡，女孩也已经躺在床上。女孩可以接受，也可以拒绝男孩的求爱，但是男孩必须在脸上蒙上手巾，这样如果他被拒绝，第二天也不会感到羞耻。这种伪装不是为了让女孩认不出他，而是纯粹的掩耳盗铃，以至于日后不必承认自己曾经受到羞辱。日本的礼节还要求，在事情确定成功之前，尽可能地不要引起注意。媒人的职责之一就是在订婚之前安排未来的新郎新娘见面。他们必须想尽办法将见面安排成一次偶遇，因为如果在这个阶段就确定了见面的目的，一旦谈不成，就会危及一方或者双方家庭的名誉。两个年轻人必须由各自的父母或其中一人陪同，媒人充当主人或者女主人的角色。最合适的安排就是在一年一度的菊花展或者观赏樱花时，或在著名的公园里，或在娱乐场所中，让他们"不期而遇"。

通过以上方法以及其他更多的方法，日本人尽力避免可能因失败而带来的羞辱。尽管他们一再强调每个人都有洗刷自己污名的责任，但在实际生活中，他们总是尽量减少受到侮辱的可能。这与太平洋群岛上的许多部落存在显著差异，虽然他们同日本人一样，十分重视洗刷污名。

在新几内亚和美拉尼西亚[1]，以种植为生的原住民中，部落或个人行为的主要动力就是那些必定引起怨恨的侮辱。他们每次举行部落宴会，都必然是这样的——一个村子情绪高涨地数落另一个村子，说他们穷得连十

---

〔1〕美拉尼西亚，太平洋三大岛屿群之一。岛名源自希腊语，意为"黑人群岛"。——译者注

个宾客都无法招待；又如此小气，以至于连芋头和椰子也要藏起来；或者说他们的首领愚蠢无比，就算想要组织宴会也无法办成。然后，被挑拨的村落就大摆筵席，盛情款待所有宾客，以此洗刷污名。婚姻的安排和金钱交易也是以这种方式进行的。即便是作战，在开弓射箭前，双方也要激烈地对骂一番。他们对微不足道的琐事的处理，也好像会引发一场殊死搏斗一样。这种羞辱对采取行动有着巨大的激励作用，这些部落也因此充满活力。但是，没有人会称这些部落为礼仪之邦。

与此相反，日本人则是礼貌待人的典范。正是这种极其明显的礼貌，可以衡量日本人如何避免必须洗清污名的情况出现的能力。他们依旧把受辱引起的愤怒作为获得成功的激励手段，但又尽量减少可能产生怨恨的事态。只有在特定的情形下，或者因为限制受辱的传统手段在压力下失效时，这种积极作用才会发生。毫无疑问，日本能够在东亚称霸，以及在过去这十年间顺利实施对英美战争的策略，这种激励作用做出了巨大贡献。西方人关于日本人对侮辱过度敏感、热衷于复仇的讨论，相较于日本，其实更适用于新几内亚那些善于使用侮辱手段的部落。而且很多西方人对日本战后行为进行了预测，结果与事实相差甚远，因为他们没有认识到"对名誉的道义"在日本所受到的特殊限制。

美国人不应该因为日本人谦逊有礼就低估他们对玷污名誉的敏感。美国人经常随意地评论他人，认为这是一种游戏。我们很难想象得到，在日本，一个随意的评价会引发致命的后果。牧野芳雄是一位日本画家，他在美国出版了一本英文自传，书中生动地描写了日本人在认为自己受到嘲笑后的典型反应。当他撰写自传时，他已经在美国和欧洲度过了大部分的成人时光，但是他对这件事的感受如此强烈，仿佛依然生活在他的家乡——爱知县的乡村里。他的父亲是一个有名望的地主，他是家中幼子，在温馨的环境下长大，备受宠爱。童年快结束的时候，他的母亲去世了，随后父亲也破产了。为了还债，他们不得不变卖了所有的家产。家道中落，牧野没有钱实现自己的抱负。学习英语，就是他的抱负之一。为此他找到附近的教会学校，做了看门人。直到十八岁时，他从未去过周围几个乡镇之外的地方，但他下定决心要去美国。

我拜访了一位曾经我最信任的传教士。我告诉了他我想去美国的心意，希望他能向我提供点有用的信息。但让我大失所望的是，他惊呼道："什么，你想去美国？"

他的妻子也在房间里，两个人一起嘲笑我！那一刻，我感觉自己头部的血液都沉到了脚底！我在原地默默地站了几秒钟，然后我回到了自己的房间，连"再见"也没有说。我告诉自己："一切都结束了。"

第二天一早，我就出走了。现在，我想写下离开的原因。我始终认为，不真诚是这个世界上最大的罪恶，而没有什么比嘲笑更加不真诚的了！

我总是能够谅解别人的愤怒，因为发脾气是人类的本性。如果有人对我说谎，我通常也能原谅他，因为人类的天性是软弱的，很多时候人们没有坚定的意志去面对困难并说出真相。如果有人无中生有，造谣中伤我，我也会原谅他，因为人云亦云，这种诱惑很难抵挡。

甚至对杀人犯，根据实际情况，我也可能会原谅他们。但是，对于嘲笑，我决不原谅。只有故意不真诚的人，才会去嘲笑一个无辜的人。

请允许我给出我对这两个词的定义。杀人犯：杀害他人肉体的人。嘲笑者：杀害他人灵魂和心灵的人。

灵魂和心灵远比肉体珍贵，所以嘲笑是最恶劣的罪行。实际上，那名传教士和他的妻子试图杀害的，正是我的灵魂和心灵。我心中痛苦万分，它在大喊："你们为什么要这么做？"[1]

---

[1] 牧野芳雄，《我的童年》，1912，159—160页，（原文斜体字部分）。——原注

第二天早上，他把自己的所有东西放进一个包袱，离开了那里。

一个身无分文的日本乡村少年想去美国当画家，那个传教士难以置信。这种态度让牧野觉得自己被"杀害"了。他感觉自己的声誉遭到了玷污，只有实现自己的目标才能洗刷污名。在遭受到传教士的嘲笑后，他只能离开那里，并且证明自己有能力到美国去。除此之外，他别无选择。他用"insincerity（不真诚）"这个词来指责传教士，这让我们感到十分奇怪。就美国人对"真诚"的理解，那个传教士的感叹其实相当"真诚"。但作者用的是这个词在日文中的含义，不希望挑起争端却又贬低别人的人是不够真诚的。这种嘲笑充满恶意，是"不真诚"的有力证明。

"甚至对杀人犯，根据实际情况，我也可能会原谅他们。但是，对于嘲笑，我决不原谅。"既然无法"原谅"，那么对待诋毁的唯一可行的反应就是报复。牧野以到达美国的方式洗刷了污名。在日本传统中，当一个人受到侮辱或者诋毁后，复仇是一件等级颇高的"好事"。为西方读者写书的日本人，有时会用生动的比喻来描述日本人对于复仇的态度。新渡户稻造[1]是日本最仁慈的人之一，他在1900年写道："在复仇中有一些东西，能够满足人们的正义感。我们对复仇的感觉就好像数学计算那样精确，直到方程式的两边都相等，我们才不会感觉还有什么事情未完成。"[2]冈仓由三郎[3]在《日本的生活与思维》一书中，将一个日本特有的习俗与之作比较：

许多所谓的日本人的心理特征，都是源于对纯净的热爱，以及相应地对

---

[1]新渡户稻造（1862—1933年），日本农学家、教育家、国际政治活动家，东京女子大学创立者。——编者注

[2]语出《武士道》。——原注

[3]冈仓由三郎，日本语言学家、词典学家和教育家，编撰的《新和英中词典》在日本影响深远。——译者注

污秽的憎恶。除此之外，还能有什么解释？事实上，我们接受的就是这样的教育：当家庭名誉或者国家荣誉受到轻蔑时，就会如我们身上的污秽和伤口一样，污秽不清洗干净，伤口就无法愈合。你可能注意到在日本的公共和私人生活中，经常有仇杀的案件发生，你不妨将它们看作是一个有洁癖的民族进行的一种晨浴习惯。[1]

他接着说，因此日本人"过着纯净不染的生活，像盛开的樱花那样美丽而宁静"。换言之，这种"晨浴"是为了清洗掉别人加在你身上的污秽，只要还有一点黏在身上，就不能说德行高尚。日本人没有这样的道德观：只要自己不觉得受到侮辱，就不算是受辱；只有"自身的行为"才会玷污自己，而不是别人说了什么或者做了什么。

日本的传统不断在公众面前宣扬这种如"晨浴"的复仇理念。无数的事件和英雄故事家喻户晓，其中最著名的是历史故事《四十七士物语》[2]。这些故事被写入教科书，在剧院中演出，改编成现代电影，还出版成流行读物，已经成为日本生活文化的一部分。

在这些故事中，有很多是讲述对偶然失败的敏感。例如，一位大名让他的三个家臣说出一把好刀的锻造者是谁，而他们的意见各不相同。在请来专家鉴定之后，发现只有名古屋山三正确地认出了这是村正锻造的一把宝刀。鉴别错误的另外两人将此视为耻辱，决定要杀了山三。其中一人趁山三熟睡时用山三的刀刺伤了他，但是山三活了下来。谋害他的人从此专事报复，最后终于成功地杀了山三，维护了自己的"道义"。

---

[1] 语出《日本的生活和思维》，17页。——原注
[2]《四十七士物语》，日本民族史诗。参见本书第十章。——编者注

□ 《武士道》封面

《武士道》是由新渡户稻造创作的社会学著作，首次出版于1899年。它是一本研究武士之路的畅销书，许多有影响力的外国人都读过这本书，其中包括西奥多·罗斯福总统、约翰·肯尼迪总统和童子军创始人罗伯特·巴登鲍威尔。

　　还有其他一些故事，讲的是在必要的情况下，可以对自己的主君进行报复。在日本的道德观中，"道义"既意味着家臣对主君的誓死效忠，也同样意味着当家臣感到自己受辱时，就会反目成仇。有关德川第一任将军——德川家康的故事中就有一个很好的例子。德川家康的一个家臣，听到家康这样评价他："他是那种会被喉咙里的鱼刺卡死的家伙。"这是一种诋毁，暗指他将死得毫无尊严。不用说，这是让人无法忍受的诽谤。于是这个家臣发誓，终身不忘这个耻辱。那时德川家康刚刚定都江户，正准备统一全国，但敌对势力仍然存在，情势并不平稳。这个家臣就暗中勾结了敌方领主，愿意作为内应火烧江户。他用这种方式维护了"道义"，报复了家康。西方人对日本人的忠诚的讨论大多不切实际，因为他们没有认识到"道义"并不仅仅只是忠诚，在特定情况下背叛也是一种德行。正如他们所言，"挨打的人会变成叛徒"，受辱也同样如此。

　　历史故事中存在这两个主题：一个是犯错的人向正确的人进行报复，另一个是因受辱而报复，甚至报复的对象是自己的主君。在日本最著名的文学作品中，这两个主题司空见惯，而且被描写得异彩缤纷。但是只要探究一下近代日本的各种传记、小说和生活实录就会发现，无论日本人在传统上多么推崇复仇，在今天的日本，复仇故事同西方国家一样稀少，甚至更为罕见。这并不意味着日本人对名誉的执着有所减弱，而是他们对侮辱和诋毁的反应越来越趋向于防御，而不是进攻。人们依旧将耻辱看得跟以前一样严重，但更多的时候选择了忍气吞声，而不是挑起争斗。明治维新以前，日本法律缺失，为复仇直接攻击的可能性更大。到了近代，有了法律和秩序的严密约束，要管理好相互间息息相关的经济事务也越来越困难，人们不得不注意复仇行为的隐秘性，或者藏在自己的心中。可以私下做手脚来报复自己的仇敌，但是绝不会公开，就像一个古老的故事中所塑造的，主人将粪便混在招待敌人的美味佳肴中，敌人无法察觉，其他人也不知道这一切。但是，即使是这种暗招在今天也很少见了，更多的是将矛头转向自己。当矛头转向自己时，人们会有两种选择：将耻辱当作一种激励，促使自己去实现"不能成"的事；或者让它吞噬自己的心灵。

日本人对失败、诋毁和排斥的脆弱，使他们很容易陷入自我谴责，而不是怨天尤人。过去几十年间，日本小说反复描述了有教养的日本人是怎样沉溺于抑郁寡欢和怒不可遏之间，无法自拔。这些故事的主人公普遍拥有厌倦情绪——厌倦周围生活的一切，厌倦自己的家庭，厌倦城市，厌倦乡村。但这种厌倦不是源自目标遥不可及，而是比之于心目中所构想的远大理想，所有的努力都显得微不足道。这厌倦也不是因为现实和理想的巨大反差。日本人一旦拥有对伟大使命的憧憬，他们的厌倦情绪就会消失。无论这个目标多么遥远，他们也会彻底摒弃厌倦情绪。日本人特有的这种厌倦，是一个民族因过于敏感而罹患的疾病。他们对遭受拒绝感到恐惧，并把这种恐惧埋藏在心里，让自己陷于苦恼之中。日本小说对厌倦心态的描述，与我们熟悉的俄国小说不同。在俄国小说里，现实世界和理想世界的差距是造成主人公所有倦怠生涯的基础。乔治·桑塞姆爵士曾经说过，日本人缺乏这种现实和理想对比的感觉。他不是以此说明日本人拥有厌倦情绪的原因，而是说明他们的人生哲学和基本人生观是怎样形成的。诚然，日本与西方在基本观点上的巨大差异，远远超出了这里所提到的特例，却与日本人备受抑郁困扰的情况有特殊的联系。日本和俄国都是擅长在小说中描写厌倦的国家，这与美国形成了鲜明的对比。美国的小说里很少涉及这类题材。美国的小说家总是将书中人物的苦难归咎于性格上的缺陷，或者残酷世界的打击；他们很少描写简单而纯粹的厌倦。当个人对环境不适应时，美国小说家必然会写出引发的原因和发展的过程，以激起读者从道德上谴责男女主人公的某些缺陷或社会秩序的某些罪恶。日本也有关于无产阶级的小说，抗议城市中令人绝望的经济状况以及商业渔船上的恐怖事件。但是，日本的人物小说所描绘的世界——就像一名作者所说的——人物的情绪总是突然爆发，就好比一阵飘忽的有毒气体。无论是书中人物还是作者，都认为没有必要分析当时的情况或主人公的生平，来解释这团愁云的来源。它说来就来，说走就走，让人无比伤感。传统故事中的主人公用攻击来对付敌人，而现在他们将这种攻击转向自己的内心。对他们来说，抑郁的出现没有明确的缘由。他们也可能会归咎于某件小事，但这些事给人留下的印象很奇怪，即它不过是一种象征而已。

现代日本人对自身采取的最极端的行为就是自杀。根据他们的信条，自杀只要得当，就能够洗刷自己的污名，恢复往昔的名誉。美国人谴责自杀，将其看作对绝望的屈服；日本人则尊崇自杀，认为它是一种高尚的、有意义的行为。在某些情况下，为了名誉的"道义"，自杀是最为光荣的选择。在新年无力还债的人，因某些不幸事件而引咎自杀的官员，因毫无希望的爱情而双双殉情的恋人，为了抗议政府推迟对华战争而自杀的爱国者，他们与考试失败的男孩、避免被俘的士兵一样，都将最终的暴力转向自己。一些日本权威人士认为，在日本这种自杀倾向是新近出现的。是否如此很难判断，但统计数字显示，社会观察家们近年来过高估计了自杀的发生率。从比例上看，19世纪的丹麦和纳粹上台前的德国，其自杀率比日本过去任何时期都高。但是，有一点是不容置疑的，那就是日本人崇尚自杀这一主题。就像美国人大肆渲染犯罪题材一样，日本人大肆宣传自杀题材，感同身受，乐在其中。相比毁灭他人，他们更愿意选择毁灭自己。用培根的话来说，他们让自杀成为最喜欢的"刺激性事件"。人们从谈论自杀事件中获得的某种满足，是其他方式所无法比拟的。

与封建时代的历史故事相比，近代日本的自杀更加自虐。在那些历史故事中，一位武士遵照政府的命令自杀身亡，以避免死于不名誉的处决，如同西方士兵宁愿被枪打死也不愿上敌人的绞刑架，或者为避免落入敌人之手惨遭折磨而自杀。武士被允许"切腹"，就好像遭受耻辱的普鲁士军官有时被允许用手枪秘密自杀。当他意识到自己没有其他方式挽回名誉时，他的上级会在房间的桌上留下一瓶威士忌和一把手枪。对日本武士来说，自杀是此时此刻唯一可选择的方式，死亡是注定的。在现代，自杀是主动选择去死。人们不再去刺杀别人，反而时常把暴力加诸自身。在封建时代，自杀行为是一个人勇气和决心的最终体现，在今天，自杀却成了一种可供选择的自我毁灭方式。在过去的两代人中，每当日本人觉得"世道不公平"，或者"方程的两端"不相等，或者需要通过"晨浴"来洗刷污秽时，他们越来越倾向于毁灭自己，而不是别人。

将自杀当作最终的表达方式为己方赢得胜利，虽然它在封建时代和现代社会都有，但是在今天已经有了方向上的改变。德川时期有一个著名故事，讲的是幕府里有位地位很高的老顾问，他在顾问团全体成员和将军本人都在场的情况下，袒露身体，将刀放在肚子上，准备随时剖腹。这种自杀的威胁持续了一天，最终奏效了，他举荐的人得以继承将军之位。他达到了目的，就不必自杀了。用西方的表达方式来说，这位老顾问依靠胁迫手段赢得了那个位置。但是在现代，这种因抗议而自杀的行为是信念坚定的烈士在殉道，而不是谈判代表用来谈判的手段。自杀一般发生在自己的提

> □ 切腹仪式
>
> 切腹是一种日本自杀仪式。它最初是为武士保留的，但后来也被其他日本人用来为自己或家人保护荣誉。为了不落入敌人手中（并避免可能遭受酷刑）或为了避免对犯有严重罪行的武士判处死刑，武士选择自愿切腹。仪式包括将一把短刀片（传统上是武士刀）插入腹部并从左向右拉动刀片，将腹部切开。如果切割进行得足够深，它可以切断主动脉，导致腹部大量失血，使人迅速死亡。

议失败之后，或者是因为对某些已签署的协议（如《海军裁军条约》[1]）抗议无效，以求名留青史。这时，自杀绝不是一种威胁，而是实实在在的行动，足以影响公众舆论。

当"对名誉的道义"受到威胁，就把攻击的矛头转向自己，这种倾向正在逐渐加强。但是，这并不意味着必然采取自杀这种极端的手段。自我攻击可能仅仅表现为抑郁和消沉，以及在日本知识分子阶层盛行的那种厌世情绪。从社会学角度来讲，厌世情绪之所以在这一特定阶层广泛蔓延，是因为知识分子人数众多，在等级制度中地位还不稳固。他们之中只有一

---

[1]《海军裁军条约》，1930年4月22日，由华盛顿海军条约缔约国——英国、美国、日本、意大利和法国召开伦敦海军军备会议，商议签订《限制和削减海军军备条约》。最终，法国与意大利未参加该条约。该条约有效期至1936年12月31日为止，史称第一次伦敦海军条约。1936年1月，日本宣布退出该条约。1936年3月25日，美国、英国和法国签署了新的《限制海军军备条约》。意大利依然未参加该条约。该条约有效期至1942年12月31日止，史称第二次伦敦海军条约。——译者注

小部分人能够实现自己的抱负。在20世纪30年代，他们更加脆弱，因为当局害怕他们带着"危险的思想"，对他们很是怀疑。日本知识分子通常将自己的抑郁归咎于欧化带来的混乱，但是这种解释不够深入。日本人典型的情绪波动是从强烈的献身精神变成强烈的厌倦情绪，这一传统让许多日本知识分子备受折磨。20世纪30年代中，他们中的许多人通过传统方式来摆脱这种厌倦情绪：他们接受了民族主义的目标，再次将攻击的矛头从自身转向外界。通过对外的极权主义侵略，他们终于再次"找到自我"。他们摆脱了不愉快的情绪，感受到内心有一股全新的巨大力量。他们知道，在处理自己的人际关系时做不到这一点，作为一个征服者却能够做到。

现在，战争的结果证明这种信念是错误的。消沉再次成为日本人的一种巨大的心理威胁。无论日本人的意愿如何，他们总是无法轻松克服这种情绪。心理威胁已深入人心。"再也不用担心炸弹了，"东京的一位日本人这样说道，"这真是一种解脱。但是，我们不打仗了，生活也失去了目标。每个人都很茫然，心不在焉。我是这样，我的妻子也是这样，所有的日本人就像住院的病人一样，做什么事都慢慢吞吞，茫然无措。人们抱怨政府对战后的清理和救援工作进展太慢，但我认为那是因为政府官员的感觉和我们一样。" 日本这种精神萎靡的状态，其危险与法国解放后的情况一样。在德国，投降后的最初半年到八个月里，就没有这样的问题。日本却不然。美国人能够理解这种反应，但让他们不敢相信的是，日本人竟然对战胜者的态度极度友好。几乎战争刚一结束，美国人就意识到日本民众接受了战败及其所有后果，并且是以极端友好的态度对待这一切。他们用鞠躬微笑来欢迎美国人，挥手致意，大声欢呼。这些人既不抑郁，也不愤怒。用天皇宣布投降时的话来说，他们"接受了不可能接受的结果"。那么，这些人为何不重建家园呢？根据占领条件，他们完全有机会这么做。占领军并没有驻扎在每个村落，行政权力也仍然掌握在他们自己手中。整个国家似乎都在微笑着挥手致意，却将自己的事务置之不顾。然而，正是这个国家，在明治早期实现了复兴的奇迹，在20世纪30年代倾注充沛的精力准备军事扩张，它的士兵在整个太平洋地区奋不顾身，一个岛接一个岛地拼死战斗。

这的确是同一个民族。他们的反应是与其本性相一致的。他们的情绪在奋发努力和消磨时光之间摇摆，这是再自然不过的事。此刻，日本人关注的是如何在战败的情况下维持自己良好的声誉，他们认为表示友好就能实现这一目的。他们据此推断出一个结论：依附美国就能获得安全。因此，他们轻易地认为，努力会招来怀疑，还是消磨时光更稳妥。于是，消沉的情绪就蔓延开来。

但是，日本人并不喜欢消沉。"从消沉中奋发而起"，"将别人从消沉中唤醒"，这些就是日本常见的号召大家改善生活的口号。甚至在战时，这些话也是电台里时常播放的内容。他们以自己的方式同消极态度做斗争。1946年春天，日本的报纸连篇累牍地提及日本名誉遭受的玷污：轰炸后的废墟还没有清理完毕，某些公共事业还没有得到恢复，"我们正处于全世界的瞩目之下"。媒体还抱怨那些无家可归的家庭，指责他们态度消沉，聚集在火车站过夜，让美国人看到了他们的惨状。日本人对这种唤醒他们的名誉心的呼吁是能够理解的。他们也希望做出最大的努力，以便将来能够为日本在联合国里赢得一席之地。这也是为了名誉而努力，但方向则焕然一新了。如果未来大国之间实现了和平，日本就可以通过这种方式赢回自尊。

名誉是日本人永恒的追求。这是赢得尊敬的必要条件。为了实现这一目标所采取的手段，则可以随情况的变化而改变。一旦情况有变，日本人就会转变态度，重新踏上新的道路。不同于西方人，变化立场对他们来说并不是道德问题。西方人追求的是"原则"及意识形态上的信念，即使失败了，立场也不改变。欧洲在战败之后，人们都团结起来，到处组织地下反抗活动。在日本，除了少数极端顽固分子，绝大多数的日本人认为没有必要对美国的占领军采取抵抗运动或者组织地下反抗活动。他们不认为有坚持旧的道德的必要。从占领的第一个月起，美国人即便是独自一人，也可以安全地搭乘拥挤的火车去日本的偏远乡下游历，还会受到官员们的礼貌接待，尽管这些官员曾经可能都是民族主义者。时至今日，没有发生过一起复仇行为。当美国人的吉普车从乡村穿过时，孩子们夹道用英语高呼"你好"和"再见"。婴儿太小无法自己挥手，母亲就会摇动他们的小手向美国士兵致意。

日本人战败后的这种彻底转变，美国人很难理解。这是他们无法做到的。对美国人来说，相比战俘营中日本战俘的态度转变，这是更加难以理解的。因为战俘认为，对日本来说，自己已经死了，而"死人"会做什么谁也无法知道。在了解日本的西方人中，几乎没有人能够预见到，与战俘态度转变相同的变化在战败后的日本也会发生。大部分人认为日本"只知胜败"，失败对他们而言是奇耻大辱，必然会铤而走险持续不断地报复。有些人甚至相信，日本的民族特性会导致他们无法接受任何媾和条款。其实，这些研究日本的学者都没有真正理解"道义"。从维护名誉的可选择的手段中，他们只挑选了复仇和侵略性这两种显著的传统方式，而没有考虑到日本人另辟蹊径的习惯。他们将日本攻击性的道德观与欧洲模式混为一谈。根据欧洲模式，任何个人或国家要战斗，必须先确信战斗的理由是永远正义的，并从憎恨和义愤中汲取力量。

日本人以不同的方式获得侵略行为的理由。他们迫切需要全世界的尊敬。他们看到强大的国家通过武力赢得尊敬，从而开始走上相同的道路。由于资源匮乏，技术落后，他们不得不采取比希律王[1]更残暴的手段。他

---

[1] 希律王，犹太统治者（前37年至前4年在位），以残暴而闻名于世。耶稣诞生那一天，为了防范这位未来的"犹太王"，希律王在四处寻找不得时，竟下令在一夜间将伯利恒全城及周边两岁以下的男孩全部杀死。——编者注

们付出了巨大的努力，但结果还是归于失败，这就意味着对他们来说侵略不是最终获得名誉的途径。"道义"总是同等地意味着进行侵略和遵守互敬互重的关系。因此，战败后的日本人从前者转向了后者，而且没有任何的心理挣扎。他们的目的仍然是维护名誉。

在日本历史的其他场合中，他们也曾有过类似行为，这让西方人感到十分困惑。1862年，日本结束了漫长的封建锁国。在这帷幕刚刚拉起的时候，一位名叫理查德森的英国人在萨摩藩被杀害[1]。萨摩藩是攘夷运动的发源地，萨摩武士是公认的全日本最傲慢、最好战的武士。英国派远征军讨伐，轰炸了萨摩的重要港口鹿儿岛。虽然在整个德川时期，日本人一直在制造火器，但是他们只是仿造旧式的葡萄牙枪炮，鹿儿岛自然不是英国军舰的对手。但这次狂轰滥炸的结果却令人惊讶，萨摩藩没有向英国誓死报复，而是寻求与之建立友谊。他们目睹了对手的强大，试图向对手学习。于是他们与英国建立了贸易关系，并于第二年在萨摩建立了一所学校[2]。根据当时一位日本人的描述，在这所学校里，"教授的是西方科学和知识的奥秘……由'生麦事件'而引发的友谊在不断发展"。[3]"生麦事件"就是指英国讨伐萨摩和炮轰鹿儿岛事件。

这并不是一个孤立的事例。另一个与萨摩藩不相上下，同样以好战和排外著称的是长州藩。两个藩都是提倡天皇复辟的领导者。没有正式权力

---

[1] 即"生麦事件"。1862年8月，萨摩藩武士在横滨附近的生麦村肇事，以英国人挡道为由，砍死欲横穿队列的理查德森，并砍伤其同行二人。事件发生后，英国政府向幕府及萨摩藩提出强烈抗议，要求惩办凶手，赔偿损失，并于次年派舰队炮轰了萨摩藩。挑起事端的是萨摩藩武士，作者因此误以为发生在萨摩。——译者注

[2] 即开成所，成立于1863年，是幕府的洋学机构。1877年，与其他机构组成东京大学。——译者注

[3] 参见赫伯特·诺曼《日本近代国家的诞生》，44—45页。——原注

的天皇宫廷曾颁布敕令，命令将军在1863年5月11日之前将所有的夷狄赶出日本本土。幕府将军无视这道命令，长州藩却没有等闲视之。它从要塞里向穿越下关海峡的西方商船开了炮。日本的枪炮和火药太过落后，无法对商船造成伤害。但是，为了给长州藩一个教训，一支西方各国的联合舰队很快摧毁了那些要塞。尽管西方列强要求三百万美元的赔偿，轰炸的结果如萨摩一样让人感到奇怪。正如诺曼在论及萨摩和长州事件时所说："这些攘夷派领袖们做出了完全的转变，无论其背后有着多么复杂的动机，这种行为都表现出了现实主义和沉着镇定的态度，这不得不让人表示敬佩。"[1]

这种随机应变的现实主义是日本"对名誉的道义"的光明面。"道义"就像月亮一样，有光明的一面，也有阴暗的一面。其阴暗面使日本将美国的《限制移民法案》和《海军裁军条约》视为国耻，进而驱使他们推行了灾难性的战争计划。其光明面又使日本能够在1945年善意地接受投降的后果。日本仍然是依其本性行事。

近代的日本作家和评论家从"道义"所包含的责任中筛选出一部分内容，并介绍给西方人，称之为"武士道"，字面意思为"武士的道路"。这种说法造成了一定的误解，而且有很多原因。"武士道"是近代才出现的正式用语，其背后没有"迫于道义""完全出于道义"和"为道义竭尽全力"这类说法所拥有的深厚民族感情，也没有包括"道义"所具有的复杂性和矛盾性。它只是评论家们臆造的产物。除此之外，它还曾变成民族主义者和军国主义者的口号，并随着他们的倒台而受到质疑。但这并不意味着日本人从此不再"讲道义"。对西方人来说，现在理解"道义"在日本的含义，比之前任何时候都更为重要。将"武士道"等同于武士阶级也

---

[1] 参见赫伯特·诺曼《日本近代国家的诞生》，45页。——原注

是误解的来源之一。"道义"是所有阶级共有的美德。与日本的其他责任及规矩一样，社会地位越高，"道义"就越沉重。但是，即便日本人认为"道义"对武士来说更为沉重，也同时会要求所有社会阶层都要履行"道义"。外国观察家则可能认为，"道义"对平民的要求最高，因为他们所得到的回报更少。对日本人来说，只要他在自己的圈子里获得尊敬，他就获得了足够多的回报；而且，"一个不讲道义的人"始终是一个"令人讨厌的坏蛋"。他将遭到同伴的鄙视和排斥。

第九章　人情的范畴

日本这种道德准则，要求对义务的极度偿还和严苛的自我克制，似乎理所当然地认为个人欲望是必须从内心深处拔除的罪恶。这是典型的佛教教义。但是，日本人对感官享受如此宽容，就更加令人奇怪了。虽然日本是世界佛教大国之一，但它的道德观念却与释迦牟尼以及佛经的教诲形成了明显的对立。日本人并不谴责满足私欲，他们不是清教徒。他们认为肉体的欢愉是合理的，是值得培养的。日本人追求并重视享受，但是享受要有分寸，不能影响生活中重要的事情。

这种道德准则使日本人的生活总是处于高度紧张的状态之中。对于日本人接受感官享受所产生的一系列后果，印度人远比美国人更容易理解。美国人认为享乐不需要通过学习；一个人拒绝沉迷于感官上的愉悦，是因为他在抗拒人所共知的诱惑。实际上，享乐如同责任一样，是需要学习的。在很多文化中，是没有人教授如何享乐的，人们更容易让自己专注于自我牺牲的责任。甚至男女之间身体的吸引有时也要被限制，以免威胁到家庭生活的平稳运行。在这些国家中，家庭生活是建立在其他考虑事项的基础之上的。日本人着力培养身体上的享受，然后又建立准则限制人们沉湎于这些享受，这让他们的生活陷入困境。他们培育身体上的享受，就像创造精美的艺术一样；而在尽情享受之后，又要为履行责任而牺牲享乐。

泡热水澡是日本人最钟爱的肉体享受之一。无论是最贫穷的农民，还是最吝啬的仆人，都与腰缠万贯的贵族一样，每天傍晚浸泡在滚烫的热水中已经成为一种生活习惯。木桶是最常见的浴盆，下面烧着炭火，让水温保持在华氏110度甚至更高。人们在入浴之前要先将全身都冲洗干净，然后再尽情享受泡澡带来的温暖和放松。他们坐在浴桶中，如同胎儿那样蜷起膝盖，让水漫到下巴。虽然日本人重视每天的沐浴，同美国人一样是为了清洁，但是他们更让这一行为变成了一种沉浸其中的优雅艺术。这是世界上其他国家的沐浴习惯都很难模仿的。日本人说，一个人的年纪越大，这种感觉就越是强烈。

日本人想尽办法来减少沐浴的花费和手续，但是泡澡必不可少。城市和乡镇都有像游泳池那么大的公共浴池，人们可以去那里泡澡，并且和旁边偶遇的人聊天。在农村，妇女们会在院子里准备洗澡水，供家人轮流入浴——在日本，沐浴时并不忌讳别人的注视。所有家庭的入浴都要遵照严格的次序，上等人家也不例外——首先是客人，然后是祖父、父亲及长子，依次类推，直到家庭地位最低下的仆人。他们出浴时浑身红得像煮熟的龙虾，然后一家人聚在一起，在晚餐前享受这一天中最放松的时刻。

就像热水澡是一种备受欢迎的享受一样，他们也非常重视最极端的传统"强身"方式——冷水浴。这种习惯通常被称为"寒稽古"[1]（冬炼）或者"水垢离"（冷水浴苦修），现在依然盛行，但与传统方式已经不一样了。从前，必须在拂晓前出门，坐在冰冷的山涧瀑布之下。即使是在冬夜没有取暖设施的日式房子中用冰冷的水浇在身上，也是不可忽视的苦修。珀西瓦尔·洛厄尔[2]曾经描述过存在于19世纪90年代的这种习俗。有人渴望获得治疗疾病或者预言的特殊能力——但他们后来没有成为僧侣或神官——他们会在就寝前做一遍"水垢离"，并在凌晨两点"众神沐浴"之

---

〔1〕寒稽古（かんげいこ），冬季耐寒练习。日本自古以来的一种修行方法。——译者注
〔2〕珀西瓦尔·洛厄尔（1855—1916年），美国天文学家。——原注

时再做一遍。清晨起床后，以及在中午和晚上，他们还要重复做一遍。

在认真学习乐器或者准备从事世俗工作的那些人中，黎明前的苦修尤其受欢迎。为了磨炼自己，他们可以让自己暴露在严寒之中。据说孩子练习书法，以练到手指麻木、双手长满冻疮为荣。现代的日本小学里没有取暖设施，这一点意义重大，因为它能够让孩子们变得坚强，以面对日后生活的艰辛。西方人则对日本的孩子们在寒冬鼻涕长流的印象更加深刻，他们知道日本的这种习俗无法预防伤风感冒。

睡觉是日本人钟爱的另一种嗜好，也是日本人最娴熟的技艺之一。不管以什么姿势，甚至是在我们认为完全不可能的场合，他们都能完全放松地睡觉，睡得非常舒适。这让许多研究日本的学者备感惊讶。美国人几乎是将失眠等同于精神紧张。根据我们的标准，日本人的性格是处于高度紧张状态的，但是他们能像小孩子那样拥有良好的睡眠。日本人的就寝时间很早，这在其他东方国家中都很罕见。村民们日落后就早早入睡了，他们可不是像美国人那样为了翌日养精蓄锐，因为他们根本没有这样的考虑。一个非常了解日本人的西方人这样写道："当你来到日本，就必须停止这种想法——今晚的休息和睡眠是为了明天的工作。人们必须将睡觉同解除疲劳、休息以及调养放松等问题区分开来考虑。"与一项工作建议相似，睡觉也应该"自成一体，与任何事乃至生存与死亡都毫无关系"。[1]美国人习惯性地认为睡觉是为了维持精力。每天早上醒来，大多数人的第一个念头就是计算晚上睡了几个小时。睡眠的长度能够告诉他们在一天中能够拥有多少精力和效率。日本人睡觉与此无关。他们就是喜欢睡觉，只要周围干净，他们就会欣然入睡。

同样，他们也能够毫不留情地牺牲睡眠。准备考试的学生夜以继日地

---

[1] 参见沃特森·W.皮特瑞的《日本的未来》。——原注

第九章　人情的范畴 | 145

复习，完全没有考虑睡觉能够帮助他在考试中发挥得更好。在军队的训练中，睡觉简直就是遵守纪律的牺牲品。1934—1935年，哈罗德·杜德上校曾服务于日本陆军，他提到了一次与手岛大尉的对话。在和平时期的演习中，部队"连续三天两夜急行军，除了在十分钟的小憩和短暂的间歇中可以打个盹之外，完全没有时间睡觉。士兵们有时候边走边打瞌睡。有个少尉睡得太熟，直接撞到路边的木堆上，引起一片哄笑"。即使终于到达了营地，士兵们还是没有机会睡觉，他们都被派去站岗和巡逻。"'为什么不让一部分人睡觉呢？'我问道。'哦，不行！'他回答，'这没必要。他们已经知道怎么在行军中睡觉。他们所需要训练的，是如何一直不睡而保持头脑清醒。'"[1]简而言之，这就是日本人的观点。

同保暖和睡眠一样，吃饭既是一种可以自由放松的美妙享受，也是一种使人变得坚韧的强力训练。闲暇之余，日本人习惯沉浸于品尝佳肴的过程之中。依次端上来的每一道菜，分量都很少。他们一边称赞菜肴的味道，一边对其品相赞不绝口。但是，纪律也是被强调的。埃克斯坦曾这样引用一位日本农民的话："快吃快拉，就是日本最崇高的品德之一。"[2]"人们并不认为吃饭是一件了不得的大事……吃饭只是维持生命的需要，因此应该尽量缩减吃饭的时间。对于孩子们，特别是男孩，日本人鼓励他们吃得越快越好，而不是像欧洲那样，鼓励孩子慢慢吃。"[3]寺院里的僧众要遵守戒律。在饭前祷告中，他们要求自己记住食物就是药品，意思是苦修之人不应将吃饭视为一种享受，而只是延续生命的一种需要。

按照日本人的观点，强迫禁食是测试一个人意志是否坚强的绝佳方

---

[1] 引文见《日军如何作战》，原载《步兵杂志》（1942年），54—55页。——原注

[2] 参见埃克斯坦的《日本在和平中孕育战争》，153页。——原注

[3] 参见野原驹吉的《日本的真实面貌》，140页。——原注

式。就像放弃保暖和睡眠一样，断食也证明一个人能够"承受苦难"，而且要像武士那样"嘴里叼着牙签"。一个人能经受住没有食物的考验，他的体力就不会因缺少热量和维生素而降低，反而会因为精神上的胜利而得到提高。美国人认为的营养与体力之间一一对应的基本原理，日本人从不认可。因此，在战时，东京广播电台会向防空洞里的人们宣传，做体操可以使饥饿的人重新变得强壮和精力充沛。

浪漫的爱情是日本人所培养的另一种"人之常情"。虽然它与日本人的婚姻形式和家庭责任相抵触，却在日本极其盛行。如同法国文学作品一样，日本的小说里充满了浪漫的爱情，其主人公都是已婚人士。日本人最喜欢阅读和讨论男女主人公双双殉情的作品。11世纪的《源氏物语》[1]是一部以浪漫爱情为题材的杰出小说，足以媲美世界上任何国家的任何伟大小说。此外，封建时代的藩主和武士的爱情故事也同样富有这种浪漫气息。这也是当代日本小说的主题。这与中国文学存在着巨大的差异。中国人压抑浪漫爱情和性爱享受，为自己免除了很多麻烦，他们的家庭生活也因此非常平稳和谐。

在这一点上，美国人理解日本人相比理解中国人显然更容易。但是，这种理解也是非常肤浅的。对于享受性爱，美国人有很多忌讳，日本人却没有。在这个领域，日本人没有伦理道德可言，美国人则有。他们认为，与任何其他"人之常情"一样，只要把性生活放在人生的次要位置上，就是完全有益于身心健康。既然是"人之常情"，那就没有什么罪恶，就没有必要对性的享受讲究伦理道德。美国人和英国人将日本人珍藏的一些画

---

[1]《源氏物语》，是日本平安时代的女作家紫式部创作的一部长篇小说，以日本平安王朝全盛时期为背景，描写了主人公源氏的生活经历和爱情故事。它不仅对日本文学的发展产生过巨大影响，在世界文学史上也占有重要地位。——编者注

□ 《源氏物语》绘卷

《源氏物语》是11世纪初女作家紫式部撰写的日本文学经典作品。这部作品用古老的语言写成，是对平安时期高级朝臣的生活方式的独特描绘，诗意和隐晦的风格使得普通日本人在没有专门学习的情况下难以理解。20世纪初，《源氏物语》已被诗人与谢野晶子翻译成现代日语，以飨读者。

册当作淫秽物品，并且将艺伎和妓女聚集的吉原地区看作是可怕的地方，日本人对此一直有不同看法。在与西方人接触之初，日本人就对外界批评非常敏感，为此还制定法律以使他们的习俗更加符合西方标准。但是文化上的差异，没有任何法律标准可以完全消除。

有教养的日本人清楚地意识到，某些他们觉得无伤大雅的事情，在英国人和美国人眼里却是不道德和淫秽的。但是他们完全没有意识到，美国人的传统态度和日本人的生存信条之间存在着巨大的鸿沟。日本人认为，"人之常情"不应该侵扰人生大事。这正是美国人无法理解日本人对爱与性享受的态度的主要原因。他们将属于妻子的范畴与属于性享受的范畴划分开来，将这两者都同样正大光明地公开出来。在美国人的生活中，这两者是无法区分开的，其中一个男人认为可以公之于众，另一个则认为应该掩人耳目。之所以要区分这两者，是因为一个属于男人的主要责任领域，另一个则属于无关紧要的次要领域。这种"各安其所"的划分方法将每个领域区分开来，不但适用于家庭中的理想父亲，还适用于流连花丛的花花公子。日本人没有树立美国人那样的观念：将爱情和婚姻视为一体。美国人认为爱情恰恰是一个人选择配偶的基础，"坠入爱河"是结婚的最好理由。婚后丈夫与其他女人发生肉体关系，就是对妻子的羞辱，因为他将理应属于妻子的东西给了别人。日本人对此有不同看法。在选择配偶时，年轻人要服从父母的安排，盲婚盲嫁。在与妻子相处时，他必须遵守大量的礼节。即使在互相忍让的家庭生活中，孩子们也看不到父母之间有丝毫亲热的举动。正如一位当代的日本人在一本杂志里所说："在这个国家里，婚姻的真正目的是生儿育女、传宗接代。任何其他不同的目的，都只是对这一真谛的曲解。"

但是，这并不意味着男人一直规规矩矩地生活就是保持德行。只要经济上负担得起，他就会包养一个情妇。与中国完全不同的是，他并不会将自己喜爱的女人算作家庭的一员。如果他那样做了，就会混淆生活中本应区分开的两个领域。那个女人可能是一位艺伎，她在音乐、舞蹈、按摩和其他待客技艺方面都受到过精心的调教；也可能，她只是一个妓女。无论是哪种情况，他都会与这个女人的雇主签订契约，以保障女人不被抛弃，并且获得一定经济上的回报。他会将女人安置在属于她自己的住所。只有在极少数的情况下，当这个女人有了一个孩子，并且男人希望将这个孩子和自己的子女一起抚养时，男人才会将情妇带回家，但不是纳为妾室，而是以仆人的身份住下来。这个孩子称男人的合法妻子为"母亲"，生母和孩子之间的关系则得不到承认。因此，以中国传统模式为代表的东方式的一夫多妻制，在日本根本行不通。日本人甚至将家庭责任和"人之常情"在空间上也隔离开来。

只有上层阶级的人才有钱包养情妇，大多数男人只能隔三岔五拜访艺伎或者妓女。这种行为丝毫不用偷偷摸摸。男人的妻子或许会给他梳洗打扮，为他夜出寻欢做准备。他到访的妓院可以将账单送到他的妻子那里，而妻子会理所当然地付账。即便妻子为此不高兴，她也只能自己烦恼。到艺伎馆的花费比找一个妓女更高，但是这并不包含与艺伎发生性行为的权利。他所能享受的是——训练有素的女孩子身着盛装、举止合宜的热情款待。为了结交某一个特定的艺伎，这个男人就必须成为她的恩客，并且签下确认她做自己情妇的协议；或者依靠自己的魅力征服她，使她自愿投怀送抱。当然，男人整夜与艺伎在一起，也绝不排除情欲之事。她们的舞蹈、应答、歌曲以及仪态，都富有传统的挑逗成分，并处心积虑地展现出上层社会的妻子们所不能表露的风情。她们属于"人之常情"的领域，能够给予处在"孝道"领域的男人们以慰藉。只要将两个领域区分开来，男人们没有理由不沉浸其中。

妓女生活在领有营业执照的妓院里。一个男人在与艺伎共度一晚之后，如果仍未尽兴，就可以去找妓女。妓女的花费低，囊中羞涩的男人不得不放弃艺伎，以这种方式来放松自己。妓院外面挂着妓女的照片，男人们通常花费很长时间公开审视照片，做出选择。妓女的社会地位十分低下，不能像艺伎那样处于行业顶端。她们大多是穷苦人家的女儿，为生活所迫而被家人卖入妓院，没有受过艺伎那样的训练，不懂艺术。在早些时候，妓女们会面无表情地坐在客人面前，以供客人挑选。直到日本人意识到西方人反对这种风俗后，才将其废除，改用她们的照片来替代。

如果一个妓女被某个男人看上了，他会与妓院签订协议，成为这个妓女唯一的恩客，而妓女就变成他所包养的情妇。这是受到协议条款保护的。然而，男人可以不必签订协议，就把女服务员或女售货员纳为情妇。这些"自愿情妇"是最没有保障的。恰恰是她们，大多深爱着这些男人，却被排除在任何受承认的责任范畴之外。美国人的小说和诗歌中，有描写被爱人抛弃的年轻女子"婴儿绕膝"的悲伤情节，日本人读到这里时，就会将这些未婚生子的母亲看作是他们国家的"自愿情妇"。

同性恋也是传统"人之常情"的一部分。在旧时代的日本，同性恋是像武士和神职人员这样高等身份的人才能享受的乐趣。明治时期，日本为了赢得西方人的赞同，将许多旧习俗确定为非法，亦规定同性恋者要依法惩处。然而，它至今仍然属于那些不应以道德态度对待的"人之常情"之一。但是，同性恋必须限制在适合的范围内，并保证不影响到传宗接代。所以，日本人不用担心，尽管一个男人可以成为专业男艺伎，也不会像西方人所说的那样，有"变成"一个同性恋的危险。对于美国竟然有成年人主动充当同性恋的被动方，日本人尤其感到震惊。在日本，成年男子会主动寻找少年做自己的同性恋对象，因为他认为扮演被动角色是丧失尊严的事。对于一个男人，什么事情可以去做而又保持尊严，日本人是有一定界限的，虽然这与美国人的界限不同。

日本人同样也不会认为自慰是不道德的。没有哪个民族像日本那样，拥有那么多的自慰器具。在这一领域，日本人也试图通过消除某些太惹人注目的器具来阻止西方国家的谴责。但是，他们并不认为这些器具与罪恶有关。西方人强烈反对手淫，大部分欧洲国家反对手淫的态度比美国还强烈。这一点在我们长大之前就已经深深地印在每个人的意识之中。男孩被悄声告诫，手淫会让人发疯或者秃顶。母亲在儿子还是幼童时就开始留意，一旦发现类似迹象就会对其严加训斥，并且进行体罚。母亲甚至还会将孩子的手绑起来，或者告诉他上帝会惩罚他。日本的幼童和少年就没有这样的经历，长大成人后也不会抱有美国人的那种态度。自慰在日本人看来是一种纯粹的享受，不存在任何罪恶，只要将其放在高雅生活之下的次要位置，就可以充分控制它。

酗酒是另一种被许可的"人之常情"。在日本人看来，美国人完全禁酒的保证是西方的怪行奇想之一。对美国人在地方上发起投票表决是否在当地禁酒，日本人也持同样的看法。饮酒是一种享受，正常人都不会拒绝。但是酒精也属于小消遣，头脑正常的人是不会沉迷其中的。按照他们的思维方式，就像不用担心一个人"变成"同性恋一样，也不用担心他"变成"一个醉鬼。确实，酗酒成瘾在日本并没有形成一个社会问题。饮酒是一种令人愉悦的消遣，当一个人喝醉时，无论是他的家人还是公众都不会厌恶他。他不会胡作非为，也没有人认为他会暴打自己的孩子。大哭一阵是最常见的，放浪形骸也比较普遍。在城市的酒肆中，人们更喜欢坐在彼此的腿上。

老派日本人将饮酒和吃饭严格地区分开来。农村的酒筵上，谁一开口吃饭，那就意味着他停止饮酒了。他已经进入了另一个"范畴"，这两者是必须截然分开的。在家里，他可以饭后再饮酒，但不会边吃饭边饮酒。他要让自己轮流享受一个接一个的乐趣。

日本人的这些"人之常情"的观点，产生了一系列的后果。它彻底推翻了西方哲学中，关于肉体和精神这两种力量在每个人的一生中为占据主导地位而不断争斗的观点。在日本的哲学思想中，肉体并不是罪恶的，享受合理的肉体快乐也不是犯罪。精神和肉体并不是宇宙中相互对抗的力量，这一信条也把日本人引向一个合乎逻辑的结论：这个世界并不是善与恶的战场。乔治·桑塞姆爵士曾写道："纵观整个日本历史，日本人似乎在一定程度上没有辨识恶的能力，或许是他们拒绝抓住这一问题。"[1]事实上，日本人一直拒绝将恶看作是人生观的一个方面。他们相信人具有两种灵魂，但不是相互争斗的善意和恶意，而是"温柔"的灵魂和"粗暴"的灵魂。每个人的——甚至每个国家的——生活都有应该"温柔"的时候和应该"粗暴"的时候，并不是一个灵魂注定属于地狱，一个灵魂注定属于天堂。这两者都是必需的，并且在不同的场合下都是善的。

甚至他们的神也同样明显地具有善恶共存的特征。素盏鸣尊[2]是日本最受欢迎的神。他是"迅猛的男神"，也是天照大神的弟弟。他对姐姐做出常人无法容忍的粗暴行为，这在西方神话中可能被当作魔鬼。天照大神

---

〔1〕参见《日本文化简史》，51页。——原注

〔2〕素盏鸣尊，是日本神话《古事记》中的三位主神之一。是父神伊邪那岐净身时诞生的第三位神（第一位是天照大神，第二位是月读命），又名建速须佐之男。——编者注

怀疑他接近自己的动机，试图将他赶出房间。他放肆地将粪便洒在姐姐的餐厅中，当时天照大神正在同信众一起庆祝尝新祭[1]。他毁坏了田埂——这可是一项危害极大的罪行。尤其严重的是——也是西方人最无法理解的——他在姐姐的卧室顶上挖了一个洞，将一匹"倒剥了皮"的花斑马扔进去。因为这些恶行，素盏鸣尊受到了众神的审判，被处以重刑，从天堂放逐到"黑暗之国"[2]。但是，在日本诸神中，他依然是最受欢迎的神明，不断获得人们的崇拜。这种性格的神明在世界神话中也常见，但在道德要求更高的宗教领域，这些神是会遭到排斥的，因为将超自然的存在分为黑白分明的两个集团，更加符合宇宙充满善恶之争的哲学观。

日本人总是非常明确地否认德行中包含着与邪恶的斗争。正如几个世纪以来，他们的哲学家和宗教学家不断宣称的那样，这种道德准则不适合日本。他们扬言这恰好证明了日本民族在道德上的优越性。他们说，中国不得不制定一套崇尚"仁"的道德准则，代表公正和仁慈，并将之作为绝对标准。通过这种标准，就能够发现在这方面有缺陷的人们，其行为的不足之处。"这套道德准则对中国人是好的，因为他们的劣根性需要这种人为的手段加以约束。"18世纪伟大的神道家本居宣长[3]如此写道。近代的佛教大师和民族主义领袖，也就这一主题著书立说或者发表言论。他们说，日本人本性纯良，备受信赖。日本人不必同自己身上恶的一面做斗

---

[1]尝新祭，一种新谷登场后祭祀神灵及先祖的仪式，后来发展成为日本的法定假日（11月23日），被视为日本的劳动节。每年的这一天，日本天皇会举行仪式，将新收获的五谷奉祭天地众神，对当年度的农产收获表示感谢。除了皇室庆典，全国各处神社也会举行庆祝活动。——译者注

[2]黑暗之国，即根之国，与常世之国对应。一说与黄泉国是同一个地方，一说位于海的彼方或海底下的地方。——译者注

[3]本居宣长（1730—1801年），日本江户时期，复古国学的集大成者，与荷田春满、贺茂真渊和平田笃胤并称"国学四大名人"。——编者注

争，只需要洗涤心灵的窗户，在不同的场合做出适宜的举动。即便它让自己变得"肮脏"了，污垢也可以轻而易举地清除，人性中的善会重新绽放光芒。相比其他国家，日本的佛教哲学更加注重宣传人人皆可成佛的理念，并且认为德行的准则并不存在于神圣的经卷中，而是存在于每个人大彻大悟的发现和纯净的灵魂中。一个人为什么不相信自己心灵的发现呢？在人的灵魂中，罪恶并不是天生的。《圣经》中的《诗篇》宣扬："看呀，我生于罪恶中，我的母亲在罪恶中孕育了我。"日本人没有这种神学观念，也没有关于人类堕落的学说。"人之常情"是上天赐予的福分，所有人都不应该受到谴责。无论是哲学家，还是农民，都不会谴责它。

在美国人听来，这样的教义似乎会导致一种自我放纵并为之辩护的哲学体系。但是，正如我们所看到的那样，日本人将履行自己的义务作为人生的最高任务。他们完全承认，报恩意味着牺牲自我意愿和享受。那种将追求幸福作为人生重要目标的观念，在他们看来是令人吃惊的和不道德的。幸福是一种消遣，只要人们愿意就可以沉浸其中，但将它定义为评判国家和家庭的标准是难以置信的。事实上，人们经常为了履行对"忠""孝"以及"道义"的责任而历尽苦难，这完全在他们意料之中。虽然生活因此变得更加艰辛，但是他们早已做好准备。即使他们不认为享受是罪恶，但他们却在不断地放弃这些。这需要坚强的意志。而这种意志正是日本最崇尚的美德。

与这种观点相呼应，日本的小说和戏剧里很少有"幸福的结局"。美国大众渴望看到这种结局，他们希望剧中人最终幸福地生活下去，他们希望剧中人的美德能够得到回报。如果他们不得不在故事的结局哭泣，那必定是因为主人公性格上的缺陷，或者他成了不良社会秩序的牺牲品。主人公如果能够获得顺心如意的幸福结局，显然会更让人高兴。日本的普通观众则泪流满面地看着命运之轮迫使男主角走向悲惨的结局，美丽的女主角也因此自杀。这样的情节才是晚间娱乐节目的高潮。这才是吸引人们走进剧院的理由。甚至日本的现代电影也是以男女主人公遭受苦难为主题的。他们彼此相爱，却又放弃了他们的爱人；或者男女主人公幸福地结婚了，但是其中一人为了职责所在而自杀；或者妻子致力于挽回丈夫的职业生涯，激励他培养自己的演艺天赋，在丈夫将要功成名就的时候，她选择隐身于闹市之中，为的是让丈夫自由地开始新生活；或者在丈夫获得巨大成就的当天，妻子在贫困中无怨无悔地死去。这里不需要皆大欢喜的结局，对自我牺牲的男女主人公充满怜悯和同情才是正确的方式。他们的苦难不是上帝的惩罚，而只是证明他们为了履行自己的责任可以付出一切代价，没有任何东西——遗弃、疾病和死亡——可以使他们偏离正轨。

　　日本的现代战争电影也存在同样的传统。看过这些电影的美国人会说，这是他们看过的最好的反战题材的影片。这是典型的美国人的反应，因为这些电影全部只与战争中的牺牲和苦难有关。他们不会大肆宣扬阅兵式和军乐队，也不会骄傲地炫耀舰队演习和大炮的轰鸣。无论是取材于日俄战争，还是取材于"中国事变"〔1〕，这些影片中赤裸裸地展示的，都是泥泞中的艰苦行军，苦战中的沉闷凄惨，以及胜负未卜时的痛苦煎熬。电影的结局也不会是胜利，甚至也不是高喊着"万岁"冲锋陷阵，而是在一个普通的中国乡镇上，军队整夜留宿在泥浆之中；或者表现一个日本家庭的三代幸存者，他们分别是重残、瘸子和盲人；再或是叙述后方的家人得知士兵的死讯后，哀悼丈夫和父亲的逝世，哀悼担负家中生计的人的逝世，哀悼将他们聚集在一起的人的逝世，哀叹失去他之后生活将如何进行下去。在日本电影中，根本看不到英美电影中那种"游行行列"式的激动人心的场景。他们不去展现伤残军人如何复员回家这一主题，甚至也不涉

---

　　〔1〕"中国事变"，日本官方对"七七"事变后发动全面侵华战争的粉饰性称谓。——译者注

及战争的目的。对于日本观众来说，只要银幕上的所有角色都在尽心尽力地报"恩"，这就足够了。所以，这些电影在日本就成了军国主义者的宣传品。电影的制作人知道，它们不会激发日本观众的反战情绪。

第十章　美德的两难处境

日本人的人生观包含在他们有关"忠""孝""道义""仁"以及"人之常情"的种种规定之中。他们将"人的全部责任"划分为不同的领域，如同在地图上划分出各自独立的范围一样。用他们的话说，人生包括"忠的领域""孝的领域""道义的领域""仁的领域""人之常情的领域"以及其他领域。每一领域都有各自特有的详细规则。人们评价自己的同伴，不是从他的整个人格来判断，而是说他们"不懂孝"或者"不讲道义"。日本人不会像美国人那样指责一个人不公正，而是会详细说明其不当行为属于哪个领域。日本人也不会谴责一个人的自私或者无情，而是会指出其违反了哪个特定领域的规则。他们不会借助绝对命令[1]或者金科玉律[2]。那些被认可的行为都是与其所属领域相关联的。当一个人"尽孝"时，他遵循的是尽孝的行为准则；而当他仅仅是"为了道义"或者"在仁的领域"行动时，他又会表现出——西方人是如此判断的——完全不同的特性。甚至连每个领域中的规则设定也是如此，一旦领域内的情况发生改变，所需采取的行动可能就会完全不同。对主君尽"道义"，要求的是绝对的忠诚；但是，一旦主君侮辱其家臣，家臣不背叛他就是最好的结果

---

〔1〕绝对命令，德国哲学家康德用以表达普遍道德规律和最高行为原则的术语。——编者注

〔2〕金科玉律，指《新约圣经·马太福音》第7章第12节所言："所以无论何事，你们愿意人怎样待你们，你们也要怎样待人。"——译者注

了。1945年8月以前，"忠"要求日本人与敌人死战到底。当天皇通过广播宣布日本投降，"忠"的要求发生了变化，日本人的态度立刻逆转，表现出对外来者的合作热情。

这让西方人十分困惑。根据我们的经验，人是"按照个人性格"行事的。我们按照是忠诚还是背叛、是合作还是顽固，来区分绵羊和山羊。[1]我们将个人贴上标签，以期待他的行为能够始终如一，无论他们是慷慨还是吝啬，是心甘情愿还是猜忌多疑，是保守主义者还是自由主义者。我们期望每个人都信奉某种特定的政治思想，并坚持与敌对思想作斗争。在我们的欧洲战争经验中，那里有合作者[2]，也有抵抗者。我们不相信那些投降派会在胜利后改变立场，这一推测是完全正确的。在美国国内的政治论争中，我们承认有"拥护新政派"和 "反对新政派"这样的不同派别；并判定随着新情况的出现，这两派还会继续按照各派特有的方式行动。如果一个人转变立场——例如一个不信教的人成了天主教徒，或者一个激进人士变成了保守主义者——这种变化需要贴上"转向"的标签，并形成一个与之相吻合的全新个性。

当然，西方这种关于行为一致性的信念并非总是正确的，但这绝不是错觉。在大多数文化中，无论是原始的还是文明的，男男女女总是将自己想象成某类特定的人在行动。如果他们对权力感兴趣，就会通过他人服从自己意志的程度来判断自己的成败。如果他们热衷于受人爱戴，就应该多与他人接触，否则就会有挫败感。他们会将自己想象成铁面无私的人，或

---

〔1〕参见《新约圣经·马太福音》第25章第32节："万民聚集在耶稣面前，他要把他们分成义人和该诅咒的人；就像牧羊人分别绵羊和山羊一般，绵羊安置在左边，山羊安置在右边。"后来，西方人就分别以绵羊山羊来比喻区别好人坏人。——译者注

〔2〕合作者，向法西斯妥协的投降派。——译者注

者是具有"艺术家气质"的人，又或者是一个善良的恋家的人。他们的性格形成，一般都具有某种Gestalt（完形、整体性）[1]。这让人类社会变得井然有序。

日本人可以从一种行为转变到另一种行为，而且没有任何心理负担，这让西方人难以认同。在我们的经历中，如此走极端的可能性是不存在的。然而，如同一致性深深地植根于我们的人生观一样，这种我们所认为的矛盾性也深深扎根于日本人的人生观中。对西方人来说，尤为重要的是应该意识到，日本人将生活划分成的"领域"中并不包括"恶的领域"。这并不是说日本人不承认不良行为的存在，而是他们不会将人生当作善恶相争的舞台。在他们看来，人生如戏，一个"领域"的要求与另一个"领域"的要求，一种行动方针和另一种行动方针，都需要仔细权衡。每个领域和每个行动方针，其本身都是"善"的。如果每个人都根据真正的天性行事，那么每个人都会是"善"的。如前所述，他们甚至认为中国的道德训诫只能证明中国人需要这种道德，只能证明中国人低人一等。他们说，日本人不需要这种包罗万象的道德戒律。正如我在前面引用的乔治·桑塞姆爵士的话，日本人"不想去解决'恶'这个问题"。根据他们的观点，不需要从世界观的角度，也可以合理地解释坏行为。虽然每个灵魂最初都闪耀着美德的光辉，犹如一把崭新的刀剑，但是不经常打磨就会生锈。就像他们所说的，这种"身上的锈迹"如同刀剑上的锈一样，都不是好东西。一个人必须像打磨自己的刀剑那样，磨砺自己的本性。但是即使生锈

---

[1] Gestalt，出自格式塔心理学，德语单词，可音译为格式塔，意为组织结构或整体。格式塔心理学，又叫完形心理学，是西方现代心理学的主要学派之一，创始人是韦特海默。该学派既反对美国构造主义心理学的元素主义，也反对行为主义心理学的刺激—反应公式，主张研究直接经验（即意识）和行为，强调经验和行为的整体性，认为整体不等于且大于部分之和，主张以整体的动力结构观来研究心理现象。——译者注

了，人的灵魂依然会在锈迹之下熠熠生辉，只要擦拭打磨，就可以重新绽放光彩。

　　日本人的这种人生观，使得西方人很难读懂他们的民间故事、小说和戏剧，除非我们能够重新修改情节，就像我们经常做的那样，让它们符合我们对性格一致性以及善恶相斗的要求。但是，日本人并不这样看待这些情节。他们所关注的，是主人公身陷"道义与人之常情""忠与孝""道义与义务"的矛盾之中。主人公的失败是因为他沉溺于"人之常情"，忽视了"道义"的责任；或者是因为忠孝无法两全；或者是为了"道义"，他无法躬行"仁义"；或者是迫于"道义"，他牺牲了自己的家庭。上述矛盾都处于两种责任之间，同样具有束缚力。两者都是"善"的。在两者之间做出选择，就好像一个负债累累的人在还债时面对的选择。在那时，他必须选择先偿还一部分而暂时忽略其他的债务。实际上，就算他还清了一笔债务，也不能让他从剩余的债务中解脱出来。

　　对故事主人公的这种看法，与西方人大相径庭。在我们看来，主人公能被视为好人，是因为他"择善而行"，并与恶行做斗争。正如我们所说的那样，"仁者无敌"。故事理应有个圆满的结局，善良理应得到回报。然而，日本人却对主人公的"骇人听闻的事件"乐此不疲。这些事件中的主人公，既欠社会之恩，又悖名声之誉，最终只能通过自杀来解决。在很多文化中，这种故事都是劝导人们屈服于苦涩的命运，但在日本却完全不是这样。他们宣扬的是主观能动性和不顾一切的决心。主人公竭尽全力履行某种义不容辞的责任，却在这样做的同时忽略了另外一些责任。最终，他还不得不与他所忽略的"领域"进行清算。

　　日本真正的民族史诗是《四十七士物语》。它在世界文学史上地位不高，却在日本人心中有着无与伦比的吸引力。每个日本少年不仅知道故事的梗概，还熟悉其中的细节。它被不断地传颂和印刷，还被改编成一系列广受欢迎的现代电影。四十七义士墓，从古至今都是令人向往的朝拜圣

> □ 《四十七士物语》
> 《四十七士物语》的主题是以对主君的"情义"为核心。在日本人心目中,它描写的是"情义"与"忠"之间、"情义"与"正义"之间,以及"单纯情义"与无限"情义"之间的冲突。这个历史故事发生在封建制度鼎盛时期的1703年。四十七位勇士为"情义"而牺牲一切,包括名誉、父亲、妻子、姐妹和正义,最后自杀尽"忠"。

地,成千上万的人来此悼念。人们还会留下自己的祭拜卡片,使得墓地周围经常是一片雪白。

《四十七士物语》的主题是以对主君的"道义"为核心的。在日本人看来,它描绘的是"道义"与"忠""道义"与"正义"——其中当然是"道义"胜出——以及"纯粹的道义"与"无尽的道义"之间的矛盾。这个故事发生在1703年,正值封建制度的鼎盛时期,按照现代日本人的想象,那时的男人才是真正的男人,他们在履行"道义"时没有丝毫的"不情愿"。这四十七位义士为"道义"献出了自己的一切:名誉、父亲、妻子和姐妹,还有正义(義)[1]。最终,他们自尽身亡,以命殉"忠"。

当时,各地大名都要定期觐见幕府将军。将军会指派两位大名主持仪式,浅野侯就是其中之一。这两位司仪都是地方大名,他们不得不向在宫廷中声名显赫的大名吉良侯请教仪式中必要的礼节。浅野最聪明的家臣大

---

[1] 義,在这里指正义、道德、荣誉、忠诚、意义。在武士道精神中,最核心的德行是"道义精神"。"義"在表示"正确的行为"的同时,还包含"不计较"的意思。

□ 浪人

日本自镰仓幕府时期开始武家主政，最高统治者为征夷大将军，将军下面的家臣、大名都豢养了许多武士，武士是职业军人，从家主那获取俸禄，为家主效命。有时某些武士可能因为对家主不满，或者犯了错误而遭受排挤，会离开主家，这样的无主武士称为浪人。

石——这个故事的主人公——恰巧回家乡了，无法劝诫他谨慎行事。浅野又太过天真，没有为专事指导的吉良安排"厚礼"。另一位大名的家臣则通晓世故，在向吉良求教时献上了丰厚的礼物。因此，吉良不仅没有认真指导浅野，还故意误导他穿上违反仪式的服装。举行仪式那天，出现在大家面前的浅野穿戴错误，沦为笑柄。他意识到自己受辱之后，就拔刀砍伤了吉良的额头。侍卫们随即出面制止，将他们分开了。作为一个看重荣誉的男人——出于维护自己名誉的"道义"——对吉良的侮辱进行报复是一种美德，但是在将军的宫殿上拔刀则是不忠的表现。浅野履行了自己"对名誉的道义"，但是只能遵照"忠"的要求切腹自杀。他回到府邸，换上切腹时的衣服，在煎熬中等待自己最聪明、最忠诚的家臣大石归来。两人相见后，对视良久，就此诀别。浅野端坐[1]如仪，随后用刀刺入腹部，亲

[1] 端坐，即根据日本传统，膝盖和脚趾要触地，由脚后跟支撑身体，以示敬意。并要一直保持这个姿势直到死去。——译者注

手结束了自己的生命。因为他以不忠行为触怒了将军,没有亲属愿意继承这位死去的大名的位置,浅野的藩地被没收,他的家臣成了没有主君的浪人。

根据"道义"的要求,浅野的武士家臣有义务为他们死去的主公切腹自杀,就像浅野所做的那样。主君切腹是出于"对名誉的道义",如果他们出于对主君的"道义"也这样做,就是对吉良侮辱他们主公的抗议。但是大石却暗暗下定了决心,切腹过于微不足道,不足以表示他的"道义"。那一天,因为侍卫们将主君和吉良侯拉开了,主君未能完成报复,他们必须来完成,必须杀死吉良侯。但是,这样做势必会让自己陷于不忠。吉良侯与幕府的关系太过亲近,对于浪人来说,他们不可能取得官方的许可来进行复仇。按照惯例,任何谋划复仇的组织都必须在幕府登记他们的计划,确定复仇的期限,逾期未能完成复仇,就必须放弃。这种安排使得一些幸运的人可以兼顾"忠"与"道义"。大石知道,对于他和他的同伴,复仇的计划不能公开。因此,他将曾经是浅野家臣的浪人们召集起来,却绝口不提刺杀吉良侯的计划。根据1940年日本学校的教材所说,这些浪人有三百多人,他们全部同意切腹自杀。但是,大石知道并非所有的人都怀有"无尽的道义"——日语所谓的"真正的道义"——因此,对于刺杀吉良侯这样危险的复仇计划,并不是所有人都值得信赖。为了把那些出于"纯粹的道义"的人和有着"真正的道义"的人区分开,大石用如何分配主君的个人财产作为测试。在日本人眼里,即使这些浪人未曾同意自杀,测试也同样有效,因为他们的家人可以获得利益。结果浪人们就财产分配原则发生了激烈的争执。家老[1]是家臣中俸禄最高的人,以他为首的

---

[1]家老,日本江户时代主持各藩日常政务的家臣,是各藩家臣中职务最高者。——译者注

一派主张按照以前的俸禄高低来分配。以大石为首的一派则希望所有人平均分配。一旦确定哪些浪人只有"纯粹的道义",大石就同意按家老的方案分配遗产,并让那些获得财产的人离开队伍。家老离开了,并因此背上了"狗武士""不讲道义之人"和"恶棍"等骂名。大石判断只有四十七个人在"道义"上坚定不移,可以加入到自己的复仇计划中来。这四十七个人同意加入他的计划,并就此立誓,无论什么样的信仰、情感或者义务,不可以打破他们的誓言。"道义"必须是他们最高的行为准则。于是,四十七位浪人歃血为盟。

他们的第一个任务是让吉良侯放松警惕。他们各奔东西,装作已经忘记所有名誉的样子。大石经常出入最低级的妓院,并且终日忙于毫无体面的打架斗殴。然后,他以自己生活放荡为借口,与妻子离了婚——当日本人行将犯法时,他们通常会这样做,也完全有理由这样做。因为在他采取最后的行动时,这样做可以保护妻子儿女不受牵连。大石的妻子带着极大的悲伤离开他了,他的儿子则加入了浪人的队伍。

全东京的人都在猜测是否会有复仇发生。所有尊重这些浪人的人都深信他们会试图杀死吉良侯。但是,四十七位浪人对此矢口否认。他们装出一副"不讲道义"的样子。他们的岳父对这种无耻行径深感愤怒,将他们赶出家门,并解除了女儿与他们的婚约。他们的朋友也嘲笑他们。有一天,一位密友遇见大石正醉醺醺地和女人嬉闹。甚至面对密友,大石仍然否认自己对主君的"道义"。"复仇?"他说,"那太愚蠢了。人就应该享受生活,没有什么比喝酒玩乐更快活的了。"他的朋友不相信他所说的,于是从刀鞘中拔出了大石的刀,希望闪亮发光的刀刃能够证明刀的主人是在撒谎。但是,这把刀已经满是锈斑。朋友不得不相信他的话。一气之下,朋友在大街上当众踢了醉醺醺的大石几脚,还朝他吐了唾沫。

有一个浪人为了筹措复仇的经费,不得不将妻子卖去当妓女。妻子的兄长也是浪人,发现妹妹已经知道复仇计划,竟然决定亲手杀死她以证明自己的忠诚，说服大石吸收他进入复仇的队伍。另一个浪人杀了自己的岳父。还有一个浪人将自己的妹妹送到吉良侯那里作女仆和侍妾，以便浪人们能够从内部获得适合他们动手的时间。这种行为不可避免地会导致这个女孩在完成复仇之后选择自杀。因为她曾经在吉良侯身边服侍过，她必须通过自杀才能洗刷身上的污名。

12月14日的雪夜，吉良侯举办了一场酒宴，卫兵们都喝得酩酊大醉。浪人们袭击了防备森严的吉良侯府邸，制服了卫兵，直接冲进吉良的卧室。他并不在那里，但是他的床铺还有余温。浪人们知道他一定是躲藏在周围某一个地方。最后，他们发现有个人蜷缩在储藏木炭的外屋中。一名浪人用长矛刺穿小屋的一面墙壁，但他抽出长矛时，上面却没有血迹。其实，长矛的确刺中了吉良侯，但在浪人抽回长矛时，吉良侯用和服的袖子擦净了血迹。他的这个小伎俩毫无用处，浪人们将他拉出了小屋。他声称自己不是吉良，只是府中的大管家。在这个关键时刻，一名浪人想起了浅野侯曾在将军的宫殿上砍伤过吉良侯的额头。根据这个伤疤，他们确认这个人就是吉良侯，并要求他立即切腹自尽。吉良侯拒绝了——这当然证明了他是个懦夫。浪人们用浅野侯切腹时所用的刀砍下了吉良侯的头颅，并按照礼仪将它洗干净。完成任务后，浪人们带着这把两度染血的刀和吉良侯的首级，列队向着浅野的墓地进发。

全东京都为浪人们的事迹狂热起来。曾经怀疑过他们的家人以及浪人的岳父都匆忙赶来和他们拥抱，向他们致敬。强藩的大名们沿途盛情款待他们。他们来到浅野的墓地，不仅将那把刀和吉良侯的首级供在那里，还为他们的主君准备了一篇祷文。这份祷文被保存至今：

吾等今日谨拜于前……主公复仇大业未竟之前，实无颜拜见于墓前。个中煎熬，恍若一日三秋……今献吉良侯首级于主公墓前。此刀蒙主公珍爱，吾等去岁受托保管，今日携还。唯望主君持此刀再取敌首，永消此恨。四十七士敬上。[1]

他们终于偿还了"道义"。但他们还需要尽"忠"。唯有一死才能两全。他们违反国家的法律,未经宣告就去复仇,但是他们并不想背叛"忠"的信条。无论以"忠"的名义要求他们做什么,他们都必须履行。幕府命令这四十七人切腹。小学五年级的日语读本这样写道:

> 他们为自己的主君报仇,"道义"坚定,足以成为后世典范……因此,幕府斟酌之后,命令他们切腹,真是一举两得的办法。

也就是说,让他们亲手结束自己的生命,浪人们就能够对"道义"和"义务"都做出最高的偿还。

日本这部民族史诗在不同的版本里略有差异。在现代电影中,最开始的贿赂主题变成了色情主题:吉良侯追求浅野侯的妻子。是因为对浅野妻子图谋不轨,吉良侯才故意给了浅野侯错误的指导来侮辱他。贿赂的情节被删除了,而关于"道义"的所有义务则通过鲜血染红的细节详尽地展示出来,"为了'道义',他们抛妻、弃子及至弑父"。

义务和道义相冲突的主题,也构成了其他许多故事和电影的基础。其中最优秀的一部历史电影所讲的故事,发生在德川幕府第三代将军在位时期。这位将军继位时还很年轻,没有经验。当时,关于继位问题,幕臣们分成两派,其中一派支持的是一个与他年纪相仿的近亲。尽管第三代将军具有出色的管理能力,但失败方的一位大名始终将"耻辱"藏在内心深处。他决定伺机报复。终于,他得到通知,将军及其随从将要视察某些藩

---

[1] 按福本日南《元禄快举录》的考证,这段祷文乃后人为纪念四十七士而编撰。——译注者

国。他负责接待，并组织娱乐活动。他想抓住这次机会一雪前耻，履行"对名誉的道义"。他的府邸已经是一座堡垒了，他还为了即将发生的事件，封堵了所有的出口，完全与外界相隔绝。然后，他又设下机关，使墙壁和天花板很容易被推倒，以便把将军及其随行人员砸死。他的阴谋所涉及的工程声势浩大，他的款待也一丝不苟。为了助兴，大名安排自己的一个武士舞刀，并让他在舞蹈高潮的时候刺杀将军。为履行对大名的"道义"，武士不能拒绝主君的命令；但是，他的"忠"却又阻止他刺杀将军。银幕上绘声绘色的刀舞充分展现了这种内心的挣扎。他必须下手，但他又不能下手；他几乎就要出手了，但他又做不到。虽然有"道义"的存在，但"忠"的信念还是太过强烈了。舞姿渐渐凌乱，将军一行人开始怀疑。他们从座位上刚刚起身，孤注一掷的大名就下令毁掉这座房子。将军尽管逃脱了舞者的刀，却又面临葬身废墟的危险。就在此时，那名舞刀的武士走上前来，指引将军一行通过地道逃到外面，安全脱险。"忠"战胜了"道义"。将军的随从心怀感激，规劝他跟随他们回东京接受嘉奖。这名武士却回望正在倒塌的房屋，说："这样不行，我必须留下。这是我的'义务'和'道义'。"于是他转头离去，死在了废墟里。"通过死亡，他履行了对'忠'和'道义'的责任。在死亡中，两者得到了统一。"

古代故事并不会把责任和"人之常情"的矛盾放在中心位置。近年来，它才成为一个主要的题材。近代小说讲述的是为了"义务"和"道义"，人们被迫放弃爱情和"人之常情"。在今天，这一主题不但没有被削弱，反而得到大肆渲染。正如日本人的战争电影在西方人看来像是绝佳的反战宣传一样，这些小说也常常被我们看成是在呼吁给予人们更多的空间，以便让他们能够随心所欲地生活。这些小说的确证明了这种冲动的存在。但是，在反复讨论小说和电影情节时，日本人有着不同的看法。我们同情主人公，因为他正值热恋，或者怀揣某种个人理想，而日本人却谴责主人公的脆弱，因为他允许这些情感妨碍他履行"义务"或"道义"。西方人大多认为反抗陈规旧习，克服障碍抓住幸福，这是一种坚强的表现；日本人则认为，强者是能够牺牲个人幸福而履行义务的人。在他们看来，性格的强大体现在服从，而不是反抗。因此，用西方人的眼光来看日本的小说和电影情节时，得出的观点与日本人的观点截然不同。

　　日本人在评价自己的生活或者他们熟悉的人的生活时，也会采用同样的标准。他们认为，当意愿与责任发生矛盾时，一个人如果重视个人意愿，那就是弱者。他们对所有情形都是这样判断的。其中，与西方道德观最为不同的，是男人对待妻子的态度。在"孝的领域"，妻子处于边缘地位，父母才是中心。因此，他的责任非常明确。一个有着强烈道德感的男人必须服从"孝道"，即使是母亲要求他与妻子离婚，他也必须接受。如果他深爱着他的妻子，或者妻子为他生下了孩子，离婚就会让他显得"更加坚强"。日本有句话说："孝道让你视妻子儿女如同路人。"在这种情况下，他与妻子的关系充其量属于"仁的领域"。最坏的情况则是，妻子完全无法对他提出任何要求。即使一段婚姻是幸福的，妻子也不会处于责任领域的核心地位。因此，一个男人不应将对妻子的感情上升到对父母和国家同等的高度。20世纪30年代，曾有一则丑闻广为流传。一个著名的自由主义者在公众场合讲述他回到日本是多么高兴，并提到与妻子的团聚也是高兴的理由之一。人们认为，他应该提及他们的父母，提及富士山，以及为了日本的国家使命做出贡献，他的妻子不属于这一层次。

　　这样的道德准则过于强调不同层次的区别及不同"领域"的独立，进入近代之后，日本人自己也对此表现出了不满。日本的教育有很大一部分致力于把"忠"变得至高无上。正如日本政治家们简化了等级制度，将天皇置于顶点，消除了将军和封建大名的势力一样，他们在道德领域也努力简化责任体系，将所有层次较低的美德置于"忠"的下面。通过这种方式，他们不仅使全国统一在"天皇崇拜"之下，也减少了日本道德的过度分散。他们力图教导世人，履行了"忠"，就是履行了其他一切义务。他

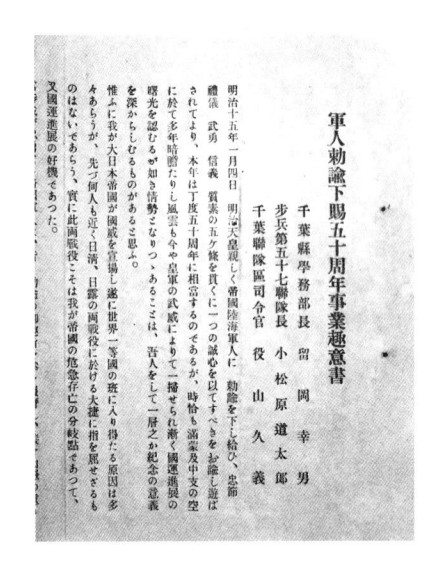

□ 《军人敕谕》

《军人敕谕》是日本军人的官方道德规范，经常被引用作为"二战"前日本国家意识形态的基础教育的帝国诏书。所有军事人员都被要求记住其中的训令。它是由日本明治天皇于1882年1月4日发行，被认为是日本帝国军和日本帝国海军发展中最重要的文件。

们试图使"忠"不再是道德地图上一个圈定的范围，而是道德这座拱门的拱心石。

明治天皇于1882年颁布的《军人敕谕》是对这一方案的最佳也是最有权威的陈述。这份敕谕和《教育敕谕》是日本真正的"圣经"。日本没有一个宗教拥有圣典，神道教没有，佛教也没有。日本佛教的各个教派或者以不述诸文字的东西为教义，或者是反复念诵"南无阿弥陀佛""南无妙法莲华经"之类的语句来代替圣典。明治天皇的敕谕则是真正的"圣经"。在神圣的仪式上，听众们鸦雀无声，庄重躬身以示敬意后，天皇敕谕才开始宣读。它们被视同犹太教的旧约五书，敕谕从神龛中取出后有人捧读，读完后听众散去，再恭敬地将其放回原位。被指派捧读的人可能会因为读错一句话而选择自杀。《军人敕谕》主要是颁布给现役军人的。他们要把内容一字一句地熟记在心，每天早晨冥想十分钟。在国家重要的祭祀日，或者新兵入伍、老兵复员等情形下，都要进行隆重的宣读。所有中学和成人教育的学生，都必须学习这篇敕谕。

《军人敕谕》长达数页，内容被精心安排在几个标题之下，清晰而详尽。但是，西方人读起来仍然难以理解，因为敕谕中的这些训诫在他们看来是自相矛盾的。善良和美德作为真正的目标而被推崇，这样的描述方式西方人是能够理解的。但是，敕谕随即警告听众，不要重蹈旧时代那些死得不光彩的英雄的覆辙，因为他们"失去了公义的真正方向，只求在私人关系中保持信仰"。敕谕接着又说，对于这些旧时代英雄的例子，"你们应该引以为戒"。

不了解日本的责任体系，是无法理解敕谕中"戒"的含义的。整篇敕谕显示，官方在贬低"道义"而拔高"忠"的地位。日本人日常提及的"道义"一词，在敕谕中一次也没有出现过。取而代之的是，它强调"忠"为大节，"在私人关系中保持信仰"是小节。敕谕极力证明，大节足以印证所有美德。它说"正义就是履行义务"。"尽忠"的士兵必然拥有"真正的勇气"，即"日常待人以温和为先，以赢得他人敬爱"。敕谕暗示，人们只要遵从这样的训诫就足够了，不必求助于"道义"。除了"义务"，其他责任都是小节，必须慎重考虑才能承担它。它写道：

若欲信守承诺（在私人关系上），且（又）尽忠义……则须自始即慎重思虑，承诺是否可行。若尔……受缚于不智之责，必将进退维谷。若已明了信守之诺言于大义（敕谕中的"义"即履行义务）未能两全，应立即弃此（私人的）诺言为是。自古以来，常有英雄豪杰横遭不幸，身败名裂，遗羞后世，皆因其守小节而不辨大义，又或遗失公理，徒守私情所致。

就像我们前文所说，这些训诫强调的是"忠"高于"道义"，所以对"道义"只字不提。但是，每个日本人都知道一种说法："为了'道义'，我没法履行'正义'。"敕谕则将其做了别样的阐释："若已明了信守之诺言于大义（敕谕中的'义'即履行义务）未能两全，应立即弃此（私人的）诺言为是。"敕谕以天皇的权威提出要求，在这种情况下，人们应该放弃"道义"，因为"道义"只是小节。只要遵从敕谕的训诫，大节将会使他成为有美德的人。

在日本，这篇歌颂"忠"的"圣经"是一份基本文件。但是，很难说敕谕对"道义"的间接贬低，就削弱了"道义"对大众的广泛影响。日本人经常引用敕谕的其他内容，如"义，即履行义务"，"心诚，则无事不成"，来为自己或他人的行为作解释和辩护。尽管这些引用在不少场合都适用，但人们却很少提及不要在私人关系上遵守诺言的告诫。"道义"在今天仍然是一种极具权威的美德，评价一个人"不讲道义"是日本最严厉的指责之一。

日本的道德观并不是引入一个"大节"的概念就能轻易得到简化的。就像他们经常炫耀的那样，日本人没有一种现成的普世美德可以作为检验良好行为的标准。在大多数文化中，个人的自尊与某些美德是成正比的，例如善良、节俭和事业有成等。他们会设立诸如幸福、控制他人的权力、自由或者社会活动能力之类的人生目标。日本人遵循更加特定化的准则。无论是封建时代，还是在《军人敕谕》中，当日本人提到"大节"的时候，他们都认为在等级制中，其含义是有不同针对性的，对地位高的人的义务必须凌驾于对地位低的人的义务。西方人通常认为，"大节"不是效忠于一个特定对象或者事业，而是相互忠诚。在日本人看来，却并非如此。

当近代日本人试图将某一种美德凌驾于一切"领域"之上时，他们通常都选择"诚"。大隈伯爵[1]在讨论日本伦理学时说过，"诚（マコト）是所有规则的规则；一切道德教谕的基础都包含在这个词中。我们的古语中除了'诚'就没有其他有关伦理道德的词"。在20世纪初，日本近代小说家们曾赞美新的西方的个人主义，现在他们也对西方模式感到不满，试

---

[1]大隈重信（1838—1922年），日本明治维新时代政治家、财政改革家，早稻田大学创始人。——原注

图把"诚"作为唯一的"教条"来歌颂。

这种在道德上对"诚"的强调,正是《军人敕谕》所支持的。敕谕的开篇是一段历史性的序言,如同那份由华盛顿、杰斐逊等"开国之父"所做的美国宪法序言。敕谕的这篇序言,主旨在于阐述"恩"和"忠":

朕以汝等为股肱,汝等以朕为首领。朕能否保卫国家,回报先祖之恩,全赖汝等尽忠守职。

接下来是五条训诫:要履行"忠"的义务,这是最高的美德。一名军人不"忠",技术再精湛也只是傀儡;一群士兵不"忠",危急时刻就是乌合之众。"故不可为舆论误导,亦不可干预政治,只需尽'忠'守职,牢记'义'重于泰山,死轻于鸿毛。"要根据军衔遵守礼仪。"下级须视上级之命令如同朕直接颁布,上级亦须善待下级。"要勇武。真正的勇武与"热血沸腾"不同,其定义是"不轻视下级,不畏惧长官"。"故待人接物之际,尚武者应以温和为要,以资得人敬爱。"不要"守信于私"。要节俭。"大凡不以简朴为宗旨者,皆流于文弱,趋于轻薄,骄奢淫逸,卑鄙自私,堕落至极。虽有忠诚、勇武,也必遭世人唾弃……朕深以为忧,故反复诫之。"[1]

敕谕的最后一段,将这五诫称为"天地之正道,人伦之纲常",是"我军人之精神"。而且,这五条训诫的灵魂就是"诚"。"心不诚,则嘉言善行徒有其表,毫无功用;心若诚,则万事可成。"以诚为本,这五条训诫就"易守易行"。"诚"被列为所有美德和义务中最基本的一项,

---

〔1〕以上几段文字中,所引《军人敕谕》的语句,均据本尼迪克特的英译转译。据日译本注,本尼迪克特对《军人敕谕》的理解有误,过分地拘泥于"道义"和"义务"之间的对立。——译者注

这是典型的日本特色。中国人认为所有美德都出自于"仁",日本人则不是这样。他们先制定有关责任的规则,然后要求每个人都必须全心全意、不遗余力地履行义务。

在佛教著名宗派禅宗的教义中,"诚"也有同样的意思。铃木大拙[1]在他的著作中,列举了一则禅宗师徒之间的对话:

和尚:吾知狮子袭敌,不论是兔是象,皆全力以赴。请教此为何力?

师父:至诚之力也(即不欺骗的力量)。

至诚,就是不欺骗,亦即"献出全部自我"。禅语谓之"全体作用",即不保留,不掩饰,不浪费。人若如此,可称之为金毛狮,乃勇武、真诚及正直之象征,神人也。

日本人赋予了"诚"以特殊的意义,我在前面已经提到了。日语中的"マコト"(诚)与英语中的"sincerity"(真诚),含义并不相同。"诚"的含义可以更加广阔,也可以更为狭隘。西方人最开始听到"诚"这个词时,总会认为它的含义比西方语言中的含义狭隘得多。他们经常说,如果一个日本人说某人没有诚意,他的意思只不过是那个人与他意见不一致。这种说法在一定程度上是正确的。日本人说一个人"真诚",并不是指那个人"真实地"按照内心的爱憎、决心或困惑来行事。美国人用"He was sincerely glad to see me"(他见到我十分高兴)或"He was sincerely pleased"(他非常满意)来表达他们的赞许,日本人却不会这么说。他们有一系列嘲笑这种"真诚"(sincerity)的俗语。他们会嘲笑着说,"看那只青蛙,一张嘴就看得到肚子里的货色";"就像一个石榴,嘴巴一张,心里有什么

---

[1] 铃木大拙(1870—1966年),世界禅学权威,日本著名禅宗研究者与思想家。——编者注

就都表现出来"。在日本,"贸然说出自己的感受"是一种耻辱,因为这样就会"暴露"自己。与"sincerity"相关的这些含义在美国备受重视,在日本却毫无地位。牧野芳雄在指责美国传教士"不真诚"(insincerity)时,他完全没有考虑那位美国人是否真的对他连根鞋带都没有,居然要去美国当画家的计划感到惊讶。近十年来,日本政治家一直在指责英美两国不够真诚——就像他们经常做的那样——他们甚至没有去考虑西方国家是否"按照真实感受而行事"。他们并不指责英美的虚伪——这项罪名无足轻重。同样的,当《军人敕谕》提到"'诚'是所有训诫的灵魂"时,并不意味着,心诚可以让一个人言行一致,出于本心;也不意味着,自己的信念和别人迥然有异时,也应该保持真诚的态度,不人云亦云。

但是,"诚"在日本还是有其积极意义的。既然日本人如此强调这一概念的道德角色,西方人就有必要把握它在使用中的含义。日语中的"诚",其基本含义在《四十七士物语》中有所揭示。在那个故事中,"诚"是加于"道义"之上的象征。"真诚的道义"与"纯粹的道义"是有所区别的,前者是"堪作为万世楷模的道义"。日本人至今仍然说,"是真诚使其保持下去"。这里的"其",可以根据语境指代日本道德准则中的任何训诫,或者"日本精神"中所规定的态度。

战争期间,在美国的日本移民隔离收容所中,"诚"这个词的用法与《四十七士物语》中的用法几乎一致,它清楚地展示了"诚"的逻辑可以延伸到什么地步,也展示了它与美国的用法是多么的不同。亲日的"一世"(出生在日本的第一代移民)指责亲美的"二世"(出生在美国的第二代移民)缺少"诚"。"一世"的意思是,"二世"的灵魂深处缺少那种坚定的"日本精神"——战时日本曾经公布"日本精神"的官方定义。"一世"并不是说自己的孩子的亲美感情是虚伪的。相反,当"二世"们自愿加入美国军队时,他们对第二祖国的支持出自真正的热情,这是显而易见的。但在"一世"们看来,这更加使他们有理由指责二世们"不真诚"。

日本人使用"诚"这个词时，它的基本含义是指热诚地遵循日本道德规范和日本精神所指示的"人生道路"。无论"诚"在特定语境里有什么特殊含义，它都可以被当作是在赞扬公认的"日本精神"的某些方面，或者是称赞那些被广为接受的道德规范。只要承认"诚"的含义不是美国人所理解的那样，它在我们理解日本文献时将会成为一个最有用的词。因为它几乎准确无误地等同于日本人真正看重的德行。"诚"总是被用来称赞一个不追逐私利的人，这也从侧面反映了日本道德体系特别谴责牟利。利益如果不是等级制的自然产物，收益就会被视为剥削的结果。那些偏袒某一方的中介人私自从中牟利，就会变成人人厌恶的放贷者。这种人经常被描述成"缺乏真诚"。"诚"也常常被用来称赞那些不会感情用事的人，它反映了日本人关于自制方面的观点。一个称得上"诚"的日本人，别人如果不挑起事端，他就绝对不会挑衅侮辱别人。这反映了日本人的另一个信条：一个人应该为自己的行为及其任何细微后果负责。最后，只有"诚实"的人才能"领导其人民"，因为他能有效地利用各种手段，而不纠结于心理冲突。这三种含义，以及其他更多的含义，简明扼要地表达了日本道德观的一致性。它们还反映出，在日本，一个人只有遵守这些道德准则，才能高效地行事，而不至于陷入是非之中。

　　既然日本人的"诚"具有这么多含义，所以不管敕谕和大隈伯爵如何推崇，"诚"并没有简化日本的道德体系。它既不是构成日本道德的"基础"，也不能赋予其以"灵魂"。它更像是一个指数，可以适当加在任何一个数字之后，将该数字提升到更高。比如，a的二次方，可以是9的二次方，或者159的二次方，也或者是b、x的二次方。同样，"诚"也将日本道德准则中的任何一条都提升到更高。可以这样说，它并不是一种单独的德行，而是宗教狂发自内心的对教义的一种热情。

　　无论日本人如何努力改进，他们的道德体系仍然像原子那样始终处于分散状态。道德的原则依旧是一个行为与另一个行为之间保持平衡，各种行为本身都是善的。日本人依照桥牌的规则来建立他们的道德系统。优秀的选手是那些接受规则并按规则进行游戏的人。他与蹩脚选手的区别，在于他在推理中受到训练，了解游戏规则，能够根据原理推算出别人如何出牌，然后跟牌。就像我们所说的，他根据霍伊尔[1]规则出牌，每打出一张牌都要考虑到无数的细节，每一步都必须计算在内。游戏规则规定了所有可能出现的偶然，计分方式也事先经过大家的同意。美国人认为，再善良的目的，也与此毫无关系。

在任何一种语言中，当一个人提及失去或获得自尊时，所有的词语都能有助于了解他的人生观。在日本，"自重"经常是指当一个慎重的牌手。它不像英语，并不意味着有意识地遵守高尚的行为准则——不谄媚，不撒谎，不做伪证。在日本，"自重"的字面意思就是"让自己看上去很稳重"，其反面是"让自己看上去很轻浮"。当一个人说"你必须自重"时，他的意思是"你必须考虑这种情况中的所有因素，不做任何可能招致批评或者减少成功机会的事"。"自重"在日语中隐含的意思，往往与美国所理解的相反。一名职员说"我必须自重"，这不是指他必须坚持自己的权利，而是绝对不要对雇主讲任何可能给自己招来麻烦的话。在政治领域，"你必须自重"也是同样的意思，它意味着"一个责任重大的人"不能轻率地陷入"危险的思想"中，否则就是不尊重自己。在美国，"自重"就意味着，即使是危险的思想，也要按照自己的观点和良心进行思考。

"你必须自重"，这句话经常被父母挂在嘴边，用来训诫他们青春期的孩子，要求他们遵守礼节，不要辜负别人的期望。例如，女孩坐定后不

---

[1] 霍伊尔（1672—1769年），一位完善纸牌游戏规则并以玩纸牌游戏著称的作家。——编者注

能乱动，双腿要摆放端正。男孩要训练自己，学会察言观色，"因为现在可以决定你的将来"。当父母对孩子说"你的行为不像一个自重的人所表现的"，它意味着父母在批评孩子举止不当，而不是批评他们缺乏勇气，没有维护自己的权利。

一个无法偿还债务的农民对债主说："我应该自重。"他不是责备自己懒惰，也不是讨好债主，他的意思是他本该预见到这种危机，当初应该更加慎重。一个人对公众说"我的自尊要求我这样做"，这并不意味着他必须遵循诚实、正直的原则，而是说他在处理事务的时候，必须站在自己家庭的角度进行全方位的考虑，他必须权衡自己的身份、地位再去做事。

一位企业经理人在提及自己的公司时说："我们必须显示出自重。"他的意思是必须加倍地谨慎小心。一个复仇的人会说"自重地复仇"，这并不是指要将一堆燃烧的炭火放到敌人的头上[1]，也不是指他打算遵守什么道德准则，而是相当于说"我应该进行一场完美的复仇"，即计划精密，将一切可能的因素都考虑在内。在日语中，最强烈的说法是"加倍自重"。它意味着小心谨慎，考虑全面，绝不匆匆忙忙妄下结论。它还意味着要权衡各种方法和手段，以保证付出的努力恰到好处，严格完成目标任务。

所有这些"自重"的含义，完全符合日本人的人生观，即在这个世界里，他们需要小心翼翼地根据霍伊尔规则行动。既然"自重"是如此定义，就不允许任何人为失败做辩解，即便他的动机是好的。每个行动都会

---

[1] 参见《新约圣经·罗马书》第12章第20节："若你的敌人饿了，就请给他吃。若你的敌人渴了，就请给他喝。因为你这样行，就是在他的头上堆起了燃烧的木炭。"意指以德报怨。——译者注

导致相应的后果，一个人在采取行动前都应该考虑到这些可能的后果。慷慨大方是好事，但是你必须考虑到接受者可能会感到自己"背负上了恩债"，因此必须谨慎。批评别人是可以的，但前提是你必须为此招致别人的怨恨而做好准备。当那位年轻的画家指责美国传教士嘲笑他时，尽管传教士的出发点是好的，却没有考虑到他在棋盘上走这一步的后果。在日本人看来，这种行为就是缺乏自重。

因此，谨慎和自重在日本的高度重合，也就包括了细心观察别人行为举止中的一切暗示，并且对其他人是否在评判自己要有强烈的感觉。他们说，"人应该培养自重，因为有社会存在""如果没有社会，也就不需要自重了"。这些极端的说法表明，自重是来源于外部的强制，完全没有考虑到应该从内心要求来判断某种行为是否恰当。这就如同不少国家的俗语，往往有些言过其实。其实，日本人有时候也像清教徒那样，对自己积累的罪孽反应强烈。但是，上述极端言论还是准确地指出了日本人的侧重点，他们所看重的不是罪恶，而是耻辱。

在对不同文化进行的人类学研究中，区别哪些文化以耻辱感为基调，哪些文化以罪恶感为基调，这是一项非常重要的工作。提倡建立绝对的道德标准，并依赖个人不断发展良知，这种社会可以定义为一种罪感文化。但是，在这样的社会中，例如在美国，一个人在社交场合表现笨拙时，他感到的就不是罪恶，而有可能是耻辱感的折磨。再比如，当他衣不得体或者言语有失时，他会感到极度的懊恼。在以耻辱感为主要制约力的文化中，那些在我们看来应该产生负罪感的行为，却只能让那里的人感到懊恼。这种懊恼可能非常强烈，以至于不像罪恶感那样，可以通过忏悔和赎罪的方式得到缓解。在我们的社会中，一个有罪的人可以通过忏悔而减轻自己的负担。这种忏悔方式既包括世俗的医疗手段，也包括宗教团体使用的方法，虽然这两者在其他方面很少有相同之处。我们知道，忏悔可以给人带来解脱。在一个以耻辱感为主要制约力的文化中，有错误的人即使当众认错，甚至向神父忏悔，也不会感到解脱。他反而会觉得，只要恶行不为世人所知，就没有什么可担心的。对他来说，忏悔只能是自寻烦恼。因此，耻感文化没有忏悔的习惯，即便忏悔对象是神也是如此。他们有祈祷幸福的仪式，却没有祈祷赎罪的仪式。

真正的耻感文化依靠外部制约力来维持良好的行为，而不像罪感文化那样，依靠的是对罪孽的内省。羞耻是对他人批评的反应。一个人感到羞耻，是因为被别人公开嘲笑、拒绝，或者是他认为自己会被嘲笑。无论是哪种情况，耻辱感都是一种潜在的制约力。但它要求有观众在场，或者至少要让人感觉有观众。罪恶感就不是这样。在某些国家，荣誉意味着按照自己心中理想的自我而生活，那么，一个人即使没有人知道他的罪孽，他也会受到罪恶感的折磨，而且这种罪恶感可以通过忏悔得到解脱。

早期定居美国的清教徒们，试图将整个道德体系建立在罪恶感的基础之上。所有的精神病医生都知道，当代美国人是如何因良心上的不安而遭受折磨的。但是，在美国，耻辱感的影响也在日渐增加，罪恶感已不再像前几代人那样沉重。美国人认为，这种现象是道德的松懈。这有一定的道理，因为我们并没有指望耻辱感能够担负起道德的重担，我们也不会将伴随耻辱感而来的强烈悔恨纳入我们道德的基础体系中。

日本人却是把耻辱感纳入道德体系的。不遵循关于优良品行的明确规定，没有平衡好各种需要承担的义务，或者不能预见到突发状况，这些都是耻辱。按照他们的说法，耻辱感是德行的根基。对耻辱敏感的人才能遵守优良品行的一切规则。"知耻之人"有时被翻译成"有德之人"（Virtuous man），有时被翻译成"重荣誉之人"（Man of honour）。在日本的道德体系中，耻辱感的权威地位类似于西方道德体系中的"拥有纯洁良心"、"同上帝一样正义"以及"避免恶行"。因此，从逻辑上讲，这样的人死后不会受到惩罚。除了熟悉印度佛经的人，日本人并没有"前世的功德将会在今生给予回报"的想法。除了少数熟知教义的基督徒，日人也不承认"死后上天堂或者下地狱"的观点。

就像所有看重耻辱感的部落和民族一样，在日本人的生活中，耻辱感的重要地位意味着任何人都要非常关注公众对自己的评价。他只要想象出别人的判断是什么，行动上就已经被别人的评价所引导了。当每个人都遵守同样的游戏规则并且互相支持时，日本人就可以心情轻松，从容自在。当他们觉得这是在执行日本的"使命"时，他们就会狂热地投入其中。当他们试图把自己的道德准则输出到其他地区，而这些地区并不欢迎日本人所谓的优良品行的行为规范时，他们最易遭受打击。他们出于"善意"的"大东亚地区"的使命失败了。许多日本人对中国人和菲律宾人所采取的抵制态度十分愤慨。

有些日本人，他们并不是受国家主义观点所驱使，仅仅是为了学习或经商而来到美国。当他们试图在这个道德规则不那么严格的社会生活时，他们经常深刻地感觉到自己过去所接受的那种细致的教育是"失败"的。他们认为，自己的德行无法顺利输出，并不是因为"任何人想要改变文化都是十分困难的"那么简单。他们想要表达更多的内容。他们想说，和熟悉的中国人或暹罗人相比较，日本人适应美国生活要困难得多。在他们看来，日本人特有的问题是，他们从小到大生活在一种安全感中，这种安全感将"循规蹈矩，赢得别人认可"作为前提。当外国人完全无视他们这类行为时，日本人就不知所措了。他们竭尽全力去寻找西方人生活方式中与日本人类似的行为规范，找不到时，有的人感到愤怒，有的人则感到害怕。

关于日本人在道德准则相对宽容的文化中的生活体验，三岛女士的自传《我的狭岛祖国》是描写得最好的。她很早就向往到美国读大学。通过努力，她最终说服了她的保守家庭，摒弃了"不愿受恩"的观念，接受美国奖学金，进入了卫斯理学院。她说，老师和女孩子们都非常友好，但正因为如此，她的生活变糟了。"我骄傲于我完美的行为举止，这是日本人的共同特点。现在，我的骄傲却受到了严重的伤害。我不知道在这里什么样的行为才是恰当的，周围的环境似乎也在嘲笑我以往所受的训练。我为此而自怨自艾。除了这种模糊却又深刻的气愤外，我心中没有其他任何感情可言。"她感觉自己"仿佛来自另一个行星，以前的所有感觉和认知，在这个另类世界中毫无用处。我在日本受到的训练，要求每一个举止都必须文雅，每一句话都必须符合礼节，这使我在现在的环境中极端敏感，十分警觉。正因为如此，在社交中我完全不知所措，如同盲人"。她用了两三年的时间才放松下来，开始接受别人的好意。她认为美国人是生活在"优雅的亲密感"中，但是"在我三岁的时候，亲密感就被当作轻佻的行为而被扼杀了"。

三岛女士将她在美国认识的日本女孩与中国女孩作了比较，描述了美国生活对两国女孩的不同影响。中国女孩所表现出的镇定和善于交际，是大部分日本女孩都缺乏的。"在我看来，这些上流社会的中国女孩是这个世界上最文雅的人，每一个都有着近乎皇家的优雅，仿佛她们才是这个世界的女主人。她们无所畏惧，沉着镇定，即使在这个机械和速度最发达的伟大文明中也不曾动容，这与我们日本女孩的胆小怯懦以及过度敏感形成了鲜明对比，显现出社会背景所造成的本质上的差别。"

与其他日本人一样，三岛女士觉得自己就像是一个网球高手，却加入了一次槌球比赛，专业技艺再出色，也无丝毫用武之地。她感到过去所学的东西无法带到新环境中，过去训练所受的各种约束也毫无用处，因为美国人用不着那些东西。

一旦日本人接受了美国那种不甚严格的行为规范，即便只是其中很小的一部分，他们也很难想象，自己能够再去应对以前在日本生活时的种种限制。对于过去的生活，他们有时称之为"失乐园"，有时称之为"桎梏"，有时称之为"牢笼"，有时则描绘成一个"种着小松树的盆景"。小松树的根被限制在小花盆中，就是一件用以点缀美丽园林的艺术品。

但是，一旦被移植到旷野，矮小的松树就再也不可能是盆景了，再也无法适应过去所适应的要求。正是他们，最深刻地经历着日本美德进退两难的困境。

第十一章　自我约束

一种文化的自我训练，在外国观察者看来，似乎无关紧要。训练方法本身是足够明确的，但为什么要如此费心呢？为什么要主动将自己吊在钩子上？为什么要意沉于丹田？为什么要如此自苦以至一文不花？为什么只集中精力于某一项苦修而对局外人视为真正需要训练的冲动毫不控制？如果观察家来自一个从不教授自我训练方法的国家，当他置身于一个高度依赖自我训练的民族时，就很容易产生误解。

在美国，自我训练的技术和传统还相对落后。美国人认为，一个人抓住了自己个人生活中可能实现的目标，如果有必要的话，就会训练自己，以达到既定目标。他是否会这样做，取决于他的抱负、良心，或者凡勃伦[1]所说的"职业本能"。他可能为了加入足球队而接受严格的纪律，也可能为了训练自己成为音乐家或取得事业上的成功而放弃所有的休闲娱乐，还可能为了良心而避开罪恶和轻浮。但是，在美国，自我训练不同于数学，必须考虑它在特定情况下的应用，而不能将其只是作为一种技术来学习。即使美国存在这种训练方法，它也多是由欧洲某些教派的领袖，或是传授印度修炼法的大师教授的。甚至由圣特里萨或圣十字约翰[2]

---

[1]索尔斯坦·凡勃伦（1857—1929年），美国社会学家、经济学家，制度学派的创始人和主要代表人物。——编者注

[2]圣特里萨（1515—1582年），圣十字约翰（1542—1591年），均为神秘主义者，西班牙卡梅尔修道院牧师。——编者注

所传授并实践的冥想和祈祷的宗教自我修行，在美国也近乎绝迹了。

但是日本人却认为，一个参加中学入学考试的男孩，一个参加剑术比赛的成人，或者一个过着贵族生活的人，他们都还需要一种自我训练，这种训练与那些为应对考试而学习的方式完全不同。不管他的知识如何丰富，不管他的击剑技术如何专业，不管他的社交礼节如何周到，都需要放下他的书本、刀剑以及社交活动，去进行一项特殊的训练。当然，并不是所有的日本人都接受这种深奥的训练。但是，即使是不接受这种训练的人，也同样认可自我训练的术语和实践在生活中的地位。日本各阶层赖以评判自己和他人的一整套概念，就是基于他们对自控和自制方式的总结。

日本人自我训练的概念可以分成两类：一类是获得能力；另一类则是获得高于能力的东西。这种更高的东西，我们应该称之为"融会贯通"[1]。在日本，这两类训练是有所区别的，以获得人类精神上的不同结果为目标，有着不同的基本原理，并通过不同的外部标志来加以识别。第一类，即获得能力的自我训练，前面已经列举了很多事例。比如那名军官，在日常演习中要求士兵连续拉练六十个小时，中间只有十分钟的休息时间可以用于睡觉，他说的是："他们已经知道怎么在行军中睡觉。他们所需要训练的，是如何一直不睡而保持头脑清醒。"尽管在我们看来这种要求非常极端，但这不过是在培养一种行为能力。这位军官所表达的是日本公认的精神驾驭准则，即意志应该驾驭那些几乎可以经受住任何训练的身体，至于忽视健康则肉体必受损害的规律，他们是不理会的。日本人关于"人之常情"的整套理论，都是建立在这个假设的基础上的。当"人之常情"影响生活的本质时，身体的需求就被严格降低到次要地位，无论这

---

[1] 原文为"expertness"，指熟练、内行。"融会贯通"为意译，亦可译为"练达"。——译者注

些需求对身体的健康有多重要，也无论身体是否经受得起这样的训练。总之，无论自我训练的代价是什么，每个人都必须表现出日本精神。

但是，如此表述日本人的观点或许过于武断。因为"无论自我训练的代价是什么"，在美国普通民众的用语中几乎等同于"无论自我牺牲的代价是什么"，也通常意味着"无论自我抑制的代价是什么"。美国人关于训练的理论是——无论训练是来自外在强加的还是内在自发的，也无论是自愿接受的还是由权威强制接受的，男男女女都必须从小就通过接受训练来融入社会。这样的训练是一种压抑。对这种限制自己意愿的做法，被训练者无不怨声载道。他必须做出牺牲，即使这会不可避免地唤醒内心的反抗情绪。这不仅是美国许多职业心理学家的观点，也是父母在家庭中抚育每一代孩子的哲学。因此，对美国这样的社会来说，心理学家的分析确实包含着许多真理。孩子到了规定时间"不得不"上床睡觉，并且从父母的态度得知睡觉是一种自我压抑。在无数的家庭中，孩子们每晚都会通过哭闹来表达他的不满。他已被接受了美国思维的训练，将睡觉当作一个人"不得不"做的事情，却仍然要反抗。他的母亲还规定他"不得不"吃的东西。它可能是燕麦、菠菜和面包，也可能是橙汁。但是，美国的孩子学会了对这些"不得不"吃的东西提出抗议。他断定，对他"有益"的食物绝不会是好吃的食物。美国的这种习俗，在日本并不存在；在某些西方国家，例如希腊，也没有这种习俗。在美国，长大成人意味着从对饮食的压抑中得到了解放。成人就可以吃那些好吃的东西，而不仅限于对他有益的食物。

然而，与西方关于自我牺牲的整体概念相比，这些关于睡觉和食物的观念都是微不足道的。父母要为孩子付出巨大的牺牲，妻子要为丈夫牺牲自己的事业，丈夫要为养家糊口牺牲自己的自由，这些都是标准的西方信条。美国人很难想象，在某些社会中，竟然有人意识不到自我牺牲的必要性。但事实就是如此。在这样的社会中，人们认为父母喜欢孩子是天性，女人喜欢婚姻生活胜过其他任何生活，一个承担全家生活的男人从事的是自己最喜爱的职业，犹如当猎手或者花匠。这怎么能说成自我牺牲呢？当社会强调的是以上这些诠释，而人们也是按照这种诠释生活时，自我牺牲的概念就很难被人认同。

美国人认为的以上述"牺牲"为代价而为他人所做的这些事，在另外一些文化中却被视为相互交换。它们被看作是一种投资，以期待日后获得回报，或者是对已获得的价值的偿还。在这样的国家中，甚至父子关系也可以按照这种方式来处理，父亲在儿子幼时为他所做的一切，儿子都会在父亲年老时以及过世后给以回报。各种商业关系也是一种民间契约，它要确保所交换的东西价值对等；通常情况下，一方提供保护，另一方提供服务。假如双方都认为能够从中获利，也就没有哪一方会将自己的责任视为牺牲。

在日本，为他人服务的制约力当然是相互的，既要求收到与偿还的东西等量，也要求在等级关系上彼此承担相应的责任。因此，自我牺牲的道德观所处的地位，与在美国的地位相比，有很大不同。日本人总是特别反对基督教传教士关于自我牺牲的说教。他们主张，一个好人不应该把为他人服务看作是委屈自己。"当我们做出你们所谓的'自我牺牲'时，"一位日本人对我说，"其实是因为我们希望付出，或者认为这样付出是一件好事。我们并不为自己感到难过。无论我们事实上为别人放弃了多少东西，我们不认为这种付出提升了我们的精神境界，也不认为我们应该因此得到'奖励'。"像日本这样，整个民族围绕如此复杂的互相责任来组织社会生活，自然不会把自我牺牲当回事。他们压抑自己，是为了履行极端的责任；而传统的关于相互责任的约束力，避免了他们产生自怜和自以为是的感觉，这种感觉在个人主义和竞争激烈的国家里是很容易出现的。

因此，为了理解日本人普遍的自我训练的习惯，美国人就必须对自己的"自我训练"概念做一番外科手术。美国人必须割掉缠绕于自身文化概念中的关于"自我牺牲"和"压抑感"的赘物。在日本，一个人为了成为出色的运动员而接受训练，就像打桥牌一样，完全谈不上牺牲。训练当然是严格的，但这是自然而然的要求。婴儿生下来都很快乐，却没有"品味人生"的能力。只有通过精神上的训练（或称自我训练、修炼），一个人才能使生活变得充实，才能获得"体味"人生的能力。这种说法通常被翻译成"只有这样，他才能享受生活"。自我训练会让人"固守丹田（自制力的来源）"，使人生更加开阔。

在日本，之所以要做培养"能力"的自我训练，其理由是它提高了一个人驾驭生活的能力。日本人说，训练初期可能会感到不耐烦，但这种感觉很快就会消失，因为他终将乐在其中——如若不然，宁可放弃。一个学徒要在生意上变得娴熟，一个男孩要学会柔道，一位年轻的妻子要适应婆婆的苛求。在初期，他们都想从那些严苛的训练中脱身而去，这是完全可以理解的。这时，他们的父亲会说："你想要什么？对于品味人生来说，这些训练是必不可缺的。如果你放弃了，不再接受训练，你以后的生活必然过得不快乐。如果出现这样的结果，在你遭受别人的指责时，我是不会袒护你的。"用他们常用的话来说，自我训练能打磨掉"身上的锈迹"，使人重新变成闪亮的利刃，这当然是他们所希望的。

日本人如此强调自我训练的功用，足以提升一个人所拥有的优势。但是，这并不意味着他们的道德准则所要求的极端行为不构成严重的压抑，也不意味着这样的压抑感不会导致暴力冲动。对这种区别，美国人在游戏和体育运动中是可以理解的。桥牌冠军为了提高打牌技术而付出努力，他不会因此而抱怨这是自我牺牲，也不会把为了成为高手所投入的时间视为一种"压抑"。尽管如此，医生们说，在某些情况下，例如一个人下极高的赌注或者争夺冠军时，那种注意力的高度集中会引起胃溃疡及身体过度紧张。同样的事情也发生在日本。但是，由于互相履行责任的制约，以及日本人确信自我训练有益自身，使得他们很容易接受很多美国人难以忍受的行为。他们比美国人更注重那些可胜任的行为，并且很少为自己找借口。他们不像美国人那样，经常把自己对生活的不满推到替罪羊身上，也不会因为没有享受到美国人所谓的"平均幸福"而沉浸在自怜自艾中。与普通美国人相比，他们已经被训练得更加关注自己"身上的锈迹"。

除了侧重"能力"的自我训练外，还有一种更高级的"融会贯通"的境界。有关后者的训练方法，只是通过日本作家的描写，西方读者还是很难理解的。那些专门研究这一课题的西方学者，对这些方法也抱有轻视的态度，有时甚至称之为"怪癖"。一位法国学者写到，这些方法"违背常识"。就连所有教派中最讲究训练的禅宗[1]，在他看来，也不过"满篇看似严肃的谬论"。然而，日本人试图通过这种训练方式所要达到的目标，并非不可理解。探讨这一课题，有助于我们理解日本的精神驾驭法。

日语中有一系列词语，可以用来表达自我训练者达到"融会贯通"后的精神境界。这些词语有些可以形容演员，有些可以形容宗教信徒，有些适用于击剑手，有些适用于演说家、画家或茶道宗师。它们的意思几乎相同，因此我只举其中一个词——"无我"，这个词在上层阶级的禅宗仪式上非常流行。它将"融会贯通"这种状态描述为：无论是世俗还是宗教，人的意志与行为之间"没有障碍，甚至连一根细小的头发都没有"。如同从正极释放电流，直接流向负极。没有达到"融会贯通"境界的人，在意志与行为之间则有一道绝缘的屏障，日本人称之为"观我"（观察自我）或"碍我"（妨碍自我）。经过特殊训练，这道屏障就会消除，达到"融会贯通"的人就完全意识不到"我正在做什么"，就好像电流畅通无阻，不需

---

[1]禅宗，中国佛教宗派之一，又称佛心宗、宗门。禅宗以菩提达摩为初祖，不拘修行，主张顿悟，探究心性本源，以期"见性成佛"。日本禅宗的创始人为明庵荣西（1141—1215年）。在宋代，他两次来中国，受传临济心印，归国后大兴临济禅法，临济宗从而作为日本禅宗的最早宗派诞生于日本。——编者注

任何外力。这种境界就是"one-pointed"[1]（一点）。这时，行为完全重现了行为者在心中所想（即意志）的图像。

在日本，最普通的人也会追求这种"融会贯通"的境界。英国著名的佛学权威查尔斯·艾略特爵士，讲述过一个女学生的故事。

她向东京一位著名的传教士提出申请，希望成为一名基督教徒。当被问到原因时，她说因为非常想坐飞机。传教士请她继续解释飞机和基督教之间的联系，她说有人告诉她，飞机上天之前必须保持平和沉着的心态，这种心态只能通过宗教训练才能获得。她觉得基督教可能是所有的宗教里最好的，所以她前来寻求指教。[2]

日本人不仅把基督教和飞机联系起来，他们还把训练"平和沉着的心态"与学校考试、公众演讲和政治家的职业联系起来。对他们来说，为了培养"一点"（集中、专注）而进行的训练，几乎对任何事业都有不容置疑的好处。

许多文明都在发展这种训练，但日本人训练的目的和方法都有独到之处。特别有趣的是，日本的训练方法很多都是来源于印度的瑜伽。日本的自我催眠、集中精神及控制意识等方法，与印度瑜伽的训练方式有相似之处。它们都强调心无杂念、身体静止以及千万次重复诵念同一句话，或者将注意力集中到一个特定符号上，甚至在日语中还能找到印度瑜伽使用的术语。但是，除了这些仪式性的外在表现之外，日本的训练方法与印度几

---

[1] one-pointed，是铃木大拙先生在《禅宗概论》中使用的词，据大拙先生说明，是作为梵文ekagra的译语选用的，表述主客不分，意念集中于一点的状态。通常按佛教用语将其译为"一心"或"一缘"。——编者注

[2] 参见查尔斯·艾略特的《日本的佛教》，286页。——原注

乎没有共同之处。

印度的瑜伽是一个奉行禁欲苦修主义的极端教派。它是一种从轮回转世中获得解脱的方法。这种方法也叫"涅槃"[1]。除此之外，再无其他救赎之道，而阻碍这条救赎之道的是人的欲望。只有通过绝食、受辱、自我折磨等方法，才能消除这些欲望。通过这些手段，人可以超凡入圣，达到天人合一的境界。瑜伽是一种抛弃一切世俗的方法，是从人类无意义的轮转中解脱的方法。它也是一种获得精神力量的手段。苦行的方式越是极端，就越能缩短达到目标的路程。

在日本，这样的哲学是不存在的。尽管日本是一个深受佛教影响的国家，但他们的佛教信仰中从来没有轮回和涅槃的内容。虽然有少数僧侣接受了这种教义，但是它从来没有影响过公众舆论和民众的看法。日本人不会因为动物或昆虫有可能是人类灵魂的转世，就将它们放生。日本的葬礼仪式和庆生仪式也完全没有轮回的思想。轮回不是日本人的思考方式，涅槃也不是。不仅民众没有这种思想，甚至僧侣也出于现实的考虑而对它进行修改，使之近乎消失。有学问的僧侣称，一个受过"启迪"（顿悟）的人就已经达到了涅槃的境界；涅槃就在此时此刻，在每一个角落，而且每个人都能在一棵松树和一只飞鸟身上"看见涅槃"。日本人对死后世界的想象一直不感兴趣。他们的神话都是关于神的故事，而没有提到死后的世界。他们甚至拒绝接受佛教中关于人死后因果报应的观点。他们认为，任何一个人，包括最低贱的农民，在死后都会变成佛；在每个家庭的佛龛中所供奉先人的牌位就被称为"佛"。没有其他佛教国家有这样的用法。如果一个国家对普通的死者都能使用如此大胆的称呼，那么也就可以理解，

---

[1]涅槃是梵语，意为灭度，或云寂灭、无为、解脱、安乐、不生不灭等。——编者注

这个国家不会追求涅槃这样困难的目标。既然一个人怎么样都会成佛，那么他就不必通过终其一生的肉体禁欲来达到"完全静止"这一目标。

同样，日本也没有肉体和精神不能调和的教义。瑜伽是消除欲望的手段，而欲望就寄生在肉体之中。但是，日本人没有这种教义。他们认为"人之常情"并非是邪恶的东西，享受感官快乐是智慧的一部分。唯一的条件是，感官必须为人生大事做出牺牲。日本人从逻辑上将瑜伽的训练方法拓展到了极致：不仅废除了所有的自我折磨，而且根本不以禁欲苦行为宗旨。甚至他们反复提及的"悟者"也是如此，虽然这些人被称为"隐士"，但他们常常同妻子儿女一起定居在国内风景秀丽的地方，过着安逸舒适的生活。娶妻生子与超凡入圣没有丝毫矛盾。在流传最广的佛教宗派[1]中，僧人完全可以娶妻成家。日本从不轻易接受精神与肉体不能调和的理论。那些"悟者"的圣洁，在于他们"自我训练"中的冥想和生活的简朴。而不是衣衫褴褛，无视自然之美，不闻妙音之乐。日本的圣人应该终日吟诗、品茶、赏月以及观樱。禅宗甚至教导信众，要避免"三不足"，即衣不足、食不足和睡不足。

瑜伽哲学的终极主旨是，其所受的神秘主义的训练，可以让修行的人进入一种天人合一的忘我境界。在日本，这也是不存在的。无论是原始民族、伊斯兰教苦修僧和印度瑜伽信徒，还是中世纪的基督徒，不管他们信仰的是什么，凡是进行神秘主义训练的人都一致认为，他们都具有了"神性"，并且都感受到了"不在这一世"的极乐。日本也有神秘主义的技巧训练，却没有神秘主义。这并不意味着，他们无法入定，他们是能够做到入定的，只是他们将入定看作训练"一点"的一种方法，而不把它说成是

---

[1]指净土真言宗，亦称真言宗，日本佛教主要宗派之一，主张简化修行方法，只要念佛即可往生净土。——译者注

"入迷"状态。其他国家的神秘主义者宣扬的是,入定的时候五种感官处于静止状态。日本禅宗却不以为然。他们认为,通过训练,"第六感"就能达到一种极度敏锐的状态。第六感存在于意识之中,训练使它凌驾于五种普通感官之上,但是味觉、触觉、视觉、嗅觉和听觉在入定时也都获得到了特殊的训练。在入定修行的时候,禅宗弟子的一项练习就是要辨别出无声的脚步,并且准确追寻足迹;或者能够在"三昧"[1]境界中,辨认出各种故意引人垂涎的香味。嗅、视、听、触及味,都"有助于第六感",入定修行者必须在这种境界加强训练,使"每一个感官都变得敏锐"。

在任何重视超感观体验的宗教里,这种训练方式都是非常少见的。即便在入定中,禅宗的修行者也并不试图超脱自身之外,而像尼采[2]描述古希腊人时所说的:"保持自我,保留其公民之名。"在日本佛教宗师的言论中,对这种观点有不少生动的阐述,其中最精彩的讲解出自道元[3]法师。他是13世纪禅宗曹洞宗[4]的最伟大的创建人,曹洞宗至今仍是禅宗里规模最大、最有影响力的教派。他在谈到自己的"顿悟"时说道:"我只知道眼睛垂直的横在鼻子上方……(在禅的体验中)没有任何神秘可言。时间还像往常那样流逝,太阳从东方升起,月亮从西方落下。"[5]禅宗著作也不认为"入定"除了能培养自我训练的能力外,还能有什么其他力量。

---

〔1〕三昧,来源于梵语,意思是止息杂念,使心神平静,是佛教的重要修行方法。——编者注

〔2〕弗里德里希·威廉·尼采(1844—1900年),德国著名哲学家、语言学家、诗人、作曲家、思想家及西方现代哲学的开创者。——编者注

〔3〕道元(1200—1253年),日本曹洞宗创始人,日本佛教史上最富哲理的思想家。——译者注

〔4〕曹洞宗,佛教禅宗南宗五家之一,由良价禅师在江西宜丰的洞山创宗,其弟子曹山本寂在宜黄吉水的曹山寺传禅,故后世称为曹洞宗。后由日本僧人道元传入日本,为日本最大的佛教宗派。——编者注

〔5〕转引自忽滑谷快天的《武士的宗教》,197页。——译者注

一位日本佛教徒写道:"瑜伽声称通过冥想能够获得各种超自然力量,禅宗不会说出这样愚蠢的话。"[1]

日本人就这样极力消除了印度瑜伽的基本观点。在日本,人们对有限性[2]的热爱至关重要,这让人不由想到与之相似的古希腊人。在日本人看来,瑜伽训练法就是一种以追求完美为目标而进行的自我训练,它可以让一个人的意识与行为毫发无间,进而使人达到"融会贯通"的境界。它是一种讲求效率的训练,也是一种自我依赖的训练。它的回报就在此时此刻,因为它使人能够恰到好处地面对任何情况,用力不多不少,恰到好处。它还能控制人的恣意妄为,无论是受到外界的人身危险,还是遭遇内心的激情迸发,他总能镇定自若,应付裕如。

这种训练对武士和僧侣都很有意义。事实上,日本武士已经把禅宗当作了自己的信仰。一个人在任何地方都很难像日本这样,采用神秘主义的训练方法却不追求神秘主义的体验,而是用它来训练日本武士进行肉搏战。然而,从禅宗产生影响之时起,日本就一直如此。12世纪,日本禅宗创始人荣西的巨著就取名为《兴禅护国论》,武士、政治家、剑客和大学生都接受过禅宗训练,而他们的目标都是相当世俗的。正如查尔斯·艾略特爵士所说,中国禅宗史毫无迹象表明,它在传到日本后会成为一种军事学科。"禅宗像茶道和能乐一样,已经完全成为日本式文化。它的主张是真理不在于经文之中,而在于精神的直接体验。所以不难设想,在12世纪、13世纪那样的乱世中,这种冥想和神秘主义的教义会在离世避难的寺院里盛行起来。但是,谁也不会想到,武士阶级会接受它,并将它作为最

---

[1] 转引自忽滑谷快天的《武士的宗教》,194页。——译者注
[2] 有限性,基督教哲理神学术语。相对于上帝的"无限"而言,"有限"是对人的本质及其生存处境的定义之一。它是指人所拥有的自由的有限性。即人拥有自由做选择,却不能避免选择之后的后果。——译者注

喜爱的生活准则。然而，事情的发展就是如此。"[1]

日本的许多教派，包括佛教和神道教，都极为强调冥想、自我催眠和入定的神秘修行法。其中有一些教派声称，这种训练的结果证明了神的恩宠。他们把自己的理论建立在"他力"的基础上，即依靠他人的帮助，依靠神的恩宠。以禅宗为首的另外一些教派则声称，唯一能够依靠的只有"自力"，即自己帮助自己。他们的教义是，潜力只存在于体内，只有付出努力才能增强。日本武士完全认同这一教义。于是，不管是僧侣、政治家，还是教育家——这些都是武士们担任过的角色——他们都利用禅宗的训练方法来巩固一种朴素的个人主义。禅宗的教义说得非常清楚："禅宗只是使人能在自己体内发现的光。它不能允许任何妨碍出现。它要清除道路上的一切阻碍……遇佛杀佛！遇祖杀祖！遇圣杀圣！这是获得救赎的唯一途径。"[2]

追求真理的人不能接受任何间接的东西，无论是佛祖的教诲、经文还是教义。"三乘十二因缘[3] 都是废纸"，研究它或许能够收获一些好处，却与唯一能引发"顿悟"的灵光一闪毫无关系，而唯有这种灵光一闪才能使人悟道。在一本禅宗对话录里，弟子请禅师讲解《法华经》[4]。禅师的阐述精彩纷呈，弟子听完后却非难他："怎么，我还以为禅师们都鄙

---

[1] 查尔斯·艾略特的《日本的佛教》，186页。——原注
[2] 转引自斯坦尼尔伯·奥柏林的《日本佛教教派》，143页。——原注
[3] 三乘，佛教以三种交通工具，比喻运载众生度越生死到涅槃彼岸之三种法门：声闻乘（闻佛声教而得悟道，故称声闻）、缘觉乘（观十二因缘觉真谛理，故称缘觉）、菩萨乘（前二乘唯自利无利他实乃小乘，菩萨乘自利利他具足故为大乘）。十二因缘，亦名十二有支，是佛教三世轮回的基本理论，包括无明、行、识、名色、六入、触、受、爱、取、有、生、老死。周而复始，至于无穷。——译者注
[4]《法华经》，全称《妙法莲华经》，是佛陀释迦牟尼的晚年说教，明示不分贫富贵贱、人人皆可成佛。——译者注

夷经文、教义和逻辑体系呢！"这位禅师回答道："禅不是一无所知，而是相信顿悟在经文或其他任何典籍之外。你没有告诉我你想要'顿悟'，你只是向我求解经文。"[1]

禅师们所传授的传统修行，是为了教导弟子如何"寻求顿悟"。修行可以是肉体上的，也可以是精神上的，但最终都必须通过修行者内在意识的考验。剑客的禅修就是个很好的例子。剑客当然得学会并不断练习正确的击剑方式，但剑术的熟练仅仅属于"能力"的范畴。除此之外，他还必须学习如何达到"无我"的境界。首先，他被要求站在平地上，将注意力集中在脚下的方寸之地上。这一小块立足之地会被逐渐升高，直到他站在四尺高的柱子上仍然如履平地。当他在那根柱子上纹丝不动时，他便"顿悟"了。他的身体不会因为感到晕眩或害怕跌落而违背他的意愿。

在西欧中世纪时期，圣西门[2]派修士也有立柱这种苦修方式。日本把这种大家熟悉的苦修变成了一种有目的的自我训练，它就不再是一种苦修了。日本所有的身体训练，不管是出自禅宗，还是来自农村的习俗，都经历了这种转变。在世界的其他地方，跳入冰冷的水中和站在山间的瀑布之下都是标准的苦修。这样做，有时是为了让肉体受苦，有时是为了向神祈求怜悯，有时是为了进入出神的状态。日本人最喜欢的"寒稽古"是拂晓前站在或坐在冰冷的瀑布下，或者在冬夜里三次用冷水浇身。他们的目标是锻炼自我意志，直到自己不再关注身体的不适。信徒的目标是锻炼自己不受妨碍地保持无间断的冥想。当他在寒冷的清晨完全意识不到冷水的刺激和身体的颤抖时，他就达到了"融会贯通"的境界。这是唯一的

---

[1] 转引自斯坦尼尔伯·奥柏林的《日本佛教教派》，175页。——原注
[2] 圣西门，3—4世纪叙利亚苦行者。他原本是个牧羊人，梦中受到点化后开始修行，在阿勒颇附近的一根柱子上生活了三十年，也站在这根柱子上说教了三十年。——编者注

回报。

　　精神上的训练同样需要自主。谁都可以请师父，但师父不会进行西方式的"教导"，因为有意义的东西无法从自身以外的任何地方学到。师父可以和弟子一起讨论，但是他不会温和地引导弟子进入新的知识领域。师父越是粗鲁，就越被认为对弟子最有帮助。如果师父毫无征兆地打破弟子送到嘴边的茶碗，或者绊倒他，或者用铜如意敲他的手指关节，弟子就会在这种刺激中获得"顿悟"，因为它打破了他的自得状态。[1]　记载僧侣言行的书中满是这类事例。

　　为了引导弟子拼死寻求顿悟，最受欢迎的方法就是"公案"[2]，从字面上理解就是"难题"。据说这类问题一共有一千七百个。在禅僧的轶事录中，一个人花七年时间解决一个问题完全是微不足道的。这些问题的存在并不是为了寻求合理的解答，比如 "感受孤掌之鸣"，又如"体会未成胎儿之前对母亲的思慕"，以及"是谁背负着无生命躯体前行""是谁向我走来"和"万物归一，此一何归"等。诸如此类的禅宗问题曾经出现在12、13世纪以前的中国，日本在引进禅宗时也引进了它们。在中国，它们没有流传下来；在日本，它们则成了达到融会贯通境界最重要的训练方法。禅宗的入门书极为重视它们，认为"公案体现了人生之两难"。据说，一个正在研究公案的人会进入死局，就像"被追进死胡同的耗子"，又像人的"喉咙里含了一个火热的铁球"，或者像"想要叮咬铁块的蚊子"。他如痴如狂，加倍地努力。最终，阻碍在心灵和问题之间的"观察

---

　　[1]源自中国禅宗之"棒喝"。棒喝，佛教语，是禅宗师父接待初学者的手段之一。用棒迎头一击，或大喝一声，以促人顿悟。——译者注

　　[2]公案，原指官府用以判断是非的案牍。后来，禅宗的顿悟派借用此词，把禅机比作判案。于是，禅师示法时的或问或答、或举手或投足，启迪众徒以使顿悟的功效，无不如断案一般干净利落。这些内容被记录下来，便形成禅宗公案。公案的内容大都与实际的禅修生活密切相关。——编者注

自我"的屏障倒下了，两者——心灵和问题——疾如电闪般得到了调和。于是，他"顿悟"了。

看完这些关于精神如何高度集中和如何努力的描写后，再在轶事录里寻找他们以如此代价获得的伟大真理，结果难免让人失望。例如，南岳[1]花了八年来思考"是谁向我走来"[2]这个问题，最后他想明白了。他的原话是："说似一物，即不中。"[3]尽管如此，禅宗的启示也有一个大致的模式，从以下对话中就可以看出：

弟子：我怎样才能逃脱生死轮回？
师父：你为何如此执着？（"执着"的意思是将自己绑在轮回上。）

他们说，用一个著名的中国成语来表达，他们是在"骑牛觅牛"[4]。他们明白了"重要的不是渔网和陷阱，而是这些工具要捕获的鱼和动物"。用西方的表达方式来说，就是他们明白了两难之境的两个角[5]都无关紧要。他们认识到，只要打开精神的眼睛，目标就可以通过现有的手段实

---

[1]南岳怀让（677—744年），唐代高僧，禅宗六祖慧能弟子，弘法于南岳福严寺，其后出临济、沩仰二大宗支。——译者注

[2]本尼迪克特理解有误，这句话是慧能问南岳："你是谁？从哪里来？"参见下一条注释。——译者注

[3]据明人瞿汝稷《指月录》载，"南岳怀让禅师礼祖（六祖），祖曰：'何处来？'曰：'嵩山。'祖曰：'什么物？怎么来？'曰：'说似一物，即不中。'祖曰：'还可修证否？'曰：'修证即不无，污染即不得。'祖曰：'只此不污染诸佛之所护念，汝既如是，吾亦如是。'"——译者注

[4]参见宋人释道原的《景德传灯录·福州大安禅师》，"师即造于百丈，礼而问曰：'学人欲求识佛，何者即是？'百丈曰：'大似骑牛觅牛。'"——译者注

[5]在假言推理和选言推理的三段论中，用小前提肯定或否定的事项被称为"角"。——译者注

现。从别人那里获得不了什么帮助；反求诸己，则一切皆有可能。

公案的重要性不在于这些寻求真理的人从中发现了什么——他们发现的不过是神秘主义者放之四海而皆准的真理，而是在于日本人如何看待对真理的追求。

公案又被称为"敲门砖"。门就嵌在围绕着蒙昧者的那道墙上，墙里面的人总是担忧现有的手段是否够用，幻想周围有众多眼睛留意自己的一举一动，并准备好了给他们赞美或嘲笑。这堵墙就是"羞耻"之墙，对所有的日本人来说它都是真实存在的。一旦用砖敲开了门，那个人获得了自由，就不必继续执着于那些公案难题了，砖就可以扔到一旁了。学业一旦完成，日本人有关道德的两难处境就得到了解决。他们竭尽所能来对付死局；"为了训练"，他们变成了"叮咬铁块的蚊子"。到了最后，他们终于明白并没有什么死局——义务和"道义"之间没有死局，"道义"和"人之常情"之间没有死局，"正义"和"道义"之间也没有死局。他们终于找到了出路，从此获得了自由，第一次彻底地"品味"人生。他们达到了"无我"的境界。他们以"融会贯通"为目标的训练获得了成功。

禅宗大师铃木将"无我"描述为一种"忘形状态"，一种"意识不到自己正在做什么的感觉"和一种"无为之境"。[1]"观我"消失，实现了"忘我"，也就是他不再关注自己的行为。铃木说："随着意识的觉醒，意志一分为二：行动者和观察者。冲突在所难免，因为行动者的我想要摆脱旁观者的我的限制。"因此，在"顿悟"时，信徒发现既没有"观我"，也没有"作为未知或者不可知的灵体"[2]，除了目标和实现目标的行动，其他一切都不存在。研究人类行为的学者如果修改一下表达方

---

[1] 参见铃木大拙的《禅宗论集》第三卷，318页。——原注
[2] 引自查尔斯·艾略特的《日本的佛教》，401页。——原注

式，就能更好地证明日本文化的独特性。日本人从小就接受严厉的训练，要求观察自己的行为，并且用别人的评价来评判自己的行为。他的"观我"是非常脆弱的。为了将自己投入灵魂的忘形境界，他要消灭这种脆弱的自我。他不再感觉"他正在做什么"。他觉得自己的灵魂已经训练成功，就像剑术新手觉得自己已经成功站在四尺之柱上而无惧坠落。

画家、诗人、演说家和武士，也用类似的方法训练自己达到"无我"的境界。他们得到的不是"无限"，而是清晰、专注地感知有限的美，或者是调节手段与目的适应度，以便自己付出恰到好处的努力就能完成目标，"既不多，也不少"。

甚至一个没有受过这种训练的人，也可以经历某种近似"无我"的体验。当一个人在观赏能乐和歌舞伎时全身心地投入其中，他也可以说是失去了"观我"。他的手掌满是汗水，他感到了"无我之汗"。"他并不是在观赏剧情"。一个轰炸机飞行员接近目标并投下炸弹之前也会渗出"无我之汗"。"他并没有这样做。"他的意识中不存在那个"观我"。一个将世界弃之一旁，全神贯注的高射炮手，也会渗出"无我之汗"，也会失去"观我"。日本人认为，在这些例子中，处于这种状态的人都进入了最高境界。

这些概念有力地证明，日本人将自我警觉和自我监督视为沉重的负担。他们认为，只有摆脱这些限制，自己才能自由和高效地行动。美国人将"观我"看成是内心的理性原则，在危机中以"保持冷静的头脑"为骄傲；而日本人需要进入忘我状态，忘记自我警觉的束缚，才会感到去掉了颈上的石枷。正如我们所见，他们的文化向他们的内心反复灌输谨慎的必要性。但是，日本人是这样宣称的：当人的心理重负消失，人的意识可以更加高效，并遨游于天地。

日本人对这一信条最为极端的表达——至少在西方人听来如此——就是他们极力称赞一个人"像已死之人一样生活"。按字面直译，就是指

"活死人"。而在任何一种西方语言中,"活死人"描述的都是十分可怕的形象。我们使用它,是用来形容一个人的自我已经死去,只留下躯体成为这个世界的障碍。他的体内不再拥有生命的力量。日本人使用它,是用来形容一个人处于"融会贯通"的境界。这句话被日本人用于日常的劝勉和鼓励。男孩为中学毕业考试担心时,鼓励他的人会说:"就当自己死了,你就可以轻松过关。"为了鼓励正在谈大生意的人,朋友会说:"就把自己当作是死人。"当一个人经历严重的心灵危机,看不清前路时,他通常会下定决心"像已死之人一样生活"。基督教著名领袖贺川[1],在战后被选为贵族院[2]议员,他在自传体小说中写道:"就像被恶灵缠身一样,他一整天都在屋子中哭泣。他的哭泣近乎歇斯底里。这种痛苦持续了一个半月,但生命终于获得了胜利……他要带着死亡的力量生活下去……要像已死之人一样投入战斗……他决定成为基督徒。"[3] 战争期间,日本士兵这样说:"我决心像一个已死之人一样生活,以此回报皇恩。"这种说法包括了一系列行为,比如出征前为自己举行葬礼,立誓将自己的身体化为"硫磺岛之尘土",或者决心"与缅甸之花一同凋谢"。

"无我"的理论基础,也是"像已死之人一样生活"的理论基础。在这种状态下,一个人消灭了所有的自我警觉,也就消灭了所有的害怕与顾虑。他变得像一个死人一样,无须再思考什么才是恰当的行为。死人也不再报"恩",他们已经自由了。因此,说"我会像死人一样生活",意味

---

[1]贺川丰彦(1888—1960年),日本社会改革家,基督教思想家,和平主义者,诗人、剧作家、小说家。——译者注

[2]贵族院,根据《大日本帝国宪法》设立的两院制帝国议会中的一院。贵族院议员由不经选举的皇族、华族和敕任议员构成,相当于英国的上议院。日本战败之后,按照盟军的要求,1947年3月31日贵族院停会,5月3日施行《日本国宪法》后,贵族院正式终止。——译者注

[3]参见《黎明之前》,240页。——原注

着从冲突中彻底地解脱出来，意味着："我可以自由地将精力和注意力直接用于实现我的目标，'观我'和所有因恐惧而形成的重负，将不再阻挡在我和目标之间。随之而消失的还有紧张感、压力以及困扰我的抑郁。现在，我可以为所欲为。"

用西方人的话说，日本人处于"无我"和"像已死之人一样生活"的状态，也就同时消灭了意识。他们所谓的"观我""碍我"，其实是评判其个人行为的审查者。这一言论生动地体现了东西方心理学之间的差异。当我们说到没有良心的美国人时，指的是这个人不再为做坏事而产生罪恶感；而日本人使用同类用语时，他的意思是说那个人不再紧张畏缩。美国人指的是坏人，日本人则指的是好人，而且是受过训练的人，能够最大限度发挥自己能力的人，一个能够解决所有困难的人，一个无私奉献的人。美国使人向善的最大制约力是罪恶感；一个冷酷无情、泯灭良知的人，将不再有罪恶感，就会变成一个危害社会的人。日本人对这个问题则有着不同见解。根据他们的理论，人在内心深处是善的。如果他的行为能直接表现内心的冲动，这个人就会自然施行善举，而且十分从容。因此要通过训练，在"融会贯通"的状态下消除"羞耻"的自我检查。只有这样，人的"第六感"才能挣脱阻碍，从自我意识和挣扎中得到彻底解脱。

在考察日本人这种自我训练的哲学时，如果将它从日本人的个人生活经验中分离出来，这种哲学就是无稽之谈。我们已经在前文中看到，这种由"观我"加之于日本人的耻辱感是多么沉重的负担。但是，如果不考虑日本的育儿方式，我们就无法理解这种哲学在他们的精神体系中的真正意义。在任何文化中，传统的道德规范要代代相传，不仅通过语言，而且还通过所有长辈对孩子的态度来传承。局外人如果不了解孩子是如何教育、怎样成长的，他就无法理解那个民族中最主要的生活问题。至此，我们已经从成人的角度描述了日本人对人生的各种观点。观察他们的育儿方式，可以让我们对这些观点有更加清楚的了解。

第十二章 儿童的学习

日本人的育儿方式是善于思考的西方人所无法想象的。美国的父母训练他们的孩子以适应生活，远不如日本人那样强调谨慎和自制。但是，在一开始，他们就会让孩子知道，自己小小的愿望并不是这个世界上的至高无上的命令。美国人制定了喂奶和睡觉的时间表，不到规定时间，无论他如何哭闹，也会让他继续等待。再大一些的时候，每当他吸吮手指或者碰触身体的其他部位时，母亲就会敲敲他的小手，禁止他这么做。母亲经常不在孩子身边。当母亲外出的时候，孩子得留在家里。在还没有喜欢上其他食物之前，孩子就会被断奶；如果他是用奶瓶喂养的，就不得不放弃奶瓶。如果某些特定食物对他有益，他就不得不吃。犯错时，他就要受罚。美国人会很自然地认为，日本孩子所受的这种训练一定会更加严格，因为日本人长大以后必须压抑个人意愿，小心谨慎地遵守着各种严苛的道德规范。

但是，日本人并不是这样做的。日本人的人生轨迹与美国人的恰好相反。它就像一个大大的浅底U形曲线，婴儿和老人享有最大程度的自由和放纵。在幼儿期后，限制就渐渐多了起来。直到在结婚前后，他们的自由度降至最低点。这个最低点会贯穿整个壮年期，持续许多年，之后逐渐上升。六十岁以后，人们又可以如同孩子一样不为耻辱感所困扰。在美国，人们所经历的曲线正好颠倒。幼儿时期需要接受严格的训练，随着孩子逐渐长大，训练会渐渐减轻，当他找到了足以自食其力的工作，并组建了自己的家庭时，他就可以自己主宰自己的人生。对美国人来说，壮年就是自由和进取心的鼎盛时期。随着一个人逐渐失去对生活的掌控，或者精力日渐衰退，甚至变得需要他人照料，约束又开始出现。美国人无法想象按照日本人的方式来安排人生，这在他们看来是完全背离现实的。

然而，无论是美国还是日本，它们对人生轨迹的安排，事实上都确保了每个人在壮年时期能够精力充沛地参与到本国的文化中去。为了实现这一目标，美国人依靠在这段时期增加个人的自由选择，日本人则依靠最大限度地增加对个人的约束。这一时期，尽管个人的体力和谋生能力虽然处于巅峰状态，事实上他无法为自己的人生做主。日本人坚信，约束是很好的"精神训练"，它能产生自由生活所无法达到的效果。虽然日本人在最活跃、最富创造力的时期所受到的约束有增加，但这并不意味着这种约束会贯穿其一生。童年期和老年期，都是"自由地带"。

一个如此宠溺孩子的民族多半是希望有孩子的。日本人正是如此。同美国父母一样，他们想要孩子，首先是因为疼爱孩子是一种幸福。但是，他们想要孩子的某些原因，对美国人来说是无足轻重的。日本的父母需要孩子，不仅仅是为了感情上的满足，更主要的原因是，如果他们不能延续香火，就会被视为人生的失败者。每个日本男人都必须有个儿子。他需要有人能够在他死后每天到厅堂的神龛前祭拜他的牌位。他需要儿子传宗接代，保持家族的名誉和财产。由于传统的社会原因，父亲对儿子的需要就像幼儿需要父亲一样。在不久的将来，儿子会取代父亲现有的地位，这不是对父亲的排挤，而是为了让父亲安心。在若干年内，父亲仍然是这个"家"的托管人，以后再由儿子接管。父亲不能将家族的托管权交接给自己的儿子，他就没有扮演好自己的角色。正是这种根深蒂固的延续香火的意识，使得日本的儿子在成年后对父亲的依赖时间比美国人长得多，却不会像在西方国家那样受到羞辱和嘲笑。

一个女人想要孩子也不仅仅是为了感情上的满足，而是因为只有当了母亲，她才能获得地位。没有孩子的妻子在家中的地位是最不稳定的，即使不被抛弃，也无法期望有朝一日成为婆婆，从而有权安排儿子的婚事和指使媳妇。虽然她的丈夫将会过继一个儿子来延续香火，但是按照日本人的观念，没有孩子的妻子仍然是一个失败者。日本人期待妇女能够多多生养。20世纪30年代的前半期，日本每年的平均出生率是31.7‰，比多子女的东欧国家还要高。而20世纪40年代，美国的出生率只有17.6‰。日本母亲很早就开始生孩子，其生育高峰是十九岁。

在日本，分娩同性爱一样，都是十分私密的事情。女人分娩时不能大声哭叫，以免尽人皆知。母亲要提前为婴儿备好小床和新的床垫、被褥。新生儿没有自己的新床是不吉利的。即便家境贫困买不起新床，也要将旧的被褥和被芯清洗一下，使之变"新"。小被褥不像成人的那样硬，要轻柔一些。因此，婴儿睡在自己的床上可能会更加舒服。而更深层次的原因，应该是源于一种"感应巫术"，它要求新的生命必须有自己的新床。婴儿的小床通常被放在母亲的床边，但是母亲不和婴儿同睡。直到他长大一些，自己能够要求和母亲一起睡时，才与母亲睡在一起。这时，婴儿大概一岁左右，能够伸出手臂表达自己的意愿了，就能躺在母亲的臂弯里睡觉。

在出生后的前三天里，婴儿是得不到哺乳的，因为日本人要等待母亲真正的乳汁流出来。在那以后，无论是想要吃奶还是需要安慰，婴儿随时都可以吸吮母亲的乳房。母亲也很享受为孩子哺乳。日本人坚信哺乳是妇女的最大生理快乐之一，婴儿也很快学会分享这种快乐。乳房不仅仅提供了营养，它也让孩子体会到快乐和慰藉。出生后的第一个月，婴儿或者躺在自己的小床上，或者被母亲抱在怀里。一个月后，婴儿被抱到神社参拜。在此之后，日本人才会认为婴儿的灵魂算是牢牢地固定到身体里了，才能让婴儿自由地出现在公众面前。满月之后，母亲就会将婴儿背在背上。一条双股的带子托住孩子的胳膊和屁股，然后越过母亲的肩膀，在腰前环绕打结。天冷的时候，母亲会用棉衣裹住背上的婴儿。家中的大孩子，不论男女，也要背着婴儿，甚至在玩跑垒或者跳房子时也不例外。尤其是乡村和贫困家庭，特别依赖这种大孩子照看小孩子的方式。而且，

"因为日本婴儿就这样在公共场所中生活，他们很快就表现出一副聪明而又感兴趣的样子，就似乎同背着自己的大孩子一样，享受着游戏的乐趣"。[1]日本将婴儿手脚展开绑在背上，这种方式与太平洋群岛及其他地区用围巾包裹的方式有很多相似之处。用围巾包裹的方式会助长婴儿的被动性格，长大后能够随时随地进入睡眠。日本的婴儿也是这样。但日本的绑带与围巾和婴儿袋有区别，不会制造完全的被动性格。日本婴儿"学会像小猫一样趴在别人背上……绑着的背带能保证足够的安全；但是婴儿……会通过自己的努力来获得比较舒适的姿势；很快他就学会一种趴在别人背上的巧妙技巧，而不仅仅是做一个绑在肩上的包袱"。[2]

每当母亲工作时，她就会将婴儿放在小床上；每当她要去街上时，无论走到哪里，都会带着他。她会对着婴儿说话，哼歌给他听。她会教他做各种礼节性的动作。当母亲给别人回礼时，她就会将婴儿的头和肩膀向前压低，让他也向对方鞠躬致意。总之，婴儿总是要像大人一样行礼。每天下午，母亲会带上婴儿一起泡热水澡，把他放在自己膝上，与他玩耍。

三四个月前的婴儿要用尿布，布质非常粗厚。日本人经常抱怨，正是这些粗厚的尿布造成了他们的罗圈腿。过了三四个月，母亲就要开始对他的训练。她会观察孩子的表现，托住他的身体，将他带到屋外。母亲通常会低声吹着单调的口哨，等着孩子大小便。婴儿慢慢地也能明白这种听觉刺激的目的。人们都认为，日本的孩子和中国的孩子一样，很早就开始了这方面的训练。如果婴儿尿床，有些母亲会拧孩子的屁股，但通常只是训斥一下。对难以训练的孩子，母亲会更加频繁地将他抱到户外教他大小便。如果婴儿便秘，母亲会给他灌肠或者服用泻药。母亲们说，这会让孩

---

[1]参见培根·爱丽丝·梅布尔的《日本的妇女和女孩》，6页。——原注
[2]参见培根·爱丽丝·梅布尔的《日本的妇女和女孩》，10页。——原注

子感到舒服些。孩子养成了按时大小便的习惯，就不用再穿上那种不舒服的厚重尿布了。事实上，日本婴儿都会觉得尿布不舒服，不仅因为它很重，更是因为日本人没有尿布一湿就给婴儿更换的习惯。但是，孩子还太小，无法理解大小便训练与摘掉不舒服的尿布之间的联系。他所体验到的，只是这种难受的日常训练，却又无法逃避。此外，母亲为孩子把屎把尿时，既要托着婴儿远离自己的身体，又得紧紧地抓住。这种让人难受的训练，为婴儿长大成人后接受日本文化中那些繁杂而琐碎的强制性要求做好了准备。[1]

日本的婴儿通常在学会走路之前就学会说话了。他们一向不鼓励孩子爬行。传统的看法是，婴儿不应该在一岁以前站立或行走。以前，母亲会阻止他们这种尝试。近一二十年来，政府在其广为发行的廉价的《母亲杂志》上，宣传并鼓励孩子早日走路，这个习惯才变得越来越普遍。母亲会将一根带子系在孩子腋下，或者用手扶着孩子的身体让他学步。尽管如此，日本的孩子一般还是更早开始学习说话。当他们开始牙牙学语的时候，大人逗弄孩子的话就变得越来越有目的了。他们不会任由孩子在偶然的模仿中学习说话，而是教他们词语、语法和敬语，孩子和大人都乐在其中。

在日本家庭中，孩子学会走路以后就会到处淘气。他们会用手指戳破窗纸，甚至会跳进地板中央的火坑[2]。大人对这样的行为不满，就会夸大家中潜在的危险。例如站到门槛上是"危险"的，坚决禁止。当然，日本的房子没有地下室，是依靠托梁将整个房子托起来的。人们是真的认为，

---

[1] 杰弗里·戈雷尔在《日本文化论丛》中也强调了厕所训练的作用。杰弗里·戈雷尔（1905—1985年），英国人类学家和作家，因其将精神分析技术应用于人类学而闻名。——原注

[2] 日本农家几乎都有这一设置，供取暖和烧饭用。——译者注

即使是孩子，踩在门槛上也会使整个房子变形。不仅如此，孩子还必须学会不要站在或者坐在地垫的缝隙处。地垫都是标准尺寸，因此房间也被称为"三榻室"〔1〕或"十二榻室"。孩子们经常被告知，古时候的武士会藏在屋下，用剑从地垫的缝隙处刺杀房间中的人。只有厚实柔软的地垫才能保证安全，缝隙处则是危险的。母亲经常会用"危险""不行"来告诫孩子。第三种常见的告诫是"脏"。日本的房子是出了名的整齐和洁净，孩子也受到告诫要注意整洁。

在新的婴儿出生之前，大多数日本孩子是不会断奶的。但是，近几年来，政府在《母亲杂志》上宣传，婴儿应该在八个月时断奶。中等阶级的母亲通常会这样做，但远未成为日本人的普遍习惯。在日本人看来，哺乳确实是母亲的一大乐趣。那些逐渐接受新习惯的人认为，缩短哺乳期是母亲为了孩子的幸福而做出的牺牲。而认可了"哺乳期过长会使孩子的身体会变得脆弱"这种新说法的母亲，就会指责那些没给孩子断奶的母亲是自我放纵。"她说自己没法给孩子断奶，这是她自己下不了决心。她只是希望继续哺乳。她是为了自己的快乐。"由于这种态度，八个月断奶的习惯当然不可能普及。另外，断奶晚还有一个实际原因。日本人没有为刚断奶的孩子准备特别食物的习惯。如果孩子断奶早，就应该喂他米汤，但通常都是从母乳直接换成普通的成人食物。日本人的饮食中没有牛奶，又不为孩子准备特别的蔬菜。考虑到这些情况，人们就有理由怀疑政府所倡导的"哺乳期过长会使孩子的身体变得脆弱"这一说法是否正确。

婴儿一般是在能听懂别人说话以后断奶的。在这之前，母亲抱着孩子放在膝盖上，靠着餐桌，喂他吃一点点食物；断奶之后，他吃的食物就会多起来。有些孩子在这一时期很难喂养，这就很容易理解当有新生儿诞

---

〔1〕指铺三块日本席的房间。——译者注

生，才会给他们断奶。母亲经常会喂他们一些甜品，以贿赂他们不再要求吃奶。有时，母亲也会在乳头上涂上辣椒。但所有的母亲都会逗弄孩子，说如果继续要求吃奶，就证明他们还是小婴儿。她们会说："看看你的小表弟，他已经是男子汉了。他和你一样大，却不要求吃奶了。""那个小男孩在笑你，因为你是个大男孩了，却还要吃奶。"那些两岁、三岁或者四岁还要玩母亲乳房的孩子，当听到有大一点的孩子接近时，就会立刻放弃，装出一副很不感兴趣的样子。

这种督促孩子早日长大的逗弄并不仅限于断奶。从孩子能够听懂大人的话开始，这些逗弄几乎在每个场合都可以见到。当小男孩哭泣的时候，母亲会对他说"你不是一个女孩"，或者说"你是个男子汉了"。她也可能会说："看看那个孩子，他就不哭。"当别人带着小孩上门拜访时，母亲会当着自己孩子的面故意爱抚小客人，说："我要收养这个孩子。我想要个这么听话的好孩子。你已经大了，却还一点都不听话。"她的孩子就会扑到她的怀里，挥动拳头捶打她，并哭喊着："不要！不要！我们不要别人的孩子。我会听你的话的。"当一两岁的孩子总是吵闹或者不认真听话时，母亲就会对来访的男客人说："你能帮我将这个孩子带走吗？我们不要他了。"男客人会配合扮演进入角色，准备将孩子从家中带走。于是小孩子尖叫着向母亲求救。他会像发了疯似的发脾气哭闹一场。当母亲认为嘲弄起了作用，她就会松口接回孩子，并且要求哭泣的孩子说到做到。这样的小把戏，有时也会用在五六岁的孩子身上。

逗弄还有另外的形式。母亲会走到自己丈夫身边，对孩子说："我爱你爸爸多过爱你。因为他是一个好人。"孩子就会十分嫉妒，试图将父母分开。母亲就会说："爸爸不会在家里大喊大叫，也不会在房间里跑来跑去。""不！不！"孩子会抗议说，"我也不会这样。我是好孩子。现在你会爱我了吗？"玩笑开够了，父母就会相视一笑。无论是男孩还是女孩，他们都会用这种方法逗弄他们的孩子。

用它来培养日本人对嘲笑和排挤的恐惧心，这种经历无疑是一种肥沃的土壤。我们无法了解到孩子是从什么时候开始明白这种逗弄是跟他们开玩笑的，但他们早晚是会明白的。当他们真正明白以后，这种人被逗弄的意识就和害怕失去一切安全和亲密而引起的惊慌融合在一起。即使长大之后，被人嘲笑时，他依然会感觉到这种孩提时代的阴影。

这种逗弄的方式在两岁到五岁孩子身上会引发更大的恐慌，因为家对他们来说是真正充满安全和欢乐的天堂。在父母之间，无论是体力上还是情感上都分工明确，他们很少以竞争者形象出现在孩子面前。孩子的母亲或祖母负责掌管家务，教育孩子。她们都跪着服侍孩子的父亲，恭恭敬敬，无比尊崇。家庭等级制度中的长幼尊卑是非常明确的。孩子们也懂得了这些特权规则，长辈享有特权，男人比女人享有特权，兄长比弟弟享有特权。但是，在人生的幼儿阶段，每个孩子都会受到家里所有人的溺爱。如果是男孩，得到的待遇会更好。无论是对女孩还是对男孩，母亲一向都对他们的要求百依百顺。三岁的男孩甚至可以朝母亲发泄怒火，但他不能对父亲表现出一丝反抗。为了发泄父母及其他人的逗弄带来的愤怒，他可能会向母亲和祖母发脾气。当然，并不是所有的小男孩都脾气暴躁。但是，无论是在农村家庭还是在上流社会家庭，这种脾气都被看成是三到六岁之间的孩子的正常表现。孩子会用拳头捶打母亲，又哭又闹，最后扯下母亲所珍惜的发饰。母亲是一个女人，即使男孩只有三岁，也是一个真正的男人。他甚至可以用暴力的方式来获得安慰。

孩子对父亲只能表现出尊敬。对一个孩子来说，父亲是等级制度上层次最高的代表。用日本人常用术语来说，就是"为了训练"，孩子必须学会对父亲表示恰当的尊敬。和任何西方国家相比，日本的父亲承担的教育子女的任务更少。那是女人的职责。如果父亲对年幼的孩子有什么期望，他通常只需一个简单无声的眼神，或者只是几句简短的训诫。而且这些情况很少出现，孩子都会立即遵从。父亲会在闲暇时间为孩子制作玩具。即使孩子们早已学会走路，父亲有时也会像母亲那样，偶尔抱抱孩子，带着他走一走。对这个年纪的孩子，父亲偶尔也会承担起一部分抚养的责任，而美国的父亲通常是将抚养这种责任交给自己的妻子。

虽然祖父母也是尊敬的对象，但是孩子们在他们面前拥有很大的自由。祖父母不担任管教孩子的责任，除非他们对孩子的父母太过松懈的教育感到不满。这种情况往往会引发一大堆摩擦。祖母经常一天到晚都陪在孩子身边。在日本，婆媳之间争夺孩子是极为普遍的。从孩子的角度来看，他可以同时获得双方的宠爱。从祖母的角度来看，她经常利用孩子来压制媳妇。而对孩子的母亲来说，她一生中最大的义务就是讨婆婆欢心。无论祖父母如何宠溺孩子，母亲都不会提出抗议。经常发生这样的事，母亲说不能再给孩子吃糖了，祖母就马上给他糖吃，还特意说："我的糖不是毒药。"在许多家庭里，祖母会给出不少母亲无法给予孩子的礼物，她们也有更多的空闲时间来陪孩子玩耍。

哥哥、姐姐也被教育着要宠爱弟弟、妹妹。当新婴儿出生时，孩子会充分感觉到我们所谓的"被夺宠"的危险。失宠的孩子很容易联想到他不得不放弃母亲的乳房、母亲的床，这些都要让给新生儿。新生儿诞生之前，母亲会告诉孩子，以后他就有了一个活生生的真娃娃，而不只是"假扮"的娃娃了。他被告知，以后不再和母亲一起睡觉，而是跟父亲一起睡觉了。而且，这还被说成是一种特权。孩子就会开心地加入到迎接为新生儿所做的准备工作中来。通常情况下，孩子们会因为新生儿的降临而感到由衷的激动和高兴。但是，这种激动和高兴很快会消失。大人们认为这完全是预料之中的事情，也不觉得有什么遗憾。失宠的孩子会抱起婴儿向外走，他对母亲说："我们把宝宝送给别人吧。"母亲会回答说："不行。他是我们家的宝宝。我们都喜欢他。你也爱他，所以需要你来帮忙照顾他。"这样的情景有时候会反复出现，但母亲似乎并不担心。在大家庭中，这种情形又会自动得到调节：交替出生的孩子会更亲近地团结在一起。最大的孩子会照顾保护老三，老二则照顾保护老四。更小的孩子也是按照同样的方式相互照顾。在七八岁以前，无论是男孩还是女孩，都以这种方式被照看着。

日本的孩子都有玩具。父母和亲戚朋友会给孩子制作或购买玩具娃娃，或者其他玩具。穷人家则几乎不花钱，都自己动手做玩具。孩子们用这些娃娃玩过家家、结婚和过节等游戏。玩游戏前，他们会就怎么做才是大人们的"正确"行为争论一番。当争议不出结果时，还要请母亲做裁定。如果孩子们吵架了，母亲一般会用"位高则任重"的说法，教导大孩子忍让小孩子。常用的话是："为什么不先舍后得呢？"三岁的孩子也很快明白了母亲的意思：只要大孩子将玩具让给小孩子，小的玩腻了就会将兴趣转向其他东西，大孩子虽然先前放弃了自己的玩具，但现在又赢回来了。或者，在玩主仆游戏时，母亲会让大孩子扮演不受欢迎的仆人角色，告诉他这样大家都高兴，而他也会从中"赢得"乐趣。在日本人的生活中，这种"为得先舍"的原则，即便在成年以后，依然受到极大的尊敬。

除了训诫和逗弄之外，分散和转移孩子的注意力也是一种颇受推崇的教育法。甚至不时地给孩子糖吃，也被认为是转移注意力的方法之一。当孩子越来越接近上学的年龄时，他们就会采取各种"治疗"方法。如果孩子脾气暴躁、不听话，或者吵闹不休，他的母亲就会带他上神社或寺院。母亲的态度是"我们要去求神佛帮助吧"。通常这就像一次出游，负责治疗的神职人员会严肃地和孩子谈话，问他的生辰和困扰他的问题。然后他退回内室祈祷，再回来的时候就会宣布治疗成功。有时候，则说孩子淘气是因为肚子里面有淘气虫，解决的办法是捉走他的淘气虫。而后就是给孩子洁身除虫，再让他回家。日本人说："这种方法能管用一段时间。"在日本，孩子受到的最严重惩罚，也被认为是一种"药"。这种惩罚是在孩子的皮肤上点燃一小撮堆成圆锥形的艾粉，这会留下终身的疤痕。艾灸在东亚是一种古老而又流传极广的治疗方法。日本也有这种传统，常常被用来治疗各种疼痛。它也能治坏脾气和倔强。六七岁的小男孩就可能会受到母亲或祖母用这种方法来治疗，有些特别难治的孩子甚至会用上两次，但很少有需要使用三次的。艾灸不是"如果你那样干，我就打你屁股"那种意义上的惩罚，但是它远比打屁股更加痛苦，孩子经历过之后就知道了。为了免受惩罚，就不能再淘气。

除了这些对付淘气孩子的方法之外，日本还有许多其他方法用来教导孩子具有必要的身体技能。他们特别强调指导者要手把手地教孩子如何做动作，孩子必须顺从模仿。在孩子两岁之前，父亲就会教他正确的盘腿坐姿，小腿收拢紧挨大腿，脚背挨着地板。刚开始孩子很难做到不往后仰。特别是训练这种坐姿必不可少的要领之一就是强调不能烦躁，要纹丝不动。日本人说，学习坐姿的最好方式就是全身放松，处于被动接受的状态。这需要父亲把手按在孩子的腿上，将其摆正。不仅要学习坐姿，还要学习睡姿。一个日本女人的睡姿应该是端庄优雅的，这种严肃性就如同美国女人不能让人看见裸体一样。本来日本人在澡堂里是不以裸体为耻的，直到政府为了赢得西方人的认同，试图在宣传中引入裸体羞耻的概念。但是，他们却十分强调睡姿。女孩在睡觉的时候，必须两腿并拢，挺直身体，男孩们则相对自由一点。这是训练男女有别的早期规则之一。就像日本其他所有规定一样，上层阶级执行起来比下层社会更加严格。杉本夫人这样提及自己在武士家庭受到的教养："从我记事起，晚上我就一直小心地睡在小木枕上……武士的女儿受到的教诲是身心永远都不能失控——睡觉也不例外。男孩可以随便地四肢敞开，摆成一个'大'字；女孩必须屈身而睡，呈现出庄重、高贵的'き'字形。这表现了一种'自制精神'。"[1]日本女人告诉过我，晚上睡觉时，她们的母亲或保姆会把她们

---

[1] 参见杉本钺子的《武士的女儿》，15、24页。——原注

的手脚摆放到正确的位置上。

在教授传统的书法时,老师也会手把手地教孩子写字。这是"为了让孩子体验那种感觉"。孩子在学会写字甚至是认字之前,就已经体会到了书法这种有控制、有节奏的运笔方法。在现代的集体教育中,这种方法已经不像以前那么常见,但依然存在着。鞠躬、持筷、射箭和往背上绑枕头模拟婴儿,这些都是通过手把手的方式来教孩子将身体姿势摆正确。

除了上层阶级,孩子们不必等到上学就可以和邻居家的孩子一起自由玩耍。在农村,孩子们不到三岁就会组成小型的游戏团体。即便在城镇,孩子们也会在拥挤的街道上,在穿梭的车辆间,自由自在地玩乐。他们是享有特权的人。他们可以停留在商店周围,听大人们讲话,或者玩跳房子和皮球。他们聚集在村社里玩耍,社神会保佑他们的安全。上学之前和上学的头两三年,男孩和女孩都在一起玩,但是最亲近的总是在同性之间,特别是同一年纪的孩子之间。这些所谓"同年"的团体,特别是农村的团体,比其他所有团体都更持久,甚至持续终身。在须惠村,"随着对性的兴趣逐渐减少,同年团体的聚会,是人生仅剩的真正乐趣。须惠村有种说法:'同年比妻子更加亲近。'"[1]

这些学龄前儿童的游伴,相互之间都是自由的。在西方人看来,他们玩的许多游戏都带有公然的猥亵。孩子们对性知识的了解,一方面是因为大人们的自由谈论,另一方面也是因为日本家庭狭小的居住空间。除此之外,当母亲在逗孩子玩或给他们洗澡时,也经常关注孩子的生殖器官,尤其是男孩的。日本人一般不指责孩子们的性游戏,除非地点或者对象不合适。手淫也不认为是危险的。同伴之间可以肆无忌惮地互相指责——这对成人来说就是侮辱的言辞,或者自我吹嘘,会让大人产生强烈的耻辱感。

---

[1]参见约翰·恩布里的《须惠村》,190页。——原注

"孩子们还不知道什么是羞耻，"日本人会和善地笑着说，并加上一句，"所以他们才这么快乐。"这就是孩子和成人之间巨大的鸿沟。因为说一个成人"不知耻"，就是指责那个人不成体统。

这个年纪的孩子经常会互相评论彼此的家庭和财产，还特别夸耀自己的父亲。例如，"我爸爸比你爸爸强壮""我爸爸比你爸爸聪明"等。这都是他们共同评论的话题。他们甚至会为各自的父亲大打出手。在美国人看来，这种行为几乎不值一提。而在日本，这种行为和孩子们在日常听到的对话完全相反。成人在提及自己家的时候都谦称为"寒舍"，提到邻居时则尊称"贵宅"；说起自己一家就是"鄙家"，说到邻居家就是"贵府"。日本人都认同，在童年的很长时间中——从孩子结伙玩耍到小学三年级大约九岁的时候——孩子们一直都是忙着提出这些个人主义的要求。有时候是"我来演领主，你来当家臣""不，我才不当家臣，我要当领主"；有时候是夸耀自己，贬低别人。他们想说什么就说什么。随着年纪渐长，他们发现自己想说的话不能说，于是就等别人询问才开口，也不再自夸了。

在家里，孩子还学会对待超自然的态度。神官和僧侣并不"教导"孩子。一般来说，孩子只有在参加节日庆典的时候才会有组织地接触宗教。这时，他和其他参加活动的人一起，接受神职人员洒水洁身。有些孩子被带去参加佛教仪式，通常这也发生在节日庆典上。孩子最常接触的、也是最深刻的宗教体验，其实是家里对神龛或佛龛的祭祀。更特别的是放置家族祖先牌位的佛龛，那里供奉着鲜花、一种特别的树枝和香火。除了每天供奉食品之外，家中长者还要敬告祖先家里发生的所有大事，并每天在佛龛前鞠躬。傍晚的时候，佛龛前会点亮小灯。人们经常会说自己不喜欢离开家过夜，因为没有先祖的神灵看护宅院，心里不踏实。神龛通常都是一个简单的架子，上面供奉的主要是从伊势神宫取来的灵符，也会摆放一些其他供品。此外，厨房里还有覆满烟灰的灶神，家里的墙上、门上也贴满了各种护符。他们都是保护神，保护家宅平安的。在农村，神社也同样是一个安全的地方，因为有慈悲的神灵镇守保护。母亲们喜欢让孩子在那儿玩耍，因为那里安全。孩子的经历中没有什么可让他们畏惧神灵的，也从没有什么正义的神或挑剔的神要求他们端正行为来符合神意。神只要受到顶礼膜拜，就会赐福给众人。神并不独断专行。

当男孩入学两三年后，将他纳入到日本成人生活的谨慎模式，这项严肃的任务才真正开始。在此之前，他已经学会控制自己的身体。如果不听话，就会"治疗"他的淘气，转移他的注意力。他受过和蔼的训诫，也受到过逗弄。但他可以任性，甚至任性到可以对母亲使用暴力的程度。这一切，在他刚刚开始上学的时候，都还没有什么变化。小学前三年都是男女混合教育，不论是男老师还是女老师，都十分宠爱学生，与他们一同玩耍。但是，学校和家里都更多地强调陷入"尴尬"处境的危险性。"羞耻"对孩子们来说还太早，但是他们必须学会避免陷入"尴尬"。例如，故事中的那个男孩在没有狼的时候高喊"狼来了！狼来了"，这就是在"愚弄大家。如果你也这样，人们就会不信任你，这是很'尴尬'的事"。很多日本人说，他们做错事的时候，第一个嘲笑他们的不是老师或家长，而是他们的同学。在这个阶段，长辈们的责任的确已经不是嘲笑孩子，而是逐渐地将嘲笑和履行"对社会的道义"这一道德教育结合起来。在孩子六岁的时候，他们的义务只是一只忠诚的狗所表现出来的爱心和奉献精神——前文所提到的忠犬报恩的故事就出自六年级读物——而现在，义务逐渐变成了一系列约束。"如果你这样干了，如果你那样干了，"他们的长辈们会说，"世人都会笑话你。"这些规定都是视特定情况而定的，其中很多都与我们所说的礼节有关。它们要求将对邻居，对家庭，对国家不断增加的责任放置在个人意愿以上。孩子必须约束自己，必须认识到自己背负的恩情和债务。他渐渐过渡到了负债人的位置，如果想还清债务，必须谨慎行事。

这种地位的变化是通过扩展幼时的逗弄模式，以新的更加严肃的态度来传达给成长中的少年们的。当孩子长到八九岁时，他的家庭真的有可能将他逐出家门。如果老师的报告说他不服管教或者不敬，给他的操行评分不及格，他的家人就会和他反目。如果他因为做了错事而受到商店老板的批评，"家族名誉就会因此而蒙羞"，他的家人会一致指责他。我认识两个日本人，还不到十岁就被父亲告知不必再回家。因为感觉羞耻，他们也不愿投奔亲戚家。而起因也只是他们在学校受到了老师的处罚。两人只好栖身在外屋，最后被母亲找到，才让他们回了家。高年级的学生有时候会被关在家里"悔过"，他们必须专心致志地写日记，这也是日本人十分看重的。无论何种情况，全家人都会让少年知道，现在他是整个家庭在社会上的代表。如果他受到批评，全家人都会站到他的对立面。因为他没有履行对社会的"道义"，就不能得到家人的支持，也无法指望同龄伙伴的支持。他犯了错，同学们都会疏远他。只有他赔礼道歉并保证不再犯错后，他们才会重新接纳他。

正如杰弗里·戈雷尔所说："值得强调的是，从社会学的观点来说，这种惩罚的严重程度非常少见。一般而言，在有大家庭或其他社会团体发挥作用的社会中，某一成员受到了其他团体的指责或攻击，他所属的团体通常会团结一致地保护他。只要不失去团体的认同，他就能放心地面对整个世界，因为如果有需要，或者遇到攻击，他能得到团体的全力支持。但是，在日本，情况恰好相反。个人只有得到其他团体的认同，才能确保得到所属团体的支持；如果外人不赞同或者有非议，所属团体就会站到个人的对立面，对个人施行惩罚，除非他能让其他团体收回非议。正是由于这种机制，'外在世界'的认同在日本具有其他社会都无法比拟的重要性。"[1]

---

[1] 参见杰弗里·戈雷尔的《日本人的性格结构》，27页。——原注

在这个年龄段之前，女孩所接受的训练与男孩没有本质差别，只是细节上存在差异。在家里，她比兄弟承受更多的约束。虽然小男孩也会被指派照顾婴儿，但女孩总是承担着更多的家务。她收到的礼物和关心总是家中最少的，也不能像男孩那样乱发脾气。但是，作为一名亚洲少女，她已经拥有了极大的自由。她能穿着鲜艳的大红衣服，和男孩子们一起在街头游戏；她甚至可以和男孩子打架，还经常不输给他们。幼儿期，她同样也是一个"不知道羞耻"的孩子。六到九岁之间，她也像哥哥、弟弟们那样渐渐懂得了自己对"世界"的责任，经历了哥哥和弟弟们类似的体验。九岁时，学校就实行男女生分班，男孩子们更加关注这种全新的男性团体。他们排斥女孩，讨厌被人看到和女孩说话。女孩们的母亲也告诫她们，和男孩子交往是不合礼仪的。据说，这个年纪的女孩会变得抑郁、内向并难以沟通，日本女人称之为"童趣"的终结。对女孩来说，被男孩排除在外就意味着童年的结束。此后的许多年，她们都只有一条道路可以选择，那就是"加倍自重"。这一教导将永远持续下去，无论是订婚之时，还是结婚之后。

但是，男孩在懂得自重和对社会的"道义"时，却还没有完全承担起日本成年男人的所有义务。日本人说："从十岁起，他就开始懂得'对名誉的道义'。"这指的是他开始了解厌恶耻辱是一种德行。他还必须学会相关的规则：什么时候直接和对手清算，什么时候用间接手段为自己洗刷污名。我并不认为他们的意思是让男孩必须学会对侮辱进行反击。他们从小就被允许对母亲使用暴力，又用打架的方法和同伴们解决了无数诋毁和反击，到了十岁根本不需要学习如何攻击对手了。但是，进入少年期后，他们必须遵从"对名誉的道义"的准则，他们的攻击性就导入了公众认可的模式，并有特定的处理方式。如前所述，日本人经常把这种进攻性对准自己，而不是用暴力对付别人，甚至连学生也不例外。

对六年基础教育之后继续升学的少年来说——约占总人口的15%，男孩的比例会更高一些——他们要开始为"对名誉的道义"负责。这个时候，他们还必须面对激烈的入学考试，每个人的每个学科都要按成绩进行排名。在此之前,他们没有任何逐渐积累的经验，因为在小学和家里，都尽可能地在回避竞争，所以竞争几乎不存在。这种突然而来的新体验，使竞争变得尤其残酷和突出。争夺名次，怀疑他人徇私，这样的情况屡见不鲜。但是，在日本人的回忆中，谈论得更多的不是这种竞争，而是中学里高年级学生欺负低年级学生的惯例。高年级学生会命令低年级学生到处跑腿，并想方设法欺负他们。他们会让低年级学生做出各种愚蠢丢脸的举动。低年级学生对此普遍感到怨恨，因为日本男孩不会把这种事当作开玩笑。一个低年级男生被迫向高年级学生卑躬屈膝，为他跑腿，就会怀恨在心，暗地里计划复仇。由于不能当场复仇，这就更加让人耿耿于怀。在他看来，这关系到他"对名誉的道义"，是一种道德问题。有时，在若干年后，他才得以通过家庭的影响力让折磨自己的人丢掉工作；或者他勤练柔道或剑术，毕业之后在大街上当众羞辱对方。但是，除非他有朝一日能完成报仇，否则他总会有一种"心愿未了"的感觉。这种感觉正是日本人报仇雪恨的核心。

　　那些未能进入中学的男孩，也可能在军队的训练中遭遇类似经历。和平时期，四个男孩里面就有一人被征召入伍，而二年兵对新兵的欺辱比中学高年级学生欺辱低年级学生有过之而无不及。军官们对此从不过问，甚至士官们也只在极少的情况下才会介入。日本军队的第一准则就是，向军官告状是丢脸的。争端都由士兵自行解决。军官们把它当作是"锻炼"部队的一种方法，但是他们并不参与其中。二年兵把自己在头一年积累的怨恨转移到了新兵身上，通过各种稀奇古怪的侮辱方式来证明自己"久经锻炼"。据说新兵们接受军队的训练后，好像变了一个人，成了"真正的崇尚军国主义的民族主义者"。这种变化可不是因为他们接受了极权主义国家的理论，又或者是被灌输了忠于天皇的思想。其实，饱受羞辱的经历才是更重要的原因。他们在家庭生活里受到的是日本式的教育，自尊对他们事关重大，因此很容易在军队这种环境里变得残暴起来。他们不能容忍屈辱，他们认为自己受到了排斥，这就会让他们转变成为折磨别人的高手。

日本中学和军队之所以存在这种现状，自然来源于日本有关嘲笑和侮辱的旧习。日本人的反应是，这并不是由中学以及更高层次的学校和军队造成的。显而易见，正是因为存在"对名誉的道义"这一传统准则，旧人欺辱新人的习俗才会在日本如此普遍，同时造成极大的怨恨，其程度远远超过美国人对类似事件的态度。虽然每一批受欺辱的人到时候会把惩罚转嫁给下一批人，但是他们依然执着于向真正折磨过自己的人进行报复，这一点也符合日本旧式的行为模式。日本和西方许多国家不同的是，找替罪羊的行为在民间并不常见。例如波兰，那里的新学徒和年轻的收割手都会被老手狠狠地欺负。但是，他们并不会去报复那些欺负他们的人，而是把怨气发泄到下一批新学徒和收割新手身上。日本的少年当然也能得到这种满足，但是他们更关心的还是直接报仇雪恨。受欺负的人只有和欺负他的人算清旧账，才会"感到痛快"。

在重建日本的过程中，那些把日本的未来放在心上的领导者，应该特别关注这种旧人欺侮新人的现象，以及各种青年学校和军队里侮辱青少年的现象。他们应该强调爱校精神，甚至是"校友关系"，以此来打破以大欺小、以高压低的陋习。在军队中，他们应该严格禁止老兵欺负新兵。二年兵应该坚持对新兵进行严格的训练，就像各级军官所做的那样，这不算侮辱，欺凌、嘲弄才算侮辱。在学校和军队中，如果让人装狗摇尾巴、学蝉叫，又或者在别人吃饭的时候让他们倒立，所有这些欺凌行为都会受到惩罚。如果能有这样的变化，在日本的再教育问题上，就远比否认天皇的神圣或者删除教科书里的民族主义材料更为有效。

女人们不必学习"对名誉的道义"的准则，她们没有男孩那种中学和军训的经历，也没有类似的体验。她们的生活轨迹远比男孩平稳得多。

从最早有记忆开始，女孩就被训导着万事以男人为先，她们无法享有优先权、关照和礼物。她们必须遵守的生活规则，不允许她们明显地表现出自我意愿。尽管如此，婴幼儿时期，她们也和兄弟们一起共享日本幼儿所享有的特权。在还是小女孩的时候，她们曾被特意打扮，可以穿上鲜红的衣服。成年后，她们就不能再穿这种颜色的衣物，直到六十岁以后，进入人生的第二个特权阶段才可以。在家里，母亲和祖母像对待她的兄弟一样争着讨她的欢心。兄弟姐妹也争着要求她像家里其他人一样，和他们"最"亲近。孩子们要求和她一起睡，以此显示她最喜欢自己。她可以经常把祖母给她的礼物分给两岁的幼儿。日本人不喜欢一个人睡觉，晚上经常会将孩子的小床放到一个选定的大孩子床边。"你最喜欢我"的证明经常就是两人的床紧挨到一起。九至十岁时，女孩虽然被排斥在男孩的游戏团伙之外，但还是能够得到一定的补偿。大家会夸赞她们梳理的各式各样的新的发型。日本女孩的发型和发饰在十四岁和十八岁之间最为讲究。到了这个年龄，她们可以穿着丝绸衣服，而不仅限于棉布。家里人也会不遗余力地给她们买好看的衣服，将她们打扮得更漂亮。通过这些方式，女孩子们确实获得了某种满足。

女孩必须履行各种各样的义务，这种义务自然地紧随着她们，并不需要某个独断专横的家长的强制。父母们并不通过体罚的形式行使自己的特权，而是通过平静而坚定的期待，希望女儿能够达到他们的要求。这里有必要举一个极端的例子，来很好地展示那种非专制性的压力，它不那么严格，也很少使用特权。稻垣钺子[1]从六岁就开始就受教于儒学大师，背诵儒家经典。

---

[1] 即杉本钺子。稻垣系杉本夫人未出嫁时的旧姓。——译者注

在整整两个小时的授课过程中，除了双手和嘴唇，老师纹丝不动。我也以同样的姿势，一动不动地坐在他身前的席上。曾经有一次我动了，那时还在上课。不知道为什么，我有点焦躁不安，身体微微晃了一下，交叠的双膝稍稍偏离了应有的角度。老师的脸上流露出一丝惊讶的神情，他静静地合上了书本，文雅而又坚定地说："小姐，你今天的精神状态显然不适合学习。你应该回房静思一下。"我那幼小的心灵羞愧得无地自容。我毫无办法，只得谦卑地先向孔子画像鞠躬，再向老师鞠躬，恭敬地倒退着出了房间。我慢慢地走去向父亲汇报，就像往常下课后一样。因为还没到时间，父亲很惊讶，他漫不经心地说："你今天结束得真快啊。"这句话简直就是丧钟。那一刻的伤痛，心里至今仍隐隐作痛。[1]

杉本夫人在另一处对祖母的描写，概括了日本父母中最有代表性的一种态度：

她安详地期望每个人都能按照她的意思去做；既无责骂，也无争吵，但是她的期望柔软如丝线，也同样坚韧，引导着她的小家庭向她认为是正确的方向前进。

这种"柔软如丝线，也同样坚韧"的"期望"，能够如此有效的原因之一，就是每一种技艺的训练目的都非常明确。女孩子学到的不仅仅是规矩，更是习惯。无论是孩童时期学习筷子的正确用法、进入房间的正确方式，还是后来学习茶道和按摩，大人们都会手把手地教导，一遍遍重复地练习，直到这些动作成为自然反应。长辈们不认为孩子在需要这些的时

---

[1] 参见《武士的女儿》，20页。——原注

候，"自然而然就会养成"正确的习惯。杉本夫人描述了她在十四岁订婚后是怎样为丈夫上菜的。她还从未见过未来的丈夫。他在美国，而她在日本越后[1]。但是在母亲和祖母的监督下，"我一次又一次亲自下厨，做哥哥所说的松雄（未来的丈夫）最喜欢的菜。他的食案就放在我的边上，我总是先给他上菜，然后才轮到自己。就这样，我学会了用心服侍未来的丈夫。祖母和母亲说话时也总是当作松雄在场，我也非常注意自己的衣着和举止，就好像他也在房间里一样。如此这般，我渐渐尊敬起他，也尊敬起自己作为他妻子的地位"[2]。

虽然男孩的训练程度没有女孩那样强，但同样通过榜样和模仿接受对习惯的训练。一旦"学会了"，就不能有任何借口违反。成年以后，有一个重要的人生领域，他得不到帮助，主要得靠自己的主动性。他的长辈们不会教他如何求爱的习俗。家里禁止任何公开表达爱意的行为，没有亲属关系的男孩和女孩更是从九至十岁起就被完全隔离。日本人的观念是，在男孩开始对性感兴趣之前，由父母为他安排一门婚事。因此，男孩与女孩接触时应该是要"害羞"的。农村人经常就这一话题取笑男孩，导致他们一直"害羞"。尽管如此，男孩也会试着学会求爱。旧时有许多女孩未婚先孕，而在偏远的农村最近都有这种现象，有些村子里甚至大多数女孩都是如此。这种婚前的性经验是一个"自由地带"，与严肃的人生大事无关。父母会照样安排他们的婚事，不去提及这些风流韵事。但是，到了今天，就如须惠村一个女孩对恩布里博士所说的："连女佣都被教导要保持处子之身。"上中学的男孩也严禁与异性交往。日本的教育和舆论都在尽

---

[1]越后，日本废藩置县前的旧藩名，大致相当于现在的新潟县。——编者注
[2]参见《武士的女儿》，92页。——原注

力阻止婚前两性间的亲密行为。日本电影中，那些在年轻女人面前表现得轻松自如的男青年都被当作是"坏"的；而"好"的那些，在美国人看来，对漂亮女子采取的全是无礼甚至粗暴的行为。和女子相处态度自然，就意味着他们曾经"游戏花丛"，或许找过艺伎、妓女或咖啡店女服务生。艺伎馆是"最佳"学习场所，因为"她会教你，男人只需要放松地观赏"。他不必担心自己表现笨拙，艺伎也并不期待和他发生性关系。但并不是所有的日本男孩都有钱上艺伎馆。他们可以去咖啡馆，看男人怎么亲昵地对待那里工作的女孩，但是这种观察又与他们在其他领域接受的训练是不同的。男孩会有很长一段时间担心自己的笨拙。生活中他们必须要自学的行为领域不多，性就是其中之一，没有可信任的长辈亲自教导。有地位的家庭会为新婚夫妇提供《新婚之书》[1]，或者绘满各种姿势的屏风。就如一个日本人所说的："你可以从书本中学习，就像学习布置庭院一样。你的父亲没有教你如何布置一个日式庭院；但你长大之后就自然懂得这种兴趣爱好了。"把性和布置庭院相提并论，认为同样能从书中学习知识，这种说法很有趣。其实，日本大部分年轻人都是通过其他渠道了解性行为的。总而言之，他们不是通过长辈的悉心教导才学会的。这种训练上的不同使得年轻人相信：人生的大事有长辈照管，他们会不遗余力地训练他养成正确的习惯；而性不是人生大事，它属于自我享乐的领域，虽然害怕尴尬，但必须自己学习掌握。这两个不同领域有着不同的规则。结婚后，他可以光明正大地去别处享受性的乐趣，这样并不会侵犯妻子的权利，也不会威胁到婚姻的稳定。

妻子就没有这样的特权。她的义务就是对丈夫忠诚。如果她要红杏

---

[1]原文为bride books，即《新婚之书》。日译误作《枕草子》（清少纳言著，日本平安时代女性文学代表作）。——译者注

出墙，就必须偷偷摸摸。相较而言，日本的大部分妇女都不能将自己的恋爱事件隐藏得足够隐秘。神经过敏或情绪不稳定的女人被当作是"歇斯底里"。"女人最常见的问题不在于社交，而是表现在性生活上面。很多精神错乱和歇斯底里（精神紧张，情绪不稳定）的例子都是由性生活不协调造成的。女子必须抓住一个能够给她性满足的人做丈夫。"[1] 须惠村的农夫们说，大部分女人的病是"从子宫开始"的，然后发展到脑子里。当丈夫另有新欢时，妻子就求助于自慰这一得到日本公认的习俗；而且从农村到显贵，妇女都珍藏着用于自慰的传统器具。村妇在生过孩子后，在性方面的行为忌讳便大大减少。在成为母亲之前，她不能讲任何与性有关的笑话；生完孩子之后，随着年纪的增长，她就可以在男女混合的宴会上说很多涉及性内容的笑话。她还会以富有色情意义的舞蹈取悦大家，随着淫秽的歌曲扭腰摆臀。"这样的表演无一例外总会招来哄堂大笑。"在须惠村，士兵服完兵役回乡时，在村外受到热烈欢迎。这时，女人们会打扮成男人的模样，讲着黄色笑话，还佯装强奸年轻女孩。

因此，日本女人在性这方面享有一定的自由，而且身份越低，自由度就越大。她们在人生的大部分时间里都遵守着诸多禁忌，但绝不忌讳了解和谈论性事。当男人喜欢她淫荡时，她们是淫荡的；当男人喜欢她正经时，她们又变得正经了。等到成年后，她们就可以抛开所有禁忌。如果她出身低下，更是可以和男人一样下流。在不同的年纪和不同的场合，日本人对妇女的行为有不同的标准，并不强求一成不变的性格，不像西方人，将女人分成"贞女"和"荡妇"。

男人的休闲方式也是丰富多彩的，可以和他们所受到的限制相媲美。他们喜欢和男性同伴一起喝酒，特别是有艺伎服侍的时候，男人们会更加

---

[1] 参见约翰·恩布里的《须惠村》，175页。——原注

快乐。日本男人喜欢喝得醉醺醺的，没有规定阻止男人喝得尽兴。几杯清酒之后，他们就卸下所有承担的身份与职责，相互依靠着，姿态亲密。喝醉后，尽管有少数"不好相处的人"可能会发生争吵，但很少动武或寻衅滋事。按照日本人的说法，除了喝酒这样的"自由领域"，男人永远不应该做出"出乎意料"的事。说一个人在正经事上出乎意料，在日语里是仅次于"傻瓜"的骂人话。

西方人描述的日本人的矛盾性格，从他们的育儿方式就可见一斑。这种育儿方式造成了日本人人生观的双重性，哪一重都不能忽视。他们在幼儿时期享受着特权生活和身体的自由，即便日后经历了各种训练，心里依然保留着对那个"没有耻辱感"的生活的回忆。他们不需要描绘未来的天堂，他们的过去就是天堂。他们相信"人性本善"，相信"神灵慈悲"，相信"无比渴望成为一个日本人"之类的话，因为这些都是对童年生活的别样描述。这使得他们很容易将自己的伦理道德建立在一种极端的解释上——每个人身上都有"佛根"，每个人死后都可成佛。这也给了他们过分的固执和盲目的自信，让他们愿意以无穷的毅力去做任何工作，而不管这份工作自己是否力所不及。这也能解释为什么他们敢于坚持己见，敢于反对政府，甚至不惜以死相争。有的时候，这也导致他们的集体性狂妄自大。

六七岁以后，谨慎和"知耻"的责任便被渐渐加在他们身上了，并由最激烈的制裁手段加以约束：如果有所违背，家人就会和他反目。这种压力虽然不是普鲁士式的纪律，却也无法逃避。早在他们还享有特权的幼儿期，有两种训练是为他们日后履行义务而准备的：一种是在父母抚育过程中，对便溺习惯和身体仪态进行持续不断的、不可逃脱的训练；另一种是父母逗弄孩子，威胁说要抛弃他们。这些早期经历使孩子做好了准备，当他被告知会遭到"世人"的嘲笑或遗弃时，就愿意接受自我约束。他控制住了早年曾经有过的自由表达的冲动，并不是因为它们是邪恶的，而是因为它们现在不合时宜。现在，他正在步入人生的严肃阶段。随着童年特权的渐渐减少，他也获得了更多成人才有的享受。但是，早期的经历从未真正从脑海里淡去，他的人生哲学依旧随时在利用它们。讲"人情"就是出自童年的经历。贯穿成人生涯，他都在生活的"自由地带"重新体验童年时代。

贯穿了整个儿童时代，有一点对他们来说非常重要：被同伴接受。他们受到谆谆教诲的正是这一点，而不是什么绝对的道德标准。在童年的早期，母亲会应他的要求带着他一起睡；他会数着自己和兄弟姐妹们从母亲那里分到的糖果，以此衡量自己在母亲心里的地位；他对自己受到忽视十分敏感，甚至会追问大姐："你最喜欢我吗？"童年后期，他被要求放弃的个人满足越来越多，但是他能获得回报，即赢得"世人"的赞许和接纳。惩罚则是遭到"世人"的嘲笑。这是大部分文明在育儿过程中都会使用的激发孩子成长的训练方法，但是在日本，个中压力格外沉重。对孩子而言，当父母逗弄说要抛弃他时，被"世人"所排斥的感觉就对他们产生了严重的结果。他们一生中最怕的就是被排斥，其害怕程度甚至超过了暴力。他对嘲笑和排斥的威胁异常敏感，哪怕这只不过是自己头脑中的幻想。日本的社会生活中很少有隐私可言，"世人"几乎知道他所做的一切，如果反对他的所作所为，就有可能排斥他。这绝不是一种臆想。日本房屋的墙壁薄不隔音，白天还得门窗大开，对那些无力修建围墙和庭院的家庭而言，其私生活更让人一览无余。

日本人使用的某些象征物有助于我们了解他们性格的双重性，它可以理解为是由于人们育儿的不连贯性所造成的。幼年期培养出来的那一重是"没有耻辱感的自我"。成年后，日本人通过对镜自照来检察自己，以测试自己还有多少童真。根据他们的说法，镜子的"反射永远是纯洁的"，它不会助长虚荣，也不会反射"阻碍的自我"。它反射的是心灵深处。人能够从镜子中看到"没有耻辱感的自我"。在镜子里，他的眼睛就是心灵的"窗户",这有助于他像"没有耻辱感的自我"那样生活。他在镜中还能看见理想化的父母形象。据说,有的男人因为这个缘故随身携带镜子。有人还在家中的神龛里专门竖了一面特别的镜子,用来检视自己的灵魂:他"祀奉自己的灵魂",他"膜拜自己"。虽然这种做法不常见,但做起来也不费事,因为所有家庭的神龛里都供有小镜子作为神器。战争期间,日本广播电台曾特意播放一首歌曲,表扬那些随身携带镜子的学校女生。没有人把这里的镜子视为虚荣的象征。它被描述成一种心灵深处重新焕发的最诚毅的奉献精神。照镜子是一种以外部观察来证明自己精神高尚的方法。

早在孩子们被灌输"观我"的概念之前,日本人就产生了对镜子的感情。他们不会在镜子里看到"观我"。镜子里映出的,是他们在幼儿期那样天然的善良的自我,无须"羞耻"的教导。在日本,镜子所具备的象征意义,也是他们自我修炼以求得"融会贯通"思想的基础。他们持之以恒地消除"观我",以回到儿时的直率状态。

尽管幼儿期的特权生活对日本人有着方方面面的影响,童年后期的耻感也成为其道德基础,但随之而来的各种约束并没有让他们感受到是一种纯粹的剥夺。如前所述,自我牺牲是日本人经常攻击的基督教义的观念之一;他们拒绝承认自己是在做出自我牺牲。即使是在极端的情况下,日本人也只会说是为了"忠""孝"或"道义"而"自愿"赴死,这并不属于自我牺牲的范畴。在他们看来,这样的自愿赴死是为了实现自己的愿望和目标,否则就是"犬死",即像狗一样死得没有价值。而在英语中,"dog's death"是指穷困地死在街头。至于那些不那么极端的行为,在英语里会称之为self-sacrificing(自我牺牲),日本人则将它们归于"自重"的范畴。"自重"永远带有自我控制的意思,而自我控制也和自重一样意义重大。成大事者只有自我控制才能成功。美国人强调,自由才是有所成就的前提,在日本人看来这是远远不够的,因为他们拥有与美国人完全不同的经历。他们认为自我控制才能使自身更有价值，这是其道德价值体系的主要信条。否则，他们怎么能控制这个充满冲动的危险的"自我"，这个充满着可能会爆发并扰乱正当生活的种种冲动的自我呢？而这些冲动很有可能会扰乱甚至破坏正当的生活。正如一个日本人所表述的那样：

> 经年累月，在漆坯上刷漆层和做的修饰越多，制成的漆器价值就越高。一个民族也是如此……就像人们这样说俄罗斯人："剥开俄罗斯人的外表，你会看到一个鞑靼人。"同理，对于日本人，人们也可以这样说："剥掉日本人的外皮，刮掉他的漆层，你就会看到一个海盗。"但是，除了制作，我们不能忘记，漆在日本是一种有价值的物品，是手工艺品的原材料。它不是用来遮盖瑕疵的涂料，没有丝毫杂质。它的价值至少不低于它所装饰的器物。[1]

日本男人的行为中有十分明显的矛盾。在西方人看来，这很有可能是由于他们在被抚育过程中的不连贯性造成的。即使经过层层"涂漆"，他们的意识里仍然有着幼儿时期的深深印记，那时的他们在自己的小世界里就像神一样恣意妄为，甚至可以自由攻击别人，似乎能够获得所有满足。这种根深蒂固的双重性，使得他们在成人后，可以从毫无节制的浪漫恋爱突然转变为对家庭的绝对服从。他们可以轻松自在地享受乐趣，又能够承担极端的义务。周到而谨慎的训练使他们的行动显得怯懦，但他们又勇敢甚至于鲁莽。他们在等级制下表现出极度的顺从，却又不轻易被上级控制。他们彬彬有礼，却又桀骜不驯；他们能够接受军队里的狂热的训练，却又不易驯服；他们是充满激情的保守主义者，却又被新技术所吸引，引进中国习俗和吸收西方知识就是很好的佐证。

---

[1] 参见野原驹吉的《日本的真实面貌》，50页。——原注

性格的双重性导致紧张，日本人对此有不同的反应。每个人都是用自己的方式解决同样的本质问题，即如何协调孩提时代的天真烂漫、无忧无虑的经历，与之后为确保安全而接受的种种限制之间的关系。很多人感到这个问题难以解决。有些人作茧自缚，像书呆子一样严格规划自己的生活，对生活中的任何自发性冲突都提心吊胆。因为这种自发性冲突并不是臆想中的，而是曾经经历过的，他们的恐惧感就非常强烈。他们保持超然，墨守成规，并认为自己就是发布这些规则的权威。有些人则自我分裂。他们惧怕自己的暴力倾向，就把它隐藏在心灵深处，并用温和的表面加以掩饰。他们经常思考微不足道的生活琐事，以防自己的真实感情的觉醒。他们机械地完成日常事务，实际上这些事务对他毫无意义。还有一些人更加沉溺于幼儿时代，长大成人后面对社会对他们的种种要求感到强烈的焦虑。他试图更加依赖别人，但年龄已经不允许。他们认为任何失败都是对权威的侵犯，因此任何斗争都让他们焦灼不安。对他们来说，不能按照常识处理的意外情况，都是可怕的。[1]

以上所述，就是日本人在过分担心被人排斥和被人非难时容易陷入的特有危险。在压力还可以承受时，他们在生活中会展示出两种能力，一种是享受生活的能力，另一种是能够谨小慎微，不冒犯他人。这是十分了不起的成功。幼年时代培养了他们的自信，也没有唤醒沉重的罪恶感。后来受到种种约束，那是为了团结伙伴协调一致，义务也是相互的。尽管在某些事情上，个人的意愿很大程度上要受他人左右，但生活中依然有规定的"自由地带"来满足冲动。日本人一向以能从自然的事物中获得乐趣而著

---

〔1〕上述各项数据以多萝西娅·莱顿博士对战时隔离收容所中的日本人所作的罗尔沙赫墨迹测试为基础，由弗朗西斯·霍尔特分析得出。罗尔沙赫测试法由瑞士精神病学者罗尔沙赫首创，是对被测试者出示搞乱的、但左右相称的黑白或彩色图形，并令其回答，然后根据回答判断被测试者的性格。——译者注

称，例如赏樱、赏月和赏菊，或者观赏初雪；在家中挂上装虫子的笼子，听虫鸣；以及写和歌[1]、俳句[2]，布置庭院，插花，品茶等。这些看上去并不是一个内心焦虑、充满侵略性的民族所应该爱好的。他们在悲伤的时候，也能享受这些消遣带来的快乐。在日本还未从事艰难的现代化任务前，在执行灾难性使命之前的那些幸福时光里，就像现代的其他民族一样，日本的农人，闲暇时悠然自得，工作时勤奋刻苦。

但日本人对自己的要求非常严苛。为了避免被排斥和责难，他们必须放弃刚刚尝到甜头的个人享受。在人生的重大事情上，他们必须克制这些冲动。背离这种模式的人，会有丧失自尊的危险。那些真正"自重"的人能够掌握自己的人生，他们并不需要在"善"与"恶"之间斟酌，而是在"符合期望的人"和"不符合期望的人"之间选择道路，并为了集体的"期望"葬送个人的要求。这些才是"知耻"而慎重的好人。这些人才能给家庭、家乡和国家带来荣誉。这样产生的紧张感非常强烈，具体表现为一种远大的抱负，要让日本成为东方领袖和世界强国。这种紧张感也给个人带来了沉重的负担。在生活中，他必须小心翼翼，谨防失败，以免辛苦付出的心血却被别人视若无睹。有时候，他们经不住激愤，会爆发出极端的攻击行为。这与美国人不同，美国人不会因为受到诽谤或者侮辱而攻击对方，只有在自己的原则或自由受到挑战时才会被激怒。当日本人的危险自我爆发时，如果有条件，他就攻击诽谤者或侮辱自己的人，不然就攻击自己。

日本人为自己的生活方式付出了巨大代价。他们放弃了最基本的自

---

[1] 和歌，日本的一种诗体。相对汉诗曰"和"，可以吟唱曰"歌"，故名。——译者注
[2] 俳句，日本的一种古典短诗，以三句十七音为一首，首句五音，次句七音，末句五音。——编者注

由。对美国人来说，这些自由像空气一样不可或缺。但我们必须记住，日本在战败后已经开始了民主化的进程。对日本人民来说，能够随心所欲地行动是多么激动人心啊！对此，杉本夫人曾有过绝佳的描述。那是她在东京一所教会学校学习英语时，老师分给每个女孩一小块园地和她们所需的种子，允许她们在花园中随意种植。

这块可以随意种植的园地，给予我一种个人权利的全新体验……内心能够存在这样的幸福，这个事实本身就让我震惊。……我竟然可以自由行动，不会违背传统，不会玷污家风，不会惊扰父母、老师或者乡亲们，也不会伤害到任何东西。[1]

其他女孩都种了花，而她准备种马铃薯。

没有人了解这种没有限制举动带给我的荒唐的念头……自由之神在敲我的门。

这是一个崭新的世界。

在我的家里，庭院中有一小块地，本来应该是一块荒地……但是，总有人忙着修剪松枝，修理篱笆。每天早晨，吉雅都要清扫石阶，将落在松树底下的枝叶打扫干净，再仔细地撒上从树林里采集来的新鲜松针。

对她来说，这种伪造的自然就代表了伪造的自由意志。一直以来，她接受的训练就是这种伪造。整个日本到处充斥着这种伪造。日本庭院里每

---

[1] 参见《武士的女儿》，135—136页。——原注

块半嵌在地上的巨石都经过精心挑选，从别处运来，先由小石头铺成隐形的一层台基，再将巨石放置在上面。它的位置经过仔细计算，要考虑到同溪流、房屋、灌木以及树木的相对距离。同理，菊花也是养在盆中，准备每年在日本各地的花展中展出，每一片完美的花瓣都经过种花人的精心摆盆，花中经常插有细不可见的线，固定住每片花瓣的位置。

杉本夫人有机会撇开菊花上的细线，她所感到的激动与快乐没有任何负罪感。生长在小盆里的菊花，每片花瓣都经过细致的摆放，现在终于可以在自然状态下享受天然的、纯粹的快乐了！但是，现在的日本，自由还是"不能期待"的，因为这对"羞耻"的制约力提出了质疑，可能会打破他们生活方式的微妙平衡。在新规定颁布后，他们必须学习新的约束力。改变总是要付出代价的。建立新的观念和新的道德观并不容易。西方世界既不能假定日本人会立刻采用这些新观点并融会贯通，也不能假定日本最终无法建立一套更加自由的、不那么严格的道德体系。美国的日裔"二世"们早已忘记了日本的道德体系和实践，甚至连祖上严格坚守而且他们的父母传承至今的旧俗也已经忘却了。同样，生活在日本国的日本人也可以在新时代建立起一套新的生活方式，不再像过去那样严格自我控制。摘除铁丝架，无须严格的修剪，菊花一样可以美丽动人。

在向更多精神自由转变的过程中，有些旧的传统美德可以帮助日本人保持平稳。其中之一，就是"自我负责"的精神。用他们的话来说，就是人人都有责任清除自己"身上的锈迹"。这一比喻将身体比作刀，正如佩刀人有责任保持刀的闪亮，每个人也必须为自己的行为负责。他必须承认并接受因自身的弱点、耐性差和效率低等原因造成的一切后果。在日本，对"自我负责"的诠释，远比自由的美国更为严厉。在这种意义上，刀不再是攻击性的象征，而是对勇于"自我负责"的理想人物的比喻。在尊重个人自由的新体制下，这一美德可以起到最好的平衡作用，并经由儿童教育和行为哲学将它作为日本精神的一部分灌输给日本民众。今天，日本人已经在西方意义上"放下刀"（投降）了。但是，在日本的意义上，他们有毅力保持内心之刀不染铁锈，尽管锈蚀的威胁一直存在。用他们的道德术语来说——这把刀是我们在这个更加自由、更加和平的世界里可以继续保持光洁的象征。

第十三章　投降后的日本人

美国人有足够的理由为他们在日本投降后所进行的管理感到骄傲。美国的政策是由国务院、陆军部和海军部联合制定的，于8月29日（1945年）在电台广播，然后由麦克阿瑟[1]将军巧妙地实施。现在，这一引以为傲的理由，却经常被美国报纸和广播中各党派的赞扬或批评所掩盖，只有少数对日本文化有足够了解的人才能够确认这种既定政策是否可取。

日本投降时，最大的问题是占领的性质。战胜国是应该利用现有的日本政府，甚至是天皇，还是应该对其清算？是否应该由美国的军政府官员负责，实施各县各市各村的行政管理？意大利和德国的模式，是在当地建立盟军军政府（A.M.G.）总部，作为战斗部队的一部分，把地方行政权掌握在盟军官员手中。日本投降当天，那些太平洋地区的盟军军政府的负责人期待在日本也实施类似的管理机制。日本人也不知道他们还能保留多少行政职权。《波茨坦公告》[2]也只是声明——"日本领土上被盟国指定的地点将被占领，以确保我们在此所设立的基本目标的安全"，以及必须永久消除"欺骗和误导日本人民妄图征服世界的权威和影响"。

---

[1]道格拉斯·麦克阿瑟（1880—1964年），美国著名军事家，五星上将，历任美国远东军司令、西南太平洋战区盟军总司令。日本投降后以盟军最高司令官名义执行美国单独占领日本的任务。——编者注

[2]《波茨坦公告》发表于1945年7月26日，全称《中美英三国促令日本投降之波茨坦公告》。这篇公告的主要内容是声明三国在战胜纳粹德国后一起致力于战胜日本以及履行开罗宣言等对战后日本的处理方式的决定。——编者注

国务院、陆军部和海军部向麦克阿瑟将军发出的联合指令，对这些问题做出了一系列重大决定，并获得了麦克阿瑟将军及其司令部的全力支持。日本人将负责自己国家的管理和重建。"最高指挥官将通过日本政府的机构和组织，包括天皇，来行使他的权力，以进一步实现美国的目的。在他（麦克阿瑟将军）的领导下，日本政府获准在内政管理方面行使其正常职能。"因此，麦克阿瑟将军对日本的管理与盟军对德、意两国的管理有着相当大的差异。它完全是一个独立的指挥机构，充分利用了日本政府从上到下的各级官员。它直接同日本帝国机构对话，而不是同日本民众对话，或者某些县市的居民对话。它的主要任务是为日本政府确定下一步的工作目标。如果某位日本内阁大臣认为该目标不可能实现，他可以提出辞职，而如果意见是正确的，他可以使目标得到修正。

这种管理方式是一种大胆的举措。从美国的角度来看，这种政策的好处显而易见。正如希尔德林[1]将军当时所说的那样：

通过利用日本政府的方式进行管理，我们所获得的好处是巨大的。如果日本没有可供我们利用的政府，我们将不得不直接操作管理一个拥有7000万人口的国家所必需的全部复杂机构。他们在语言、习俗及态度上都与我们不同。通过净化并利用日本政府机构，为我们节省了大量的时间、人力和物力。换言之，我们是让日本人打扫自己的房间，而我们只负责提供具体要求。

然而，当这份指令在华盛顿制定出来的时候，还有许多美国人担心日本人会心怀不满、充满敌意，担心他们会伺机报复，时刻准备破坏和平计划。事实证明，这些担心是毫无依据的。没有任何一个民族像日本这样如

---

[1]约翰·亨利·希尔德林（1895—1974年），美国陆军少将，1946—1947年间担任负责被占领地区事务的助理国务卿。——编者注

此顺利地接受这种值得信任的好政策，其原因主要在于特殊的日本文化，而无关战败国、政治或经济的普遍规律。也许，从日本人的角度来看，这个政策让他们在面对战败这一残酷的事实时，并不存在所谓屈辱的象征，反而刺激他们施行新的国家政策。而之所以能够接受这种新政策，恰恰是因为独特的日本文化熏陶出了独特的民族性格。

在美国，我们曾为实现和平应该采取强硬手段还是怀柔政策争论不休。但真正的问题不在于强硬还是怀柔，而是如何做到恰如其分，不多不少，足以打破其具有侵略性危险的旧模式，并为其设立新的目标。选择何种政策，则取决于这个国家的民族特性和传统的社会秩序。普鲁士的权威主义，深植于家庭生活和市民的日常生活之中，因此需要为德国制定适合它的和平条款。对日本，明智的和平政策应该有所不同。德国人不像日本人那样，并不认为自己亏欠社会和历史赋予的恩情。他们努力奋斗，不是为了偿还无法计算的债务，而是为了避免成为牺牲品。父亲是一个权威人物，就像其他任何民族有着超然地位的人一样。按俗语所说，他会"强迫别人尊敬他"。如果得不到尊敬，他就感觉自己受到了威胁。在德国人的生活中，每一代的儿子都在长大成人的过程中反对他们权威的父亲。但在成年后，他们最终都投降了，同父母一样过着那种平淡无味、缺乏激情的生活。他们人生的顶峰，就是当年青春期最叛逆的"狂飙年代"。[1]

日本文化中的问题并不是极端的权威主义。几乎所有西方观察家都认为，日本的父亲对自己的孩子充满关怀和溺爱，这在西方十分罕见。日本的孩子将自己和父亲之间的关系理所当然地看作是一种真正的同伴情谊，并且会公开表示以自己父亲为傲，所以父亲只要简单改变语气，就能让孩

---

[1]原文为德文Sturm und Drang，即18世纪德国文学上的狂飙突进运动。——译者注

子遵照他的意愿行事。但是，父亲对幼儿并不严厉，青春期也不是反抗父母权威的时期。相反的，在这一时期，孩子在世人评判的眼光下，开始变得有责任感，成为家庭中驯服的代表。就像日本人所说的，他们对父亲表示尊敬，是"为了实践""为了训练"。也就是说，作为被尊敬的对象，父亲是等级制和正确处世行为的非人格化象征。

孩子在小时候与父亲的接触中学到的态度，成为整个日本社会的一种模式。那些受到最高尊崇的人是因为自身的等级地位，而不是因为他们有绝对的权力。在等级制度中居于最高层的官员并没有掌握真正的权力。自天皇以下的各个层次中，顾问们和隐蔽势力都是在幕后运作。对日本社会的这一侧面描述得最准确的莫过于一名黑龙会[1]的首领，黑龙会属于极端爱国主义团体。20世纪30年代初期，这名黑龙会的首领对东京一家英文报纸的记者说，"社会，"这里当然就是指日本，"是一个三角形，被大头钉固定住了一个角。"[2]换句话说，这个三角形放在桌上，所有人都看得到。大头针则是看不到的。三角形有的时候倒向右边，有的时候又倒向左边，它绕着一个隐蔽的中心点摇摆。用西方人的话说，每一件事都要用"镜子"来反映。每一个努力都是为了将表面上能看出来的专断权力压缩到最小，每一个行动看上去都是为了对象征性地位表示忠诚，而这个象征性地位又往往没有真正的权力。日本人一旦发现了被剥掉面具的权力的真正来源，他们就会像看待放贷者和暴发户一样认为这些是剥削，而且与他们的制度不相称。

日本人就以这种方式看待他们的世界，这样就可以不通过革命而掀

---

[1] 黑龙会，日本右翼团体，明治年间在原玄洋社基础上创立。黑龙会的目的在于谋取黑龙江流域成为日本领土，其会名即从黑龙江而来。首领为内田良平，顾问为头山满。——编者注

[2] 引自厄普顿·克洛斯的《幕后日本》，136页。——原注

起反抗剥削和不公的浪潮。他们并不准备彻底摧毁自己的世界。他们可以像明治时期所做的那样，在毫不批判现有体制的境况下，施行最彻底的变革。他们将这种变革称为"复古"运动，一个"极大的退步"，退回到过去。他们不是革命者。在西方作者中，有的期望日本发动一场全民性的意识形态革命；有的则夸大战争时期日本的地下势力，并希望其在日本投降前能够掌握领导权；有的则在日本投降后预言激进政策将会在选举中取得胜利。但是，他们都严重错估了形势。他们的预言都被证实是错误的。保守派首相币原男爵[1]在1945年10月组成内阁时的发言，更为准确地道出了日本人的心声：

新的日本政府有一个能够尊重国民意愿的民主形式……我国自古以来，天皇就以民众之意志作为自己的意志。这是明治天皇宪法的精神，我所说的民主政治正是这一精神的真正体现。

对美国读者来说，对民主制做这样的解释毫无意义。但毫无疑问的是，在这一论调的基础上，而不是在西方的意识形态的基础上，日本可以更加方便地扩大国民的自由领域，创造国民的福祉。

当然，日本也将试行西方的民主政治机制。但它并不认为，凭借西方的制度安排，就能像美国那样，建立一个更加美好的世界。普选和立法机构的当选人，他们制造的问题不会比解决的问题少。一旦这些问题积累下去，日本将会修改那些我们赖以实现民主的方式。然后，美国就会出现一种声音，认为这场战争是徒劳的。我们相信我们的方式是正确的。但是，当日本要重建成一个和平的国家时，在很长一段时间里，普选充其量只会

---

[1]币原喜重郎（1872—1951年），日本外交家、政治家，日本第44任首相。——编者注

□ 小泉八云

　　小泉八云是一名爱尔兰裔日本作家，原名拉夫卡迪奥·赫恩（Lafcadio Hearn），因其关于日本的书籍而闻名，是现代怪谈文学的鼻祖，其主要作品有《怪谈》《来自东方》等。

占据一个次要的地位。日本自19世纪90年代第一次选举以来，并没有发生根本性的变化。拉夫卡迪奥·赫恩[1]当时描述的传统困难，今后仍有可能会重现：

　　那些激烈的竞选中出现了很多牺牲，其中确实不存在个人恩怨。议会中出现的激烈辩论，甚至是让外人震惊的暴力行为，也很少有属于个人的对抗。真正的政治斗争与个人无关，而是家族之间、党派之间的利益之争。每一个家族或者党派的狂热的追随者，对这种新的政治形态都只是理解成一种新的战斗方式——一场为了领袖利益进行的关乎忠诚的战争。[2]

在最近的20世纪20年代的选举中，农民们在投票之前还经常会说："我已经洗干净脖子，准备被砍头了。"这种说法将竞选等同于过去拥有

---

〔1〕拉夫卡迪奥·赫恩（1850—1904年），即著名的"日本通"小泉八云，爱尔兰裔日本作家。他出生于希腊，成长于英法，后娶日本女人小泉节子为妻，遂加入日本国籍，从妻姓小泉，取名八云。——编者注

〔2〕参见小泉八云的《日本：一个解读》，453页。——原注

特权的武士对平民的攻击。直至今日，日本普选的含义仍然与美国不同。无论日本是否继续推行危险的侵略性政策，这种情形都是真实存在的。

日本在重建一个和平国家时所依赖的真正力量，在于他们敢于承认"过去路线的失败"，然后将精力全部投入到其他路线中去。日本人具有一种变通的道德体系。他们试图通过战争来找到自己的"适当的地位"，最终失败了。现在，他们可以抛弃这条路线，因为他们所受到的一系列训练，使他们习惯于前行的方向上可能出现转变。有些国家拥有更加绝对的价值观，他们必须确信自己是在为原则而战。当他们向胜利者投降时，会说："当我们战败时，正义也就不复存在了。"他们的自尊要求他们继续努力，务必让"正义"赢得下一次胜利。否则他们就会捶胸顿足，忏悔自己的罪过。日本人不需要这样做。在日本宣布投降后的第五天，美国还没有登陆日本，东京的著名报纸《每日新闻》就已经对这场战争的失败和由失败带来的政治变化发表评论。它说："但是，这最终对拯救日本有着巨大的好处。"这篇文章强调，每一个人都不应忘记，他们已经彻底失败了。既然不能依靠武力建设日本，就必须努力成为一个和平国家。东京的另一家著名报纸《朝日新闻》也在同一周发表文章，认为日本近来"对武力的过度信任"是国内外政策的"重大失误"；"过去的态度让我们收获很少却损失惨重，我们应该抛弃它，而采用一种基于国际合作和爱好和平的新态度"。

西方人观察到了这种转变。他们认为这转变属于原则性的，因此有所怀疑。但无论是在个人关系中，还是在国际关系中，这都是日本人为人处世时必不可少的一个重要因素。日本人认为，采取了某个行动方针而不能达成目标，就是犯了一个"错误"。如果失败了，他们就会将其放弃，因为他们不会固守失败的方针。他会说："噬脐无及。"20世纪30年代，军国主义被日本人广为接受，他们普遍认为日本能借此赢得世界的尊敬，一种建立在强大的武力基础上的尊敬。他们忍受了为实现这一计划所需要付出的一切牺牲。1945年8月14日，日本至高无上的代言人天皇告诉他们，日本战败了。他们接受了这一事实所包含的所有内容。它意味着美国军队的到来，他们就欢迎美军；它意味着帝国霸业的失败，他们就主动考虑制定一部禁止战争的宪法。在日本宣布投降的第十天，日本报纸《读卖报知》以《新艺术和新文化的开端》为题发表社论，并论述道：

我们内心必须坚信，军事上的失败与一个民族的文化价值无关。我们应该以军事上的失利作为一种动力……对于日本人来说，只有这种全民族的失败，才能刺激我们真正开始关心这个世界，客观地观察事物。我们必须通过坦诚的剖析，消除一切曾经扭曲日本思想的非理性因素……我们需要勇气来正视战败这一事实，但是，我们必须对日本文化的未来充满信心。

这就是说，日本人尝试的一种行动方针失败了。从现在起，他们将尝试一种和平的生活艺术。日本各种报纸的社论都反复强调——"日本必须得到世界各国的尊重。"日本国民的任务，就是在新的基础上赢得这种尊重。

这些报纸的社论并不只是少数知识分子的心声，东京街头和偏远山村的平民，也同样经历着一场巨大的改变。美国占领军实在无法想象，这些友好的民众竟然就是曾经发誓即使手持竹枪也要死战到底的人。虽然美国人非常排斥日本的道德体系中的很多内容，但是美国人在占领日本时期所经历的，恰好证明了在这个陌生道德体系中也有许多值得赞许的地方。

麦克阿瑟将军领导下的美国对日管理机构，承认了日本人重新起航转向新航向的能力。它没有采用让日本人感到侮辱的手段来阻止这一进程。按照西方的伦理，就算采用了这种手段，在文化上也是可以被接受的。因为根据西方的道德准则，侮辱和惩罚是一种有效的社会手段，能够让犯错的人认识到自己的罪恶。而认识到自己的罪恶，是改过自新的第一步。但正如我们所知道的，日本人对此有另一种看法。按照他们的道德，一个人必须对自己的行为所包含的一切后果负责。错误带来的必然后果，就是让他相信这些行为是不可取的。而最严重的后果，也可能是一场全面战争的失败。但是，日本人不一定将失败视作耻辱而心生怨恨。在日语词语中，某人或某个国家受到侮辱，是因为遭受了诽谤、嘲笑、鄙视及贬低，或是诋毁名誉。当日本人相信自己受到了侮辱，报复就成为一种美德。无论西方的道德体系是如何谴责这样的信条，美国对日本占领的有效程度取决于美国人在这一点上的自制。因为日本人极度憎恶别人对他们的嘲笑，认为它与战败的"自然后果"，包括解除军备，甚至是严苛的战争赔偿相比，严重程度是完全不一样的。

　　日本也曾战胜过强国。在敌人投降后，当日本人感受到对方没有羞辱过自己时，作为胜利者的他们，也会避免羞辱战败的敌人。1905年俄军在旅顺港投降时，有一张著名的照片在日本人尽皆知。照片上，俄国人仍然佩戴着他们的军刀。日本人并没有收缴俄国人的武器，胜利者和失败者之间只能通过不同的军装加以区分。据一个日本家喻户晓的故事记载，俄军指挥官斯提塞尔[1]将军同意接受日本的投降条件时，一名日本上校和翻译携带食物来到俄军指挥部。"除了斯提塞尔将军的坐骑，所有的军马都被杀来吃了，所以日本人带来的五十只鸡和一百个新鲜鸡蛋受到极大的欢迎。"斯提塞尔将军和乃木[2]将军的会面被安排在次日举行。"两位将军握手。斯提塞尔将军表达了对日本人勇武精神的钦佩之情……乃木将军则赞扬俄国人长时间的顽强抵抗。斯提塞尔对乃木在这场战争中痛失两名爱子表示同情。……斯提塞尔将自己心爱的白色阿拉伯良种马作为礼物送给

---

〔1〕阿纳托利·米哈伊洛维奇·斯提塞尔（1848—1915年），沙俄陆军中将，旅顺口之战俄军总指挥。——译者注

〔2〕乃木希典（1849—1912年），日本陆军大将，日俄战争时任日本第3军司令官，对外侵略扩张政策的忠实推行者。1912年明治天皇病逝后，同其妻剖腹殉节，成为日本武士道精神的典型代表。——译者注

乃木将军。乃木将军却说，虽然他非常希望从将军的手中接过这匹马，但是必须首先将它献给天皇。不过，他请斯提塞尔放心，如果这匹马会被赐还给他，他将会像对待自己的爱马一样对待它。"[1]每个日本人都知道，乃木将军在住宅的前院为这匹马建了一个马厩——据说，它比乃木自己的住宅还要考究。乃木将军死后，这个马厩成为了乃木神社的一部分。

有人说，日本人在接受俄军投降之后性情大变。例如，在日本占领菲律宾的这么多年里，他们的肆意破坏和残暴行为举世皆知。对于像日本这样极易随着情况的变化而改变道德准则的民族，这并不是必然的结论。首先，巴丹战役之后，敌人并未完全投降，只有局部地区投降了。后来，甚至日军自己在菲律宾投降之时，也有日本人仍然还在战斗。其次，日本人从来不曾认为俄国在20世纪初"侮辱"过他们，反倒是20世纪20至30年代成长起来的日本人认为，美国的政策"轻视日本"，用他们的话来说，就是"视其如粪土"。这是日本人对美国的《排日移民法案》[2]，对美国人在《朴次茅斯和约》[3]及《第二次伦敦海军条约》[4]中扮演的角色所作出的反应。美国在远东经济影响的日益扩大，以及对有色人种的歧视态度，也促使日本采取同样的方式。因此，对俄的胜利和在菲律宾对美的胜利，充分反映了日本人的两种极端的行事方式：一种是受到侮辱时，一种

---

[1]转引自厄普顿·克洛斯的《幕后日本》，294页。这个故事是否真实，存疑，但并不影响它在文化上的重要价值。——原注

[2]指美国《1924年移民法案》。这一法案取代了1921年的《紧急配额法案》，除禁止中东、东亚和印度移民外，还进一步限制了南欧和东欧移民。日本人之所以认为这是排日移民法案，是因为它实际上撕毁了1905年日本和美国签订的《日美绅士协约》。——译者注

[3]《朴次茅斯和约》，在美国等国家的撮合下，日俄双方代表经过十次会议，于1905年9月5日在美国新罕布什尔州朴次茅斯海军基地签订的和约。该和约的签订，宣告了日俄战争的结束。——译者注

[4]参见第八章相关注释。——译者注

是未受侮辱时。

美国的最终胜利再次改变了日本的处境。就像日本人生活中的通例一样，最终的失败使他们放弃了一直坚持的路线方针。日本这种独特的道德观，允许他们抹除过往的所有不良记录。美国的政策，麦克阿瑟上将的管理，都避免了在日本已经擦干净的记载上增加新的耻辱，而仅仅坚持那些在日本人眼中属于战败的"自然结果"的事情。这就获得了成功。

保留天皇制具有非常重要的意义。这件事处理得很好。正是天皇首先拜访了麦克阿瑟将军，而不是麦克阿瑟将军拜访他。这对日本人来说是生动的一课，其意义是西方人所无法估量的。据说，有人建议天皇否认自己的神性时，天皇表示异议，说抛弃自己原本就没有的东西会十分尴尬。他真诚地说，日本人并没有将他看作西方意义上的神。但是，麦克阿瑟将军的司令部劝导他说，西方人关于天皇仍在坚持神性的观点，会让日本在国际上受到排斥。于是，天皇勉为其难，决定忍受否定神性的声明给他带来的难堪。他在新年之际发表声明，并要求将世界各地的报刊对此声明的评论翻译给他看。读完所有的评论后，天皇致信麦克阿瑟将军的司令部，称对此事感到满意。显然，在此之前外国人对此事并不太理解，天皇十分庆幸自己发表了这个声明。

美国的政策在某种程度上也让日本获得了满足。国务院、陆军部和海军部的联合指令中特别指出："对于在民主基础上组织起来的工业、农业等劳工组织的发展应该给予鼓励，并为其提供便利。"日本工人在许多产业中都组建了劳工组织，曾经在20世纪20至30年代十分活跃的旧式农民联盟也开始重新发挥自己的作用。对许多日本人而言，他们现在可以主动采取行动来改善自身生活条件，这证明了日本在战争中还是有所收获的。根据一位美国记者的报道，一位东京的罢工工人抬头望向一个美国大兵，满脸笑容地说："日本赢了，不是吗？"今天，日本的罢工与过去的农民起义相比还有很多类似之处，那时的农民请愿经常与干扰其正常生产的苛捐杂税和徭役有关。这些都不是西方意义上的阶级斗争，农民也没有打算改变社会体制。现在，贯穿全日本的罢工并不影响生产。工人们最喜欢采取的罢工方式是占领工厂，继续工作，通过增加产量，让那些经营者丢脸。日本三井所属的一家煤矿，罢工者们禁止所有管理人员进入矿井，然后将日产煤量从250吨提高到620吨。足尾铜矿的工人也出现了这样的"罢工"，不但提高了产量，还让自己的工资翻了番。[1]

当然，无论采取的管理政策多么良好，要管理好一个战败国总是困难的。在日本，食物、住宅和遣返军人等问题必然很严峻。如果没有利用日本政府人员来管理，这些问题也同样尖锐。在战争结束之前，复员军人的问题让美国当局极度担心，由于所有的日本官员都保留下来了，这一问题的威胁才少了一些，但也不容易解决。日本人已经意识到了这种困境。去年秋天，日本报纸富于同情心地讲述了战败对于饱受苦难的军人而言是多么的痛苦，并且请求他们不要为此影响了自己的"判断"。一般来说，遣返军人表现出符合预期的"判断"，但失业和战败已经使他们中的一些人加入到追逐民族主义目标的旧式的秘密团体。他们动辄对自己的现有地位感到愤慨。日本当局不再赋予他们旧时代的特权地位。在过去，伤兵身着白衣出现在街上，行人会向他鞠躬致敬。和平时期，村里则会为新兵入伍举行欢送会，当他复员时又举办欢迎会。在宴会中，士兵坐在首席，接受美酒佳肴的款待，观看身着华服的女孩跳舞。而如今，被遣返士兵再也没有这样的待遇了。只有他的家人会为他留出一席之地，仅此而已。他们甚至会在许多城镇受到冷遇。了解了日本民众态度的转变，就很容易理解这对他们来说是多么的痛苦，也就不难想象他们有多喜欢与老战友聚在一起，回忆往昔，因为那时日本所有的荣耀都寄托在军人手中。有的战友还

---

[1] 参见《时代》杂志，1946年2月18日。——原注

会告诉他，在爪哇、山西和"满洲"正与盟军作战的日本士兵是多么幸运。他为什么要绝望？他们将会告诉他，他也会再次投入战斗。民族主义的秘密团体在日本早已存在，他们要为日本"洗刷污名"。当一些人没有完成复仇的夙愿，而感到"世界并不平衡"的时候，就极有可能加入这样的秘密团体。类似黑龙会、玄洋社[1]等秘密团体信奉其所使用的暴力，在倡导人们履行"对名誉的道义"的日本道德体系中是被允许的。为了消除这种暴力，日本政府在未来几年里还将继续努力，强调履行"义务"，抑制"对名誉的道义"。

因此，只是呼吁他们做出正确的"判断"是不够的。要重建日本经济，必须给那些正处在二三十岁的日本人提供生计，使其"各安其所"。农民的处境也要有所改善。每当经济萧条的时候，日本人就会回到农村。而这些地方的土地狭小却负债累累，有的还须缴纳租金，很难养活更多的人。工业也必须加快发展。因为日本习俗反对将遗产分给所有的儿子，除了长子能够继承遗产，其他人只能到城市中谋生。

毫无疑问，日本人面临着一条漫长而艰险的路要走。如果国家的财政预算不再列入重整军备的费用，他们就有机会提高国民的生活水平。在珍珠港事件之前的十年间，日本将国民收入的一半用在了军备和军队上。如果禁止这样的开销，并逐步削减对农民征收的赋税，日本就可以为经济发展打下一个健康的基础。如前所述，日本农产品的分配原则是60%归耕种者，40%则以赋税和地租的形式交出去。这与其他稻米主产国形成了巨大的反差，例如缅甸和暹罗，他们传统的分配方式是90%的产出归耕种者所

---

[1]玄洋社，日本民间的扩张主义右翼团体，鼓吹效忠天皇和向外扩张，是日本军国主义的急先锋，后演变为黑龙会。该团体于1881年在九州福冈成立，创始人为头山满，社长为平冈浩太郎。玄洋，指日本九州与朝鲜之间的玄海。——编者注

有。日本正是依靠对耕种者征收沉重赋税，才最终保证了国家战争机器的财政支出。

在未来的十年中，任何一个欧洲或亚洲国家，如果不扩充军备，都将比大搞军备的国家更具潜在优势，因为它们可以将资金用于建设健康与繁荣的经济。美国在推行亚洲及欧洲政策时很少考虑到这种情况，因为我们知道，美国不会因为国防计划的高昂支出而使国家陷入贫困。美国没有受到战争的破坏。美国不是以农业为主的国家。对美国而言，最主要的难题是工业品的生产过剩。我们拥有完备的机械设备和强大的生产力，如果不实施军备、奢侈品生产、福利和科学研究的大规模计划，人们就有可能面临失业。美国对盈利性资本投资的需求也十分旺盛。其他国家的情形就大不相同了，即便是西欧也同美国有所差异。德国尽管担负着巨额的赔偿，但因为不允许它重整军备，在未来十年左右的时间里，它就能够建立起健全繁荣的经济基础。这对法国来说是不可能实现的，因为它的政策是要建立起强大的军事力量。日本也将利用类似的优势超过中国。中国近期的目标是军事化，并且得到了美国的支持。如果日本不将军事化纳入预算，只要它愿意，就可以在不远的将来奠定繁荣的基础，成为东方贸易不可或缺的角色。日本可以把它的经济繁荣建立在和平的基础之上，提高国民的生活水平。这样一个和平的日本，将在世界各国中获得良好的声誉。如果美国继续利用自己的影响力来支持日本的这项规划，对日本将是巨大的帮助。

美国无法做到的——也是其他国家都不能做到的——是通过命令的方式创造一个自由、民主的日本。在任何一个被占领国家，这都不会成功。对于一个具有不同习俗和观念的民族，没有任何外国人可以强迫他们按照与自身不同的方式生活。法律不能强迫日本人接受那些在选举中胜出的人的权威，不能强迫他们无视日本等级制度中"各安其所"的原则，不能强迫他们像美国人一样，习惯自由自在的人际交往，要求无拘无束的自我独立，充满激情地自主选择伴侣、工作、住宅以及各种责任。但日本人也明确表示，希望向这一方向转变。自日本宣布投降以来，其公职人员曾多次提到，日本必须鼓励自己的国民按自己的生活方式生活，信任自己的良知。当然，他们没有直接表明，但所有日本人都明白，他们已经质疑"耻辱"一词在日本所扮演的角色，并希望在国民中发展出新的自由：从对"世人"批评和排挤的恐惧中解脱出来。

在日本，无论如何心甘情愿，社会压力对个人的要求都太过苛刻了。这些压力要求人们必须隐藏自己的情感，放弃自己的欲望，以家庭、组织或国家代表的身份面对社会。日本人已经证明，他们能够忍受这种生活方式所要求的所有自我训练。但是，他们身上的负担太过沉重，只能高度地抑制自己，以求获得好的待遇。他们没有勇气去追求那种压力较小的生活，最后就被军国主义者引上一条需要以牺牲换取尊严的道路。在付出如此高昂的代价之后，他们变得自以为是，并鄙视那些道德观念比较宽容的民族。

日本人已经朝着社会变革的方向迈出了一大步，因为他们认识到侵略战争是一个"错误"，是失败的路线。他们希望能够通过自身的努力，在和平国家的行列中赢得一个受尊敬的地位。要达到这一目标，就必须实现世界和平。如果俄国和美国在未来的数年里忙于扩军备战，日本有可能会利用自己的经验加入到战争中。承认这一点，并不是质疑日本成为一个和平国家的内在可能性。日本的动机取决于特定的形势。如果形势允许，日本将在一个和平的世界中寻求一席之地；反之，它会成为武装阵营里的一员。

现在，日本人知道军国主义已经失败了。他们正拭目以待，关注世界上其他推崇军国主义的国家是否也会失败。如果没有失败，日本有可能重新点燃自己的战争热情，并向世人展示他们能够为战争做出的贡献；如果都失败了，日本将极力证明自己已经充分汲取了教训——帝国主义的侵略战争绝不是通往荣耀的道路。

附录：武士道

［日］新渡户稻造／著
赵巍／译

前言

自1905年第一次出版以来，《武士道》一书以其对"日本之魂"的生动阐释，赢得了广泛的关注和欢迎。在日本日益西方化的今天，人们对这本书的需求依然很大。

之所以有这种需求，主要是因为《武士道》向日本及西方读者解答了某些观点和习俗为什么在日本得以盛行。

武士道的定义多种多样，人们普遍接受的一种说法是，武士道作为一种非书面的法律准则，调控着日本贵族阶级的生活和行为，在一定程度上等同于欧洲的骑士制度。

封建时期，日本的骑士和贵族都属于武士阶级，都是大名的家臣。因此，武士道成为武士阶级的行为准则。这个阶级产生于12世纪的源平合战[1]，并在德川幕府时期取得了辉煌的成就。

武士阶级在武德的熏陶之下，不畏生死，不惧苦痛，忠于君主。他们有权携带两把佩剑，根据新渡户稻造的说法，这两把佩剑象征着武士之魂。

《武士道》以简洁真诚而又极具可读性的语言揭示了日本的发展历程。作者借用欧洲历史和文学中类似的事例阐述了他所展示的要点。最后作者表明，他相信法在心中。该书最早于1905年在纽约由G.P.普特南森公司出版。

---

〔1〕源平合战，日本平安时代末期，1180—1185年的6年间，以源赖朝（清河天皇后裔）为首的源氏和以平清盛（桓武天皇后裔）为首的平氏，两大武士家族集团一系列争夺权力的战争的总称。战争以源氏集团的全面胜利而结束，彰示着武士集团的逐步上升，公卿集团的快速衰败，对日本历史有着重大的影响。1192年，源赖朝就任征夷大将军，于镰仓设府理事，改变了古代日本的天皇政制，开创了此后绵延七百余年的幕府政制。——译者注

第一版序

大约十年前，我在已故的比利时著名法学家德·拉维莱教授家小住了数日，受到了他的热情接待。某日漫步时，我们谈起了宗教问题。这位德高望重的教授问道："你的意思是，你们的学校里没有宗教课吗？"听到我否定的回答后，他吃惊地停下脚步，反复问道："没有宗教课？那你们是怎样进行道德教育的？"他的语气使我终生难忘。我顿时愣住了，不知道如何回答。因为我小时候学到的道德准则，并不是从学校里学到的；直到我开始分析自己的是非观时，才发现这些观念都是武士道灌输给我的。

我妻子经常问我，诸如此类的观念、习俗为什么得以在日本盛行，我撰写这本小书的动机即源于此。

我尽量给拉维莱先生和我妻子提供满意的答案，但我发现，如果不了解封建制和武士道，就没法理解当代日本的道德观念。

我利用久卧病榻中的闲暇时光，把日常对话中的问答一一整理了出来，现在公之于众。这些问答主要包括了我在封建制盛行的少年时期所接受的教导和训诫。

一方面有"日本通"拉夫卡迪奥·赫恩和休·弗雷泽夫人的作品，另一方面有日本学家萨道义和张伯伦教授的大作，再想用英语写一本关于日本的书绝非易事。与他们相比，我唯一的优势在于，这些杰出的日本题材作家们只能站在"律师"或"检察官"的局外人立场上审视日本，而我却可以采取"被告"的当事人态度。我常常想，"我若拥有他们的语言天分，就能更明白地表达日本的宏伟大业"。但能用外语表达清楚，也就该知足了。

整个论述过程中我引用了欧洲历史和文学中的类似事例来阐释我的观点，我相信这些引证会帮助外国读者更好地理解主题。

或许有人认为，隐射宗教及宗教从业者的内容有失厚道，但我深信我对基督教本身的态度是毋庸置疑的。我只是不赞同那些模糊了基督教教义的方法和仪式，而不是怀疑基督教教义本身。我相信上帝的教导借由《新约圣经》传承下来，如同律法铭刻于心。我还相信，上帝已经同各个民族缔结了被称为"旧约"的圣约——不论是异邦人还是犹太人，基督徒还是异教徒。至于本人神学观点的其他部分，在此不再赘述。

最后，我想对我的朋友安娜·C.哈茨霍恩致谢，感谢她为本书提出了许多宝贵的建议。

新渡户稻造

绪言

应出版社的要求，新渡户博士在作序的问题上给予出版社一定的自由，所以我很高兴能向世界各地的英语读者简单介绍这本新版的《武士道》。的确，我与作者相识已超过十五年，但在某种程度上，我知道这部作品已有四十五年之久了。

1860年，我在费城（1847年，我在这里目睹了海军准将佩里的旗舰萨斯奎汉那号下水）第一次见到了日本人，会见了来自江户的大使馆成员。这些陌生人给我留下了深刻的印象。对他们来说，武士道是理想和礼仪的活标本。之后，在新泽西州新布伦瑞克省的罗格斯大学的三年时间里，我结识了一群来自日本的年轻人，他们是我的学生，又能像同龄人一样友好相处。

我发现，我们经常谈论的武士道非常引人入胜。的确，这些未来的领导人、外交官、海军将领、教育家或银行家在生活中身体力行的武士道，犹如一朵来自遥远日本的馥郁之花，即使到了长眠于柳树林公墓的临终时刻，依旧散发出清新甜美的芳香。我永远不会忘记，那个垂死的年轻武士日下部，在别人劝他投身于服侍神的崇高事业时，他这样回答："即使我能够理解你们的主耶稣，我也不能将自己残存的生命献给他。"所以，"在古老的拉里坦河岸"，在体育运动中，在餐桌上，我们一面半开玩笑地比较日美的事物，一面讨论伦理和理想问题。我不觉采纳了所谓"传教士的暗中反驳"，我的朋友查尔斯·达德利·华纳曾就此写过文章。在某些方面，道德和礼节有所不同，但只是点和切线那样的不同，而不是日食与月食那样本质的差异。一千年前，一位日本诗人在穿过荒野时，花朵上的露珠打湿了他的长袍，留下了晶莹的水珠，他即兴赋诗道："因为这香气，我且留着这衣袖上的露珠。"确实，我很高兴能不落窠臼，虽然人们说窠臼和坟地只是深浅有别。相互比较不正是科学与文化的生命所在吗？在语言、道德、宗教和行为举止的研究中，"只知其一，即为一无所知"，这种说法难道不是千真万确的吗？

1870年，我作为先锋派教育家受邀前往日本，介绍美国公立学校体系的办学方法和精神。我很高兴能离开东京前往越前省的福井市，亲眼看见了鲜活的日本封建社会，也体验到了日本本土上原汁原味的武士道，而不是作为外来文化的武士道。我每天都能意识到，正是日常生活中的点滴细节构成了贵族阶层的普遍信条和行动准则，包括研习茶道、柔道和切腹，学习在跪垫和街道上鞠躬跪拜，学习如何佩剑、行走，如何悠闲地招呼，谦恭地讲话，研读经典艺术及品行，以及在妻子、女佣和子女面前如何表现得像个英雄，等等。日本就像一座思想和生活的学校，使少男少女们得到训练。我看见新渡户博士深受武士道遗产的浸淫濡染，能以优雅有力的笔触、敏锐的洞察力和开阔的视野把它表达出来。日本封建制在它最热诚的拥护者和最雄辩的捍卫者的眼前消失了。对于他来说，这就像是飘逝的一缕幽香；而对我来说，这就像是阳光下的植物与花朵。

因此，我可以作证，一个不仅在武士道的母体——封建社会——中生活过，而且还经历了它的灭亡的学者，新渡户博士对武士道的描述千真万确，他对武士道的分析和总结也是实事求是的。他以精湛的语言艺术，再现了千百年来日本文学尽情讴歌的武士道精神的辉煌画卷。武士守则经过千年演变发展而来，犹如盛开的花朵，照亮了千百万高尚的灵魂曾经走过的路，而我们的作者深情地将这些花朵记录了下来。

批判性研究使我更深入地理解了武士道对于日本民族的价值和影响。要想了解20世纪的日本，就必须在过去的历史背景中了解它的起源。这些起源不仅外国人很难见到，日本的新一代也一样无缘得见。即使如此，好学深思者仍然能从过去历代积淀的能量中预见到今天的结果。虽然是古代的阳光形成的地层，如今的日本仍能从中挖掘到它对战争与和平的启迪。受到武士道熏陶的人们，他们所有的精神感官都变得敏锐。虽然晶块已经融化在糖水中，但它散发出的甜美香气依旧沁人心脾。总之，武士道遵循了更高的法则，即武士道的捍卫者向大师致敬和忏悔的那样："一粒麦子若是没落在地里死了，就永远是一粒；若是落在地里死了，才会结出许多果实。"

新渡户博士是把武士道理想化了吗？其实，我们是想问，他能不把武士道理想化吗？他将自己称为"被告"。任何的信条、教派和系统，一旦它们的理想有了变化，相应的样板和典范也就随之发生了变化。经过缓慢地积累，最终达到和谐，这就是规律。武士道从未达到它真正的顶点。它的生命力仍太过旺盛，最后只能在辉煌和力量中死去。在世界运动——佩里和哈里斯打开日本国门等事件及其影响——和日本封建制的冲突中，我们发现武士道并非是一具涂了防腐剂的木乃伊，而是一个鲜活的灵魂。其时，它遇到了人文精神的激荡，以小国身份得到大国的护佑。日本遵照成功的先例，在没有放弃其自身历史与文明精华的同时，吸收并改造了世界所提供的最佳选择。因此，她有独一无二的机会来造福亚洲和本民族，并正大光明地抓住了这个机会——"在扩散中愈演愈烈"。"不管是一时的消遣，还是永久的胜利"，今天，鲜花美图以及其他美好事物不仅把日本的园林、艺术和家园装点得更加丰富多彩，日本的体育文化、公共卫生以及战争与和平的经验也得到进一步提升和改善。日本已经收获满满，向我们胜利地走来了。

作者不仅是武士道的捍卫者和拥护者，也是熟知新老事物的先知和智者，因此能在叙述中给我们以有益教诲。在日本，唯有本书作者能在生活与劳作、手艺和文学以及农耕与教育各个方面，把武士道的信条与实践融合得如此天衣无缝。

新渡户博士不仅阐明了大日本帝国的过去，也缔造了真正的新日本形象。不论是在日本占领下的台湾还是京都，他既是一名学者，又是一名实干家；既掌握了传统学术，又精通学科前沿。

这本关于武士道的小书，不仅仅向盎格鲁-撒克逊民族传递了重要信息，同时为解决国家的最大问题——东西方的和谐统———做出了卓越的贡献。许多古老的文明在未来更加美好的世界里将融为一体。"东方（Orient）"和"西方（Occident）"的说法表达了彼此之间的无知和傲慢态度，但它们马上要成为过去。日本成功地糅合了亚洲的古老智慧和集体主义以及欧美的蓬勃朝气和个人主义，现在正以不可阻挡的力量继续促进着东西方的交融。

新渡户博士博古通今，深受世界各国文学的熏陶，写这样一部书正是人尽其才，才尽其用。他不仅长于解说阐释，还善于融会贯通。他长久以来笃信耶稣，无须为自己的立场道歉或辩解。因为凡是熟知圣灵的学者，凡是了解神启的民族历史的学者，都必须严格区别何谓宗教创始人的教导和原始教义，何为民族化、理性化，以及教会增补和传承的教义。作者在序中提到的新约教义都是耶稣的教导，耶稣的降临是为了成全而非毁灭。在日本，基督教摆脱了西方的模式和范型，不再是外来宗教，它将深深扎根于武士道的起源地。一旦挣脱了束缚它的褴褛，脱去了外国衣装，主的教会将会像空气一样弥漫日本本土。

威廉·埃利奥特·格里菲斯[1]
1905年5月　于伊萨卡岛

---

〔1〕威廉·埃利奥特·格里菲斯（1843—1928年），美国学者、宗教家，著有《日本的宗教》等。——编者注

第一章　作为道德体系的武士道

正如日本的象征——樱花一样，武士道也是绽放在日本国土上的花朵。它绝非是保存在历史标本馆中承载着传统美德的干枯标本。它作为力量与美的象征，依然活色生香地存在于我们中间。它虽然无形无相，却散发出道德的芬芳，让我们无时不感到它强大的力量。当年催生并滋养了它的社会条件早已消逝，但武士道像那些曾经存在过的星辰一样，依旧在遥远的天际闪耀着光芒。它诞生于封建时代，在孕育了它的封建制度消亡之后延续下来，至今仍然照耀着我们的道德之路。爱尔兰政治家伯克[1]曾发表过一首著名的挽歌，哀叹欧洲的武士道——骑士制度的消亡，着实令人为之动容。如今，我很高兴能用伯克的语言（英语）来思考这一主题。

西方对于远东的知识少得可怜，因为连乔治·米勒博士这等博学之士都曾经断然声称，骑士制度，或其他类似的制度，从未在古代和现代东方国家存在过。[2]不过，这种无知情有可原，因为这位大博士的大作第三版发行的那一年，舰队司令佩里将军才叩开日本紧锁的国门。十多年后，我国的封建制度苟延残喘之际，卡尔·马克思正撰写他的《资本论》，他提醒读者：那时，只有在日本才可以看到封建社会的鲜活样本，这对研究封

---

[1] 埃德蒙·伯克（1729—1797年），爱尔兰政治家、哲学家、作家，英美保守主义的奠基者。——编者注

[2] 参见乔治·米勒的《历史哲学》（1853年第三版），第2卷，第2页。——原注

建制下的社会和政治制度具有独特优势。同理，我也呼吁西方的历史和伦理学研究者去钻研当今的日本武士道精神。

对比欧洲与日本的封建制度和骑士精神是一个诱人的课题，却不是本文的目的所在，因此我不会多加赘述。我试图阐明四个方面的内容：第一，武士道的起源；第二，它的特点与教义；第三，它对于平民大众的影响；第四，它持续永久的影响。其中，我对武士道的起源将会介绍得比较简要和粗略，否则一不小心就会将读者带入我国曲折的历史道路。第二点的叙述则会比较详细，因为它更容易吸引国际伦理学和比较行为学的学者，激起他们对我们思想和行为的兴趣。其余两点我会附带进行论述。

我大概译为Chivalry（骑士精神）的这个日语词，其原义比"骑术"这个词更具表达力。武士道的字面意思就是"武士之道"，是武士们在日常生活和职业生涯中必须恪守的准则，是武士阶层所要履行的高尚职责。界定其含义后，请允许我在后文中都使用"武士道"这一日语原词。使用日语原词更加可取还有一个原因，那就是武士道的教义极具强制性和独特性，能塑造出独具地域性的思维模式和性格特征，因此理应有个别具一格的称谓。其次，一些民族特色词语能表达出鲜明的民族特征，即使是最优秀的翻译家也很难译出，甚至还会出现一些明显的误译，完全歪曲了原文的意义。谁能准确译出德语Gemüth的含义呢？或者说，英语的gentleman和法语的gentilhomme在字面上如此接近，但谁觉察不出它们两者之间的差别呢？

武士道就是训诫和教导武士必须遵守的道德准则。它并非成文的守则，充其量也就是些格言警句，由祖辈口传面授，或出自一些知名武士或学者的笔墨。它通常只是一些不成文的准则，但对我们的实际行动更有约束力，是一部刻在心灵上的法典。个人能力再强，声望再高，也无法凭一人之智、一己之力创造出武士道法则。它是数十年乃至数个世纪以来整个武士生涯发展的结果。或许，武士道在日本伦理史上的地位和英国宪法在政治史上的地位不相上下，但它与《大宪章》[1]和《人身保护法》[2]就没什么可比较的了。确实，日本早在17世纪就已经颁布了《武家诸法度》[3]，但这短短的十三条法令主要涉及婚姻、府邸和社团等，而训诫条例寥寥无几。因此，我们查找不到确定的时间地点，说："这就是武士道的源头。"但武士道精神是在封建时代形成的，因此，从时间上来说，武士道源于封建制度。封建制度本身具有诸多特征，武士道的本质也就错综复杂。如果说英格兰的封建政治制度始于诺曼底征服时期[4]，那么日本封建制的兴起与12世纪晚期源赖朝的称霸基本同步。但我们发现，英国的封建社会因素还可以继续追溯到征服者威廉一世以前的时代，以此类推，日本的封建制在刚提及的源赖朝称霸时代之前就已经萌芽。

而且，和欧洲一样，当日本封建制正式建立的时候，专职的军人阶层也随之崛起。他们被称为"侍"（samurai），也就是后来被广为人知的武士，其字面意思接近古英语中的cniht，与骑士（knecht, knight）、卫军（guard）或者随从（attendant）相似——类似凯撒提到的阿基塔尼亚[5]的

---

[1]《大宪章》（Magna Charta），也称《自由大笺章》，英国封建时期的重要宪法性文件之一。——译者注

[2]《人身保护法》（Habeas Corpus Act），英国1679年颁布的保护人身权利的法律。——译者注

[3]《武家诸法度》，1615年7月由德川幕府制定，对武士的权利义务、生活规范等有非常严格的限制。——译者注

[4] 1066年初，无嗣的英王爱德华死后，法国诺曼底公爵威廉以亲属关系要求继承王位。在遭到拒绝后，威廉在教皇支持下，以武力进攻英国。12月25日，威廉在威斯敏斯特教堂加冕为英格兰国王（即威廉一世），建立了诺曼底王朝（1066—1135年）。此后，英格兰受欧洲大陆的影响逐渐加深。——译者注

[5] 凯撒在《高卢战记》中记述的阿基塔尼亚包括了从比利牛斯山脉延伸至加隆河的大片区域。其地域比法国西南部历史上的阿基塔地区大。公元前56年，此地被凯撒征服，于公元507年并入法国。盖乌斯·尤利乌斯·凯撒（前102—前44年），罗马共和国末期杰出的军事统帅、政治家。——译者注

勇士soldurii，或是塔西佗[1]所说的追随日耳曼首领的守卫comitati，或者再晚近些，欧洲中世纪史书上记载的斗士milites medii。此外，汉语词源的"武家"或"武士"这个词也很常用。武士是特权阶级，最初肯定是那些以打斗为业的粗人。在战乱频仍的漫长历史上，武士阶层自然是从那些最有阳刚之气和冒险精神的男子汉中招募而来。在招募选拔过程中，胆小软弱的被淘汰，而那些爱默生[2]所谓"粗豪、阳刚、有蛮劲"之人得以脱颖而出，形成武士阶层。武士不仅获得无上的荣誉和特权，同时肩负着重大的责任。他们很快意识到，由于长期征战而且分属不同部族，他们需要制定共同的行为准则。医生通过设立职业道德限制相互竞争，律师违规就要面对质询，同样，武士们也必须采取手段，对不端行为进行最终裁决。

公平格斗！在这种原始、野蛮和幼稚的想法中蕴涵着丰富的道德价值。难道这不是一切文武之德的根基吗？英国男孩汤姆·布朗[3]有个稚气的愿望：既不欺幼，又不违长，留名青史。我们对此一笑了之（似乎自以为成熟了）。然而，任何人都知道，这个愿望正是道德的宏伟大厦赖以建立的基石。难道我不能更进一步说，最温柔慈善、最热爱和平的宗教也认同这一想法吗？小汤姆的愿望正是英国大业得以建立的基础，并且我们很快就会发现，武士道所赖以建立的基石也毫不逊色。虽然教友派[4]信徒说的没

---

[1]普布里乌斯·克奈里乌斯·塔西佗（约55—120年），古罗马最伟大的历史学家。——译者注

[2]拉尔夫·沃尔多·爱默生（1803—1882年），美国思想家、文学家，诗人。——译者注

[3]托马斯·休斯的小说《汤姆·布朗的学生时代》中的主人公。托马斯·休斯（1822—1896年），英国19世纪作家、改革家、法学家及政治家。——译者注

[4]教友派，基督教新教的一个派别，反对任何形式的战争和暴力，主张和平主义和宗教自由。又称贵格会或者公谊会。——译者注

错,无论是进攻还是防卫,战争都是残酷和不义的,但我们更赞同莱辛[1]的话:"我们知道,我们的美德源于我们的弱点。"对一个通情达理、诚实正直的人来说,最大的污蔑莫过于"卑劣"和"怯懦"。我们的孩提时代都是从这些简单的观念开始的,武士也不例外。但是随着生活越来越丰富,各种关系逐渐变得复杂,这些早期信念需要更高的权威和更理性的基础来认可,从而具备合法性,得到自我满足,并谋求自身发展。如果军事体制只是自行其是,没有更高层次的道德支持,武士的理想只会与它的骑士精神越行越远。在欧洲,基督教的教义阐释为骑士制度大开方便之门,认可了骑士制度,并为骑士制度注入了精神元素。拉马丁[2]说:"宗教、战争和荣誉是一个完美基督教圣骑士的三大灵魂。"在日本,武士道也同样有自己的精神渊源。

---

[1] 戈特霍尔德·埃夫莱姆·莱辛(1729—1781年),德国戏剧家、戏剧理论家。——译者注

[2] 阿尔封斯·德·拉马丁(1790—1869年),法国作家、政治家,法国浪漫主义文学的前驱和巨擘。——译者注

第二章　武士道的起源

从佛教说起吧。佛教教人安然相信命运，平静地接受不可避免的一切，在危难面前像斯多葛派[1]那样镇定自若，轻生向死。一位剑术大师[2]看到他的学生掌握了他毕生绝学之后，这样告诉学生："我能教给你的到此为止，剩下的都要靠'禅'的指引了。""禅"是"Dhyana"的日语译法，它"表示人类无法用语言表达的冥想境界"[3]。修禅的方法是冥想，而且在我看来，禅的主旨是参透万物所遵循的共同原则，并尽可能参透绝对本质，以追求人和这一绝对本质的和谐相处。依照这一定义，禅宗教义不仅是一个宗派的教条，任何参悟到绝对本质的人都能超越尘世，并且认识到"另有乾坤"。

佛教还有什么不能给予的，神道教都能够充分弥补。和其他宗教有所不同，神道教讲究对君主的无限忠诚，对祖先虔诚的崇拜以及对父母绝对的孝敬，因此武士傲慢的性格中就有了服从的成分。神道教没有"原罪"的说法。相反，它认为人性本善，纯洁如神，并将其尊崇为宣示神谕的圣殿。凡是参观过神道教神殿的人都能观察到，那里面没有任何供人参

---

[1]斯多葛派，公元前300年左右，芝诺（约前336—约前264年）创立的一个哲学学派。约前300年，芝诺在雅典斯多葛画廊聚徒讲学，所创立的学派也因此得名。又，此芝诺出生于塞浦路斯，非出生于埃利亚的芝诺（约前490—约前425年）。后者是"芝诺悖论"的提出者，辩证法的发明人。——译者注

[2]柳生但马守，日本古代著名剑术家。——译者注

[3]语出小泉八云《异国的与怀旧的》。——原注

拜的物品和器具，唯一必不可少的陈设就是悬挂于神殿的镜子。这很好解释：镜子象征着人的心灵，当人心纯净无瑕的时候，镜子就映出神明的形象了。因此，当你站在神龛前参拜时，看见自己的形象映照在明亮的镜面上，参拜行为本身就等于印证了古老的德尔斐神谕[1]——"认识你自己"。在希腊和日本教义中，认识自我并不意味着对人体部分的认识，也不是对自己心理和物理的解剖式了解。这种自我认识是指道德层面，是对自我的道德审视。蒙森[2]对希腊人和罗马人进行比较之后说，希腊人拜神的时候两眼朝天，因为他的祈祷就是冥想，而罗马人拜神时则将头蒙住，因为他们的祈祷就是反省。我们的宗教观念与罗马人基本一致，我们的自省更注重个人的民族意识而不是道德意识。神道教的自然崇拜，使我们从内心深处更加热爱我们的国家，而神道教的祖先崇拜通过正本清源地追溯血统，确立皇室为整个大和民族的共同远祖。对我们来说，国家不仅仅是开采黄金和收割谷物的土地，它是祖先之魂——诸神的神圣居所；对我们来说，天皇不仅仅是法治国家的治安总长或者文明教化的保护人，他还是天国在人间的化身，集权力和悲悯情怀于一身。M.鲍特密说："英国皇室不仅代表着权威，也促进并象征着民族团结。"[3]如果真如他所说，而我也相信英国皇室确实如此，那么日本皇室则有过之而无不及。

　　神道教的教义涵盖了日本民族情感生活的两个主要方面——忠君爱国。阿瑟·梅·克纳普说得千真万确："在希伯来文学中，很难判断作者

---

　　[1]在希腊德尔斐神庙阿波罗神殿门前，刻有三句铭文：认识你自己，凡事勿过度，承诺带来痛苦。希腊人视之为来自神的训诫，遂称其为"德尔斐神谕"。——译者注
　　[2]克里斯蒂安·蒙森（1817—1903年），德国历史学家、政治家、作家，1902年诺贝尔文学奖获得者。——译者注
　　[3]语出《英国人》。——原注

说的是神还是国家，是天国还是耶路撒冷，是弥赛亚还是民族自身。"[1]在我们的国民信仰中，也存在同样的语焉不详。之所以说"不详"，是因为在逻辑缜密者看来，神道教术语存在模糊性。但是，作为一个囊括了民族本性和民族情感的信仰框架，神道教本就不是一套系统的哲学教义或理性的神学义理。神道教，或者更确切地说，神道教所表达的民族情感，向武士道注入了极端的忠君爱国思想。这些思想更像是一种情感冲动而非宗教教义。与中世纪基督教教会有所不同，神道教并未向其信众灌输过多的戒律，而是为他们提供一种简单明了的行为准则。

就严格的伦理层面来说，孔子的教义是武士道最丰富的来源。早在孔子的著作从中国传入之前，我们民族就已经认可了关于君臣、父子、夫妻、长幼及朋友之间关系的五伦之道，孔子的教诲无非进一步确立了这些人伦关系。孔子的政治道德学说平和仁慈，蕴含着处世智慧，非常适合武士这一统治阶层。孔子贵族派头的保守言论也很符合武士政治家的要求。除了孔子，孟子的学说对武士道也产生了巨大影响。孟子的理论既具说服力又富民主色彩，在富有同情心的人当中传布甚广，有人甚至认为它会危及和颠覆现存的社会秩序。因此，孟子的著作长期被列为禁书。尽管如此，这位大师的学说已经被永远植入武士心中。

孔子和孟子的著述是青少年的主要教材，也是成年人讨论问题的最高权威。但如果对两位先贤的经典仅是一知半解，则很难获得真正的尊敬。有句谚语是"读圣贤书而不知《论语》"，讽刺了那些把孔子仅当作理论知识来学习的人。有位地地道道的武士将文学家戏称为书虫；另一位武士则把学问比作难闻的蔬菜，必须煮了再煮才可食用。读书太少难免迂腐，读书太多又偏于酸臭；二者都讨人嫌。作者说这话是想表明，学问只有内

---

[1]语出《封建日本和现代日本》。——原注

化于心，外化于行才能称其为真正的知识，而仅仅掌握了理论知识的专家不过是台机器。人的智性服从于道德情感，人和宇宙在精神和道德上是相似的。因此，武士道不能接受赫胥黎[1]关于宇宙运行无关道德的论断。

武士道看不起那种纸上谈兵的知识。学习知识不是终极目的，而应该是获得智慧的手段。因此，一个人若满足于为学知识而学知识，那他充其量是一部机器，只知道按照指令背几首名诗箴言。他们认为，理论知识和生活实践与应用是统一的。这最早是苏格拉底的观念，中国哲学家王阳明对之做了最为精彩的阐发，他曾孜孜不倦地重复着"知行合一"的重要性。

说到这里，请允许我暂时偏离主题，因为这位学者的教义影响了诸多高尚的武士。西方读者可以很容易发现，王阳明的学说与《新约圣经》有相似之处。如果不考虑措辞差异，《新约圣经》中"寻找神的国和神的义，而后这些将归于你"一句所传达出的思想，几乎可以在王阳明作品的任何一页都找得到。日本的一位王阳明弟子[2]说，"天地万物之主宰，寓于人则为心；故心为活物，永放光辉"，同时，"其本体之纯明，非人意所能移。自发于心，昭示是非，谓之良知，是为天神之光明"。这些言论与艾萨克·彭宁顿或其他神秘主义哲学家的文章不是很相似吗？依我之见，信奉朴素神道教义的日本人，更易接受王阳明的学说与理念。王阳明将"良知即天理"学说发展到极端超验主义，良知不仅可以辨别是非善恶，而且能够感知精神世界和自然现象的本质。王阳明坚持"心外无

---

[1]托马斯·亨利·赫胥黎（1825—1895年），英国博物学家、教育家，达尔文进化论最杰出的代表。——译者注
[2]三轮执斋（1669—1744年），日本"王学"第二时期的代表人物。——译者注

物",其对待唯心主义的态度,堪比贝克莱[1]和费希特[2]。尽管他的哲学体系充斥着唯我论的逻辑谬误,但不可否认的是,王阳明的理论在坚持塑造个性,陶冶情操方面具有道德价值。

　　因此,不论是哪种学说和教义,武士道所吸收同化的仅是其中为数不多的简单原则。尽管如此,武士道仍然能在动荡不安的年代为武士提供安身处世之法。武士先贤,天性淳朴沉稳,积累了前人零散而又朴素的教诲与思想,为自己提供精神食粮;这些思想历经变迁,又形成了一种独一无二的刚毅之气。

　　法国学者德·拉·马泽里埃尔在总结其对16世纪日本的印象时说道:16世纪中期,日本政府、社会和教会陷入一片混乱。在内战中,生活方式倒退到野蛮时代,人人都要求维护公正,造就了和16世纪意大利人一样的一代日本人。丹纳[3]曾称赞他们为:自强不息,积极主动,当机立断,敢于冒险,吃苦耐劳。野蛮的生活迫使中世纪的日本人和意大利人成为"全副武装奋力抵抗"的优秀人类。正因如此,16世纪最充分地展示了日本民族的主要特征,这就是精神和性情的多元复杂性。在印度和中国,人与人之间的差别主要体现在能力和智力水平上,而在日本,还包括个性上的特立独行和卓尔不群。如今,个性已成为优秀民族和发达文明的标志。借用尼采喜欢的一种表述:"在亚洲,说到人就会说到平原,而在日本和欧洲,说到人就会说到高山。"

　　我们来谈谈我们自己——日本民族所具有的德·拉·马泽里埃尔先生笔下的"普遍特征"。我将从"义"说起。

---

〔1〕乔治·贝克莱(1685—1753年),爱尔兰哲学家,英国近代经验主义哲学代表人物。——译者注

〔2〕费希特(1762—1814年),德国哲学家,德国唯心主义哲学的主要奠基人之一。——译者注

〔3〕阿道尔夫·丹纳(1828—1893年),法国文艺理论家和史学家,历史文化学派的奠基者和领袖人物,被称为"批评家心目中的拿破仑"。——译者注

第三章　义——正直与公正

在这一章，我们要弄清武士守则中最令人信服的戒律。对武士来说，没有什么比阴险狡诈、投机取巧更令人嗤之以鼻的了。"义"这一概念或许不尽准确——它可能内涵过窄。一位知名武士[1]将义定义为决断力："义是据理决断某种行为方式的力量。该赴死时就赴死，当反击时就反击。"另一位[2]的说法是这样的："正直是骨骼，它给人以坚毅的品格和伟岸的身躯。"没有骨骼，头竖不直，手动不了，脚站不得；同样，人品不正，即便满腹才学也不能造就一个武士。只要人品端正，一事无成也无可厚非。孟子曰："仁，人心也；义，人路也。舍其路而弗由，放其心而不知求，哀哉！人有鸡犬放，则知求之；有放心而不知求。学问之道无他，求其放心而已矣。"[3]在这里，透过时光的"模糊镜片"，我们仿佛看到了三百年后另一国度里一位大师（基督）如出一辙的教诲。他称自己就是正义之道，人们借由他可以恢复迷失的本性。说到这里我又有点偏题了。总之，按照孟子的说法，"义"之道虽然狭窄却是正道，只有走这条路才能重获失去的乐园。

封建制度的晚期，社会处于持久的和平状态，武士阶层在闲暇之余从

---

〔1〕指林子平（1738—1793年），日本江户时代后期的著名政治学者，第一个论述海防必要性的日本人。——译者注

〔2〕指真木和泉（1813—1864年），原名真木保臣，德川幕府时代知名的尊王攘夷志士。——译者注

〔3〕语出《孟子·告子上》。——译者注

事各种各样的高雅艺术，但义士（正直的人）这一称号仍高于所有饱学之士或才艺之士。在普及性教育中频频出现的四十七浪人，在民间就以四十七义士而著称。

在一个阴谋诡计、花招伎俩和真正的战术谋略泥沙俱下的时代，这种刚毅果敢的美德、坦率诚实的品性，就像一颗最明亮的宝石，赢得了无以复加的赞美。义与勇是一对孪生兄弟，同属军人遵奉的武德。但是，在开始谈论勇之前，让我先继续谈谈"义"的一个衍生词"道义"。"道义"最早和"义"只是略有不同，但后来离义的原意越来越远，直到按照一般通俗的理解，"道义"的本意已经被完全曲解。"道义"字面意思是"正当理由"，但很快演变成了迫于舆论而必须履行的模糊的责任感。其实，它最初仅指责任，单纯和简明的责任。因此我们可以说，我们对父母、长辈、晚辈甚至社会均有"道义"担当。在这种用法中，道义就是责任；"正当理由"要求和命令我们去做的，除了责任还能是什么呢？"正当理由"所要求的不就是我们应该绝对遵守的吗？

道义无非指职责。我敢断定，道义一词主要源于这样一种事实：我们对待父母虽然主要是出自爱，但一旦没有了爱，仍需要别的威权来强制履行孝敬之责。而道义一词就具有这样的一种威权感。形成道义这样的威权是理所应当的。既然无法由爱而自然生发出孝敬之举，就得诉诸人的理智，让他认识到善待父母的必要性。其他道义责任也是一样。一旦分内的职责变成了负担，道义的正当性就会发挥作用，从而使我们无法规避做人的本分。照这样理解，道义俨然是位严厉的监工，手里拎着桦条鞭，能叫懒汉们顺服。它是一种等而下之的道德力量。作为行为的动机，和基督教的爱相比就相形见绌了，而基督教宣扬的爱才应成为真正的律法。我认为，道义是人为社会条件下的产物——在这个人为的社会里，血统和荣宠决定了社会的等级，家庭是社会的基本单位，年资比才华更重要，任何自然情感都要向既定的习俗低头。正因为这种人为性质，道义很快蜕变成一种似是而非的正当性，时常被用来解释某种行为或宽容另一种行为。比如，为什么母亲在万不得已的情况下，为了救长子而牺牲掉其他骨肉。或者说，为什么女儿为了维持父亲花天酒地的生活而出卖贞操，如此等等。在我看来，道义从正当理由生发开来，最后却异化为一种托词，乃至沦为逃避道德追问的怯懦。司各特[1]这样谈及爱国主义："正因为最为堂皇，爱国主义才堕落为其他情感最可疑的面具。"一旦被滥用，道义就走向了自己的反面，滋生出形形色色的诡辩和伪善。如果不是武士道具有真正的勇毅、果敢和坚忍之精神，道义极可能成为懦夫的温床。

---

[1] 瓦尔特·司各特（1771—1832年），英国作家、律师，欧洲历史小说的创始者。——译者注

第四章　勇——果敢坚忍的精神

如果不是正义使然，勇敢一般算不上美德。孔子在《论语》中说："见义不为，无勇也。"[1]换成肯定表达，这句话是说，"勇敢就是见义勇为"。勇敢是面对危险和困难时表现出来的一种无所畏惧的行为。面对危险乃至死亡，奋不顾身乃至以身涉险，这就是人们常说的英勇无畏。在战场上这种不计后果的勇敢，莎士比亚称为"无谋之勇"，经常获得人们的过度颂扬。但武士道的勇敢有所不同。死得不值被认为是"犬死"。水户的义公[2]说，"在刀光剑影中以身赴死并不难，任何人都做得到。根据正义与否来决定是生是死，这才是真正的勇气"。可惜的是，义公还不知道柏拉图的大名，其实柏拉图[3]早就给勇敢下了定义："勇敢就是懂得何者可畏，何者不可畏。"我们历来认可西方对道义之勇和血气之勇的区分。青少年武士谁没听说过"大勇"和"匹夫之勇"？

英勇、坚忍、刚毅和果敢等精神品质极易吸引青少年，并可以通过训练和仿效有意加以培养，在青少年中备受推崇，很早就有人开始相互比勇。男孩们还在襁褓之中，就开始被反复灌输如何荣立军功。孩子

---

[1] 语出《论语·为政》。——译者注
[2] 指德川光国（1628—1701年），日本江户时代的大名，水户藩第二代藩主。——译者注
[3] 柏拉图（公元前427—前347年），古希腊伟大的哲学家，与其老师苏格拉底、学生亚里士多德并称为希腊三贤。——编者注

不管哪疼，只要一哭，母亲就如此这般教育他："一疼就哭，真是个胆小鬼！打仗的时候胳膊断了该咋办？切腹的时候又该咋办？"我们都知道，歌舞伎《仙台荻》中的千松饿到饥肠辘辘之时，还曾对他的小扈从发表过这样一番宏论："你看到窝里的麻雀了？看它们黄嘴巴张得多大！你再看！麻雀妈妈回来了，还带回来虫子给它们吃。你看那些小麻雀吃得多欢！但是，对一个武士来说，他饥肠辘辘的时候，如果还能觉得饿，那就是一种耻辱。"类似坚忍果敢的故事在童话故事里多到数不胜数。当然，培养勇敢精神的方法很多，不局限于这类名人轶事。父母给孩子布置任务就是为了尽可能激发这种勇敢的潜质，有时态度严厉得近乎残忍。他们是这么解释的："熊都知道把熊宝宝推下深谷。"武士之子于是也被推向艰难困苦的陡峭峡谷，在鞭策之下服着无尽的苦役，像西西弗斯[1]反复推石上山一样。

忍饥挨饿被看作培养耐力的有效方式。年幼的孩子都被派到陌生人那里送信，他们天不亮就得起床，寒冬腊月里光着脚赶到老师那里，先上早课再吃饭。他们经常——一般一个月里有一两次，比如天满宫[2]等节日的时候——三三两两聚在一起，高声挨个朗读，通宵达旦。年轻人甚至到恐怖场所寻欢作乐——比如刑场、坟地和凶宅等。在公开执行斩首的年月，男孩不仅要亲眼看见恐怖的杀人场面，夜里还得单独到刑场过夜，甚至在砍下的头颅上铭记此行。

---

〔1〕西西弗斯，希腊神话中的人物，因触犯众神而受罚。诸神要求他把一块巨石推上山顶，而巨石太重了，尚未推上山顶就又滚下山去。西西弗斯就不断重复，永无止境地做着这件事。——编者注

〔2〕天满宫，供奉菅原道真的庙。菅原道真（845—903年），日本平安时代中期公卿、学者、诗人和政治家，被日本人尊为学问之神。——译者注

这种极端斯巴达[1]式的胆识训练[2]，使当代教育家深感震惊和质疑——质疑这样刻意扼杀人尚在蓓蕾状态的自然柔情，只会培养出残酷

---

[1] 斯巴达，古希腊城邦。斯巴达式的胆识训练，源自斯巴达用以训练奴隶斗士的方法，其严酷程度非一般人所能承受。——译者注

[2] 作者补注：英勇无畏在精神层面表现为平静——内心的极度平和，即处乱不惊，沉着镇定。英勇无畏可以表现为安详从容之静，也可以表现为勇敢大胆之动。真正的勇士往往是镇定从容、安然自若的。他从不惊慌失措，任何事情都不会扰乱他内心的平和。鏖战正酣之际，他头脑冷静。大难临头之时，他心静如水。地震奈何不了他，面对风暴，他一笑了之。危险或死亡来临时，他仍然能镇定自若，比如死到临头还要低吟浅唱，沉醉一番，流露不出丝毫惊恐，只有胸怀博大才有这等气度，这就是我们所谓的游刃有余。有了这等胸怀，非但危难之际不会自乱阵脚，而且能够面对更多艰难困苦。这才无愧为真英雄，简直让人崇拜到无以复加。

这时，我们不由想起一段真实的历史，这段历史至今仍在流传：江户的创建者太田道灌被矛刺穿身体的时候，刺客知道他喜欢吟诗作赋，故意念诗一句：

"啊！在这等时刻，
我们的心灵对生命之光充满嫉恨。"

谁知英雄虽然气息将尽，对身上的致命伤却不以为意，他竟续道：

"在安息之时，
才学会了看淡生命。"

这诗续得够勇敢，几乎带有谐谑调侃意味。一般人眼里的头等大事，在勇敢之人看来却如同儿戏。因此，在古代战争中，交战双方可以随机应变，和歌对答，也可以唇枪舌剑，剑拔弩张，都屡见不鲜。搏斗也不仅仅是力气的较量，同时也是智力的交锋。

11世纪末的衣川之战就是如此。东国队伍溃败时，他们的将领安倍贞任落荒而逃。在后面紧紧追击的敌方大将源义经向他高喊：

"大将金甲已成旧。"

话刚出口，败军之将毫不气馁，马上接了一句：

"岁月摧折旧时衣。"

义家本来已经准备给弓上弦，听了这句就卸下弓弦，任由他的敌人逃之夭夭。当有人问起他为什么如此反常，他回答说，他的对手在被追击到穷途末路之际，仍然能如此镇定自若，他不忍心使对方蒙辱。（转下页）

无情的人。我将在下一章继续探讨武士道的勇敢精神。

（接上页）布鲁图斯死时，安东尼和屋大维见识了何为勇士，都悲痛欲绝。上杉谦信与武田信玄交战十四年，听闻对方死讯，上杉谦信痛哭自己失去了"最好的敌人"。因为武田信玄的领地在山区，离海很远，不得不从东海道的北条氏那里买盐，而上杉谦信曾经帮过武田信玄，为后世树立了千古典范。北条太子虽然没有和武田信玄公开交战，但想拖垮对方，就切断了武田信玄和外面的食盐贸易。上杉谦信听说敌手陷于困顿，自己能从领地上弄到盐，就写信给武田信玄，说北条太子做事阴损，虽然上杉谦信与武田信玄交战，但他会派人给武田信玄供盐。他还加了一句："我打仗靠的不是盐，我靠的是剑。"这句话和卡米勒斯的话可有一比，"我们罗马人打仗靠的不是金子，而是铁"。尼采曾这样赞扬过武士精神："你要为你的敌人骄傲，那么你敌人的成功也就是你的成功。"的确，英勇和名望都要求我们在战场上为敌，在和平时为友。当英勇无畏达到了这一境界，就已经接近仁德了。——原注

第五章　仁——恻隐之心

爱，宽容，仁爱之心，同情之心，恻隐之心，都是公认的高尚美德，是人类灵魂的无上情操。仁德之所以高贵有两层意思——有德之人的诸多美德中以仁德最为高贵；君王的高贵仁德有其特定的含义。我们不需要莎士比亚来感受仁德，但和世界上其他国家一样，我们需要莎士比亚来表达仁德——仁德比皇冠更有王者风范，仁德的效力远在他的权杖之上。孔孟先贤不止一次重申，人君的最高道德是仁德。孔子说："是故君子先慎乎德。有德此有人，有人此有土，有土此有财，有财此有用。德者，本也；财者，末也。"并重申："未有上好仁，而下不好义者也。"[1]孟子也进一步阐发道："不仁而得国者，有之矣；不仁而得天下，未之有也。"[2]他还说："天下不心服而王者，未之有也。"[3]总之，孔孟都认为仁德对于君王来说是必不可少的，即"仁者，人也"[4]。

封建政体极易走向穷兵黩武，而仁德能保护我们免遭极端专制之害。子民既然不惜"摩顶放踵"以事君王，那么治理臣民无非随君王之所欲，这就自然而然出现了那种东方式的君主独裁统治。其实，西方历史上的独裁者也不乏其人！

---

[1]语出《礼记·大学篇》。——译者注
[2]语出《孟子·尽心下》。——译者注
[3]语出《孟子·离娄下》。——译者注
[4]语出《中庸》。——译者注

我当然不愿支持任何形式的专制统治，但把封建统治等同于专制统治也是错误的。腓特烈大帝[1]曾经写道："国王是国家的第一公仆。"法理学家们都认为人类进入了自由的新时代。其实在同一时期的日本西北部偏远林地，米泽的上杉鹰山[2]也发表了同样的宣言，表明封建制并非一概是暴政和压迫。封建君主并不认为他对臣民负有义务，对祖先和天帝却怀有强烈的责任感。君就是臣民之父，奉天承运，照拂臣民。据中国古代的诗经讲："殷之为丧师，克配上帝。"[3]孔子在《大学》中教导我们："民之所好好之，民之所恶恶之，此之谓民之父母。"民意和君心、民主和专制就这样统一起来了。武士道就这样吸收并强化了父权的概念——父权并非泛泛的叔伯政治（准确地说是山姆大叔式[4]的）。独裁政府和父权政府的区别是，独裁政府之下，人民是违心地屈从，而父权政府之下，"人民服从政府时会感到骄傲，会感到尊严，会感到发自内心的拥护，即使为政府服役，也始终能感受到崇高的自由"。[5]英语中有句老话，说得不无道理："英格兰国王为魔鬼之王，因为他的臣民始终在暴动中推翻他。法国国王是驴子，因为他总是没完没了地收税。[6]只有西班牙国王是人主，因为人民乐于服从他。"好了，到此为止！

在盎格鲁-撒克逊人看来，美德和极权可能是无法调和的。波别多诺斯

---

[1]腓特烈大帝（1712—1786年），普鲁士国王，著名军事家、政治家，欧洲启蒙运动的重要人物。——译者注

[2]上杉鹰山（1751—1822年），日本江户时代米泽藩第九代藩主。——译者注

[3]语出《诗经·大雅·文王之什》。——译者注

[4]山姆大叔是美国的绰号和拟人化形象。山姆大叔式的政治，指美国政治。——译者注

[5]语出伯克的《法国大革命》。——原注

[6]在英语中，驴子的复数（asses）与课税（assess）发音近似。——译者注

采夫[1]清晰地揭示了英国和其他欧洲国家在社会基础上的差异：欧洲国家是以共同利益为基础组建的，英国则是以独立形成的个性特征为基础的。这位俄罗斯政治家说，欧洲大陆各国，尤其是斯拉夫民族中，个人对某些社会联盟的依赖，归根结底是对国家的依赖。这一点对日本人来说尤为正确。因此，君主权力的自由行使，并不会使我国国民像欧洲人那样感到压抑，恰恰相反，这种统治方式一般能从父君对子民的情感角度得到节制。俾斯麦[2]说，"极权政治主要是要求统治者公正，诚实，忠于职守，精力充沛和有谦逊敬畏之心"。如果允许，我想就这一主题再引用一段德国皇帝在科布伦茨的演讲。他谈道："王权是上帝的恩赐，王权意味着重大职责，首先是对上帝的艰巨责任，任何人、任何大臣和任何议会都不能替君主代劳。"

我们知道，仁是一种母性的温柔美德。如果说正直的道义和严厉的正义专属男性，那么仁慈则具有女性的柔和感和说服力。我们总受到告诫：不能不加区别地滥用仁慈之心，应该适度辅以道义和公正。仙台藩主伊达政宗[3]在他经常引用的格言中很好地表达了这一点——"过于义则固，过于仁则懦。"

幸运的是，仁慈虽美，但并不罕见，因为"勇敢者最慈柔，爱人者最勇敢"是普遍真理。"武士情"——武士的柔情——这话听来如此动人，能立即打动任何高尚的心灵。这并不是说武士的仁爱与他人的仁爱有什么本质区别。对武士而言，仁爱不是盲目的冲动，也结合了正义的呐喊；仁爱不仅仅是某种心态，也有当杀则杀、当救则救的行动。就像经济学家所

---

[1]波别多诺斯采夫（1827—1907年），俄国政治家、法学家。——译者注
[2]奥托·冯·俾斯麦（1815—1898年），德意志帝国首任宰相。——译者注
[3]伊达政宗（1567—1636年），伊达氏第十七代家督，安土桃山时代的奥羽地方著名大名，江户时代仙台藩始祖。——编者注

说的有效需求或无效需求一样，我们也可以把武士的仁爱称为有效的爱，因为它是一种力量，能给对方带来利益，也能给对方造成伤害。

武士们以拥有蛮力和使用蛮力的特权而自豪，他们完全同意孟子关于仁爱的力量的教导。孟子说："仁之胜不仁也，犹水之胜火。今之为仁者，犹以一杯水救一车薪之火也。"[1]又说："恻隐之心，仁之端也。"[2]因此，仁者永远心系苦难之人。亚当·斯密[3]以同情心为基础构建起自己的伦理哲学，而孟子早就预见到了。

不同国家的骑士荣誉准则，彼此有惊人的相似。也就是说，内涵游移的东方道德观念在欧洲文学的最美格言中不乏其例。比如：

败者安之，骄者挫之，

建立和平之道——斯乃汝职。

把这句诗拿给一位日本有识之士看，他可能会不假思索地指责这位曼图亚的游吟诗人[4]抄袭了自己祖国的文学作品。

对弱者、底层人或被征服者显示仁慈，最能表现武士风度，因而备受推崇。日本艺术爱好者一定非常熟悉这么一幅画，画中一个和尚倒骑在牛背上。这和尚曾经是个武士，在他声名鼎盛之时，他的名字就是恐怖的代名词。须磨浦的激战[5]（公元1184年）是日本历史上最具决定性的战役

---

[1]语出《孟子·告子上》。——译者注
[2]语出《孟子·公孙丑上》。——译者注
[3]亚当·斯密（1723—1790年），英国经济学家、哲学家、伦理学家，被后世誉为"经济学之父"，对世界经济学有杰出贡献。——译者注
[4]维吉尔（公元前70—前19年），奥古斯都时代古罗马最伟大的诗人。曼图亚，意大利北部小城，维吉尔的出生地。——译者注
[5]指源氏与平氏争夺天下的战役。须磨，兵库县神户市属地。——译者注

之一。在这次战役中,他追上敌人后用强有力的臂膀将其一把按倒在地。根据当时的作战规则,在这种情况下,除非强弱双方地位或能力相当,否则不得有流血事件发生。因此,这个勇猛的武士想知道被按倒在身下的人姓甚名谁,而对方却拒绝透露。武士凶残地扯掉对方的头盔,发现对手是位白皙无须的清秀少年。武士惊愕之余,不觉松开了手,扶着年轻人站起身,像慈父般地教他逃生:"走吧,孩子,回到你母亲身边!熊谷[1]的刀不会沾上你的血。在敌人出现之前赶快逃吧!"但为了捍卫双方的荣誉,这位年轻的战士拒绝离去,并恳求熊谷当场砍下他的头。冰冷的刀刃在熊谷白发苍苍的头上闪烁,这把刀刃曾多次斩断敌人的生命之弦,但此时他那颗冷酷的心却颤抖了。他眼中闪过他儿子第一次踏上战场——也是在今天——伴随着军号声冲锋前进的身影。武士结实的手颤抖了。他再次恳求这位少年赶快逃走,但无济于事。士兵们的脚步声越来越近,他大喊:"你逃不了了,与其落入无名小辈之手,还不如我来。神啊,收下他的灵魂!"顷刻间剑光一闪,当它落下的时候,已经沾满了年轻人殷红的鲜血。战争结束后,士兵们大胜而归,但熊谷已经不在乎荣誉和名声,他放弃了戎马生涯,披上袈裟,将余生都献给了朝圣之旅。他发愿绝不背对西方,因为那里是救赎之神降临的圣地,也是太阳每天休息的地方。

批评家们也许能指出这个故事的缺陷。虽然这个故事在细节上是有漏洞的,但它表明,武士残暴的军旅生涯需要用柔情、怜悯和仁爱来点缀。武士中流行一句老话,是这样说的:"穷鸟入怀时,猎夫亦不杀。"这在很大程度上解释了为什么基督教的红十字会运动这样轻易地在日本国民中站稳了脚跟。在我们听说《日内瓦公约》的几十年前,我们最伟大的小说

---

[1]熊谷直实(1141—1208年),日本平安时代末期至镰仓时代初期的武将,有"关东第一武者"之称,出家后法号莲生。——译者注

家马琴[1]就已经向我们介绍过如何治疗受伤的敌兵。在以尚武精神和教育著称的萨摩藩，年轻人学习音乐蔚然成风；所谓音乐，不是"鲜血与死亡的喧嚣前奏"——军号或军鼓，而是那种在琵琶上弹奏的哀伤温柔的旋律，能够缓和我们昂扬的斗志，使我们忘却战场上的血腥和屠杀。波利比乌斯[2]向我们讲述了《阿卡迪亚宪法》，它要求所有30岁以下的年轻人学习音乐，因为柔和的音乐艺术可以使人忘记寒冷潮湿的艰苦环境。他认为，正是因为这种柔和音乐的影响，阿卡迪亚山区几乎看不到任何暴行。[3]

在日本，不只是萨摩藩注重培养武士阶层的闲情雅致。白河乐翁[4]在他的随笔中记下了他的浮想，其中有以下几点："侵枕勿咎之花香、远寺钟声、凉夜虫鸣，皆幽趣也。"又说："落花之风、蔽月之云、好辩之人，凡此三者，虽殊可恨，亦可恕也。"

吟诗作赋似乎是为了表达情感，实际上是为了陶冶性情，所以备受鼓励。因此，我们的诗歌自有一种强烈的哀戚和柔美。一个乡下武士的轶事就说明了这一点。当他被要求作俳句时，他的第一个试题是"莺鸣"[5]。结果他大发脾气，粗粗写了几行后，就把它扔在老师脚下：

勇士背过耳朵，

---

[1] 曲亭马琴（1767—1848年），本姓泷泽，名兴邦。日本江户时代最出名的畅销小说家，也是日本历史上第一个靠稿费生活的职业作家。——编者注

[2] 波利比乌斯（约公元前210—前128年），古罗马历史学家、哲学家，分权制先驱。——编者注

[3] 阿卡迪亚位于伯罗奔尼撒半岛，与希腊大陆的其他部分隔绝，所以古希腊和古罗马的田园诗将其描绘成世外桃源。——译者注

[4] 即松平定信（1758—1829年），江户时代的大名、政治家，陆奥国白河藩的第三代藩主。——编者注

[5] 莺，即黄莺，有"日本夜莺"之誉。——原注

不听黄莺鸣唱。

他的老师对这种粗浅的抒情毫不介意,继续鼓励这个年轻人写诗。直到有一天,这个年轻人内心的乐感被唤醒,随着黄莺悦耳的鸣叫,他吟道:

武士伫立,英姿勃发,
倾听黄莺歌唱,
树丛中鸟语花香。

负伤倒在战场上的克尔纳[1]唱出了他著名的《告别生命》,我们钦佩并赞叹他短暂生命中可歌可泣的英雄之举。类似的故事在我们的战争中并不罕见。我们短小精练的诗体特别适合于即兴抒情。任何受过我们日本教育的人都能作和歌或俳句。我们常常看到,行军的士兵中途停下来,从腰带上取下他的笔砚,即兴赋诗一首。一旦在战争中牺牲,总能从头盔或铠甲里找到他们珍藏的诗笺,而此时他们的躯体已经没有了生命气息。

在欧洲,是基督教在一片战争恐怖中唤起了人类的同情心;在日本,则是由人们对音乐和文学的热爱来完成的。培养温柔情感容易使人产生对他人苦难的同情。懂得尊重他人的感受,才会懂得谦让和殷勤,而这才是礼的根源。

---

[1] 西奥多·克尔纳(1791—1813年),德国诗人、剧作家。——译者注

第六章　礼——喜悦与共喜悦

每个外国游客都会注意到，谦恭文雅、彬彬有礼是日本人的标志性特征。如果仅仅为了体现良好风度，唯恐冒犯大雅而守礼，那么礼作为美德就无可称道。真正的礼应该是出于对他人由衷的同情，自然而然体现出来的外在行为。礼还意味着对分寸感的考量，即对社会地位的适度尊重。因为社会地位的差异不仅代表了金钱和权势的差异，也说明了实际成就的大小。

礼的最高形式接近于爱。我们可以虔诚地说："礼是宽容仁慈，是不嫉妒，不自夸，不骄傲，是不谋私利，不发作挑衅，不举止失礼，不念人恶。"迪恩教授在谈到人性的六大要素时，将礼置于崇高地位，将礼看作是最成熟的社交成果，是不足为怪的。

我很推崇礼，但我绝不会把它置于美德之首。如果对礼加以分析，我们会发现礼与其他更高层次的美德息息相关。没有任何一种美德是独立存在的。当礼被尊崇为武士特有的美德而受到过度推崇时，各种有名无实的虚礼便泥沙俱下。孔子曾一再教导说，虚礼不是礼，正如声响并不是音乐一样。

当礼上升为社交的必要条件时，一套繁琐细致的礼仪随之产生并风行，用以培养年轻人正确的社交行为。打招呼时如何向他人鞠躬，如何行走和落座，都要精心地教导和学习。餐桌礼仪发展成为一门科学，上茶和饮茶也上升为一种礼仪。一个受过教育的人，理应掌握这些礼仪。在凡勃伦[1]

---

[1] 索尔斯坦·邦德·凡勃伦（1857—1929年），美国经济学家、社会学家，制度经济学的代表者。——译者注

先生那本引人入胜的书[1]中，他非常恰当地把礼仪称为"有闲阶层生活的产物和标志"。

  我曾听到过欧洲人对我们恪守的繁文缛节不屑一顾。有人批评说，这些礼仪积淀了我们太多的观念，到现在还严格遵守它们是愚蠢的。我承认，在隆重的礼仪中可能有一些不必要的细节，但我不太清楚的是，遵守这些细节是否与追随西方日新月异的时尚一样愚蠢。即使是时尚，我也不认为它仅仅是虚荣的怪胎；相反，我把时尚看作是人类精神对美的不断追求。我更不认为繁复的仪式是没有意义的，因为它代表了一种长期观察的结果，是为了达到某种效果而找到的最合适的方法。做任何事情，肯定都有最好的办法，这个最好的办法必须既经济又优雅。斯宾塞[2]先生将优雅定义为最经济的做法。茶道展示了碗、勺和餐巾等特定的操作方法，在外行人看来很乏味。但人们很快就会发现，这一套既定的操作方法最省时省力，也就是用力方式最为经济。因此，根据斯宾塞的定义，这样做也就最为优雅。

  社会礼仪的精神价值——或者借用《旧衣新裁》[3]的说法——礼节仪式作为精神修养的外衣，其精神内涵与外在形式传达给我们的完全不成比例。我可以效仿斯宾塞先生，在我们的礼仪体系中追根溯源，寻找它们产生的道德动机；但在本书中我无意致力于此。我想强调的是恪守礼仪对品德的陶冶和教化作用。

---

  [1]指凡勃伦的代表作——《有闲阶级论》（Theory of the Leisure Class），该书以批判资本主义著称，其思想精髓已被经济学、政治学和社会学等社会科学所吸收，继承乃至发扬。——原注

  [2]赫伯特·斯宾塞（1820—1903年），英国社会学家，社会达尔文主义之父。——译者注

  [3]《旧衣新裁》，英国作家、历史学家托马斯·卡莱尔（1795—1881年）的代表作之一。——译者注

我曾经说过，礼仪对细节的追求可谓不遗余力，以至于流派纷呈，各有千秋。但它们在本质上是相通的。最知名的礼仪流派的伟大倡导者小笠原清务[1]是这么说的："礼仪的终极目的是陶冶情操，你安然静坐时，即使最凶狠的歹徒也不敢冒犯你。"[2]也就是说，通过不断形成正确的举止，人体所有部位及其功能都能形成完美的秩序，与人体及其环境达到最佳和谐，这意味着精神对肉体的充分掌控。法语词bienséance[3]（礼仪）包含了多么新颖而深刻的意义啊。

如果这一说法成立，优雅意味着省力，那么一个合乎逻辑的结论就是，不断练习优雅举止也就意味着养精蓄锐。因此，优雅的举止实际上是指力量的栖息状态。在罗马之劫[4]中，当野蛮的高卢人冲进元老院，胆敢拔掉那些德高望重的元老们的胡须时，我们应该责备那些元老，因为他们的尊严和气度缺乏力量。恪守礼仪真能达到高尚的精神境界吗？为什么不会呢？——因为条条大路通罗马！

我以茶道为例，说明最简单的东西是如何变成一种艺术，然后又变成一种精神文化的。喝茶居然是一种艺术！有什么不可能的呢？在沙滩上画画的孩子，或在岩石上雕刻的野蛮人，都有可能成长为未来的拉斐尔或米开朗基罗。饮茶是从印度隐士冥想时开始的，继而发展为宗教和道德的贴身侍女，难道不是意义深远的吗？心态平和、性情沉静、举止安详和沉着是茶道的第一要素。毫无疑问，这也是培养正确思维和生发美好情感的首

---

[1]小笠原清务，日本礼仪集大成者，所著《新撰立礼》出版于1883年，是日本历史上划时代的礼法书。——译者注

[2]语出《新撰立礼》。——译者注

[3]从词源学上讲是"端坐"的意思。——原注

[4]罗马之劫，发生于1527年5月6日，是神圣罗马皇帝查理五世属下的军队哗变后，在罗马进行的军事行动。该事件中有多达12000人死亡，被掠夺的财物价值达1000万杜卡特（"一战"前欧洲通用的货币）。——译者注

要条件。小巧的茶室干净得一尘不染，隔绝了喧嚣沸腾的人群，容易使人的思想暂时摆脱俗世纷扰。室内陈设简单，没有西方客厅那无数的装饰画和小摆设去分散人的注意力，挂轴[1]只让我们感觉到图案的优雅大方，而非色彩的鲜艳。最终目标是极致的品位，任何虚饰都会遭到宗教般的极端排斥。事实上，茶道是一位冥思的隐士在谣言纷起的战争年代发明的。这一事实本身就足以表明，这种仪式不仅是一种消遣。武士在进入幽静的茶室之前，先把剑放在一旁，暂时抛开了血雨腥风和家国情怀，在一方安静的斗室内寻找和平与友谊。

茶道不仅仅是一种礼法，它也是一种艺术；它是诗歌，有节奏清晰的韵律；它是一种修身养性的实践。茶道最大的价值即在修身养性。虽然在茶道的信徒看来，茶道的其他方面可能更加重要，但这并不足以否认茶道的精神实质。

礼仪使人举止优雅，有礼也就有了良好的教养。但它的作用还不止于此。得体的举止源自仁慈和谦虚，出于对他人情绪的感同身受，常常表达了一种优雅大度的同情心。按照礼仪，我们应该与人同悲共喜。当这种教诲细化为生活小节时，几乎不会引起人的注意，即使被注意到，也像一位在日本居住了二十年的女传教士曾经说过的，"太好笑了"。烈日炎炎，你站在外头没有任何遮挡。这时，一位日本熟人走过，你和他打招呼，他便立马摘下帽子。这倒不奇怪，奇怪的是他一边和你谈话，一边收起了遮阳伞，和你一起站在烈日下。真是愚蠢之极！是，确实如此。其实，他的动机无非如此："你晒在阳光下，我同情你。如果遮阳伞足够大，或者我们够熟悉，我愿意与你共撑同一把伞。但因为我不能为你遮蔽阳光，所以

---

[1] 挂轴，亦称"立轴"，装裱书画作品的一种基本体式，也用来指称装裱好了的书画作品。——原注

我愿意分担你的不适。"类似这样可笑的小小的举动不仅出于习惯，也是对他人的舒适体贴入微的感情"体现"。

另一个好笑的习俗是由我们的礼仪标准决定的。许多肤浅的日本作家对此不以为然，他们简单地将其归因于日本民族颠三倒四的习惯。每一个观察到这一点的外国人都会承认，他遇到这种场合不知如何反应而感到尴尬。在美国，当你赠送礼物时，会向获赠礼物的人称赞礼物。而在日本，我们却会贬损它。美国人是这样想的："这是一件好礼物。如果礼物不是很好，我就不会送你，因为把不好的礼物送给你是一种侮辱。"与此相反，日本人的逻辑是："你是一个好人，什么礼物都配不上你。你接受我放在你面前的东西，无非是认为它代表了我的好心。那就收下吧，不是因为礼物的价值，而是因为我的心意。如果我说礼物极好，配得上你，那是对你身价的侮辱。"把这两种想法放在一起比较，我们就会看到，两者根本上是一致的，都没什么好笑的。美国人夸奖的是物质的礼物，而日本人看重的是送礼的精神意义。

我国国民的礼仪的确过度关注言行举止的细枝末节，但如果据此就舍本逐末，对我们的礼仪原则本身说三道四，那就主次颠倒了。哪样更重要？是吃饭还是吃饭的规矩？中国圣人孟子回答说："取食之重者与礼之轻者而比之，奚翅食重？""金重于羽者，岂谓一钩金与一舆羽之谓哉？"[1]将方寸之木放到岑楼的屋顶上，没有人会说它比岑楼还高。[2]那么，说真话还是讲礼貌，哪个更重要？据说，对于这一问题，日本人的回答与美国人的回答截然相反，但在我谈到"诚"之前，我不予置评。

---

[1]语出《孟子·告子下》。——译者注

[2]岑楼，像山峰一样高而尖的楼。在《孟子·告子下》中，这一句的原文是："不揣其本而齐其末,方寸之木可使高于岑楼。"新渡户稻造的转述与原意有出入。——译者注

第七章　诚——诺言即凭证

如果对人缺乏真诚与虔敬，礼貌只不过是闹剧和作秀。伊达政宗曾说过："礼之过则谄。"一位古诗人给我们如此忠告："心若诚信，虽不祈神，亦有神佑。"其见识远胜过波洛涅斯[1]。孔子在《中庸》中高度颂扬了诚的品质，赋予它超然的力量，几乎把它神圣化："诚者，物之始终，不诚无物。"随后他滔滔不绝地阐述了"诚"之品性的普遍和持久，以及它以静驭动、心诚则灵的力量。汉字中的"诚"是"言"和"成"的结合，这容易使人联想起新柏拉图主义[2]的逻各斯学说[3]——而孔子凭他神奇的想象就达到了这一认识高度。

说谎或含糊其辞，一样是怯弱的表现。武士们认为，与商人和农民相比，他们的社会地位较高，也应该有更高的"诚"的标准。"武士之言"——相当于德语中的"Ritterwort"，能充分保证所说内容的真实性。武士一诺千金，言出必行，因此无须书面承诺。实际上，书面承诺对他们

---

[1]波洛涅斯，莎士比亚戏剧《哈姆雷特》里的人物，国王的首席顾问。一般认为他在戏剧过程中做出的每一次判断都是错误的。——编者注

[2]新柏拉图主义，古希腊文化末期最重要的哲学流派。该流派基于柏拉图的学说，做了新的诠释。其特点是：建构了超自然的世界图式，更明确地规定了人在其中的位置，把人神关系置于道德修养的核心，强化了哲学和宗教的同盟，具有更浓厚的神秘主义色彩。——译者注

[3]逻各斯（Logos）有语言、思想、意义和概念等含义，是西方哲学史上最早提出的关于规律性的哲学范畴。——译者注

来说几乎是一种侮辱。江湖上流传着许多"食言"的故事，即言而无信，以死抵命。

主经常告诫基督徒莫要轻易起誓，基督徒们却屡屡犯戒。日本武士中的佼佼者们与他们大不一样，他们视诚如命，认为起誓本身就有损名誉。我知道武士们曾向诸多神明或宝剑起誓，但誓言绝不会成为戏言或毫无诚意的感叹。为强调他们的誓言，他们会郑重其事地沥血为证。至于为什么要这样做，我主张你们在歌德的《浮士德》里找找答案。

最近有一位美国作家写道，如果你问一个日本人，说谎或无礼哪样好些，他会毫不犹豫地回答："当然是说谎更好！"[1]皮里博士只说对了一部分，因为一个普通的日本人，甚至是一个武士，都会那样回答的。但皮里博士在翻译"谎言（ウソ）"一词时拓宽了它的含义，这是错说的。在日语中，"ウソ"这个词表示任何不诚实（マコト）或非事实（ホントウ）的情况。洛厄尔[2]告诉我们，华兹华斯[3]分不清诚实和事实，普通日本人在这方面也不比华兹华斯高明多少。如果你让一个日本人，甚至是一个优秀的美国人，告诉你他喜不喜欢你，或者他的胃是不是舒服，他会毫不犹豫地撒谎说"我很喜欢你"或"我很好，谢谢"。出于礼貌而掩盖真相被视为一种"虚礼"，也是一种"甜蜜的谎言"。

我承认，自己现在讨论的是武士道的"诚信"概念。但是，为我们的商业诚信说几句好话也无可厚非，尽管我在外国书籍和期刊上看到了很多对我国商业诚信的抱怨。无良的商业道德确实是玷污我国声誉的最大污点；但在不分青红皂白地指责它或谴责我们整个民族之前，我们应该潜下

---

[1]语出皮里的《日本的真相》。——原注
[2]珀西瓦尔·洛厄尔（1855—1916年），美国天文学家。——译者注
[3]威廉·华兹华斯（1770—1850年），英国浪漫主义诗人，文艺复兴运动以来最重要的英语诗人之一。——译者注

心来研究它，只有这样我们将来才会觉得心安理得。

在各种主要职业中，再没什么比商人离武士更远的了。商人处于社会上各类职业的最底层——骑士—农民—技工—商人。武士们从土地中获得收入，如果他愿意，还可以业余从事农耕，但没有哪个武士愿意与柜台和算盘打交道。我们知道这种社会安排一定有内在的道理。对此，孟德斯鸠[1]明确表示，限制贵族经商的社会政策是正确的，因为这样可以防止社会财富过度集中在权贵手中。权力与财富的分离使财富的分配更加均等。迪尔[2]教授在其专著《西罗马帝国的最后世纪的罗马社会》一书中，再度论证了罗马帝国灭亡的重要原因：达官权贵可以参与商贸活动，结果一小部分元老家族垄断了财富和权力。这一点我们至今记忆犹新。

封建时代的日本社会不够自由，商业不够发达。社会对经商这种职业一直抱有歧视和偏见，结果使这一行业汇集了一群不计毁誉褒贬的人。"把人称作贼，他就会行窃"。社会对某一行业妄加毁誉，从业者就会降低自身的从业道德。休·布莱克提出，"正常良知"一般都能达到一定的道德要求，但也很容易下降到道德标准的下限。这很自然。其实不必特意强调：没有了道德准则，所有的商业贸易就无法进行。封建时代的商人其实心里早有了一个道德标杆，不然即使处于萌芽时期，他们也不会有所发展。一些基本的商业制度便是如此，例如行会、银行、交易所、保险、支票和汇票等。但是，商人与从业者以外人士打交道的时候，他们的表现的确非常符合社会对商人阶层的整体看法。

在这种情况下，当国家开放对外贸易时，只有最敢于冒险和最不择手

---

[1]夏尔·德·孟德斯鸠（1689—1755年），法国启蒙时期思想家、社会学家，近代西方国家政治学说和法学理论的奠基人。——译者注

[2]塞缪尔·马库斯·迪尔（1843—1924年），爱尔兰裔牧师，1912年担任苏格兰教会大会主席。——译者注

段的商人才会率先进入通商港口。而相当长的一段时间内，那些有名望的商行，尽管政府一再要求其建立分支机构，通常也会暂时拒绝。武士道有能力制止商业界的不光彩行为吗？让我们来一探究竟。

熟悉我国历史的人应该记得，我国通商口岸对外开放仅仅几年之后，封建制度便被废除，武士的封地被没收，政府向他们发放债券以示补偿，并准许他们投资经商。你可能会问："为什么他们不能把他们所信奉的'诚'带入新的商业圈中，从而改变商业圈的旧时陋习呢？"很多正直诚实的武士们，在一个全新和陌生的工商领域中，都不够精明圆滑，根本无力应对狡诈的平民竞争对手。他们的命运可想而知，几乎都赔得一塌糊涂，见者无一不为他们扼腕叹息，痛哭流涕。不过当我们知道，在美国这样一个高度工业化的国家，百分之八十的公司也都破产了，我们就不难理解，为什么一百个武士里也挑不出一个，能在商业领域中脱颖而出。武士道伦理用于经商将会损耗难以数计的社会财富，这一点需要耗时费力才能准确了解；但有心者会很快发现，唯利是图和捍卫诚信遵循的原则是截然不同的。那么，他们的不同究竟体现在哪些方面？

莱基[1]列举了诚信的三种主要考量，即经济的、政治的和哲学的。而武士道的诚信恰恰最缺乏经济考量。至于政治考量，它在封建制度下的政治社会中几乎没有太大发展。只有哲学考量，正如莱基所说，才是"诚"的最高形式，才在我们的美德范畴中获得了崇高的地位。我十分敬重盎格鲁-撒克逊人的高度商业诚信，当我究其根本原因时，他们告诉我"诚实是最好的原则"——诚实才是最划算的。那么，这种美德本身不就是一种回报吗？不过，如果是为了追求更大利益的功利目的而诚实守信，恐怕正直

---

[1] 威廉·莱基（1838—1903年），19世纪英国伦理学家，代表作为《欧洲道德史》。——译者注

的武士宁肯虚头巴脑了！

虽然武士道拒绝这种"一报必求一还"的功利化回报，唯利是图的商人却很乐意接受。莱基十分中肯地提出，"诚"的发展主要归功于商业和制造业的发展。正如尼采所说，诚实是最年轻的道德——换句话说，它是现代工业的产物。如果没有现代工业的孕育，"诚"就像一个只有最高贵的人才能养育的贵族孤儿。武士们虽然个个高贵，但如果没有一个更功利的平民奶妈，这一稚嫩的孩子就无法茁壮成长。随着工业的发展，"诚"将被证明是一种简单和有利可图的实践美德，而主要是有利可图。试想——直到1880年11月，俾斯麦还在向德意志帝国各行业发出通告，提醒说："德国货物在质量和数量上均缺乏信用，令人汗颜。"如今，我们已经很少听说德国人在贸易中有任何疏忽和失信了。二十年来，德国商人认识到，最终还是诚实最有利可图。而我国商人早已发现了这一真理。说到这里，我想向读者推荐两位作家，他们最近在书中对这一点进行了慎重的评判[1]。另外，有件事很耐人寻味，在商人的正式书面借条里，诚信和荣誉永远都是最可靠的保证。这样的条款在借条中稀松平常："若拖欠应还款项，情愿债主当众羞辱嘲弄。"或者"若无法偿还，就骂我愚蠢"，诸如此类。

我时常疑惑，武士道的"诚"是否有比"勇"更高尚的动机。由于对伪证没有明文规定，撒谎不被认为是一种罪行，而只是作为一种缺点受到谴责。撒谎被认为是背信弃义，有损名誉。事实上，"诚"的观念和名誉密不可分，其拉丁语和德语的原始意义就指名誉，所以，我现在应该暂停片刻，来思索一下武士道的名誉观了。

---

〔1〕参见克纳普的《封建日本和现代日本》、兰塞姆的《转变期中的日本》。——原注

第八章　名誉

荣誉感，昭示了人们对个人尊严和价值的强烈感知。武士的职业责任和特权与生俱来，并经过后天培养，因此对荣誉感的认同成了这一阶层的共同特征。尽管现在通用的"名誉"一词最早用得没那么随意，但像名、面子和名声这些日语词的意思能让我们联想起其他一些说法，如《圣经》里的"name"（名）、源于希腊假面剧中的"personality"（人格），以及"fame"（名声）等等。好名声——个人的名誉，即"不朽的自我，除此之外皆为兽性"——被视为天经地义，任何对于个人名誉的侵犯都被视为一种耻辱，而武士早年教育中重点培养的正是这种羞恶之心。要敦促少年犯痛改前非，最后一招就是如此这般劝导："别人会笑话你的""那会让你丢人现眼"和"你不感到羞耻吗"等。在孩子最敏感的内心激发他的荣誉感，使荣誉感犹如胎记一样在他身上留下深深的烙印。事实上，荣誉感的确来自先天的影响，因为它和强烈的家族意识息息相关。巴尔扎克说："如若家庭都不够和睦，社会就会丧失孟德斯鸠称之为荣誉的基本力量。"的确，在我看来，羞耻感就体现了一个种族最初的道德意识。我认为，人类因偷吃禁果而遭遇的第一种最严厉的惩罚，不是分娩时的痛苦，也不是各种荆棘坎坷，而是羞耻感的觉醒。当人类的始祖亚当羞愧难当地摘下几片无花果树叶时，夏娃心慌意乱地颤抖着双手，粗针大线地缝了块遮羞布，这算是有史以来空前绝后的苦情剧了。背叛导致的第一种恶果，如影随形地纠缠着我们。哪怕人有偷天妙手，也缝不出一片真正能为我们洗刷羞耻的衣裳。有位武士[1]，早年就拒绝向任何形式的羞辱低头，他说得不错："因为羞耻就像树上的疤痕，时间非但不能抹去它，还能把它放大。"

卡莱尔说："羞耻感是一切美德和风度的源泉。"[2]而早在他好几个世纪以前，孟子就教导我们说："羞恶之心，义之端也。"[3]这句话和卡莱尔的说法几乎如出一辙。

日本人唯恐受辱，而且常常表现得十分病态。如果我们日本文学缺乏莎士比亚笔下的诺福克[4]那等表达力，不妨把这种受辱恐惧症比作达摩克利斯之剑，高悬在每一个武士的头上。在武士守则中，任何以捍卫荣誉为名义的行为都是正大光明的。只要轻微受辱，甚至是自认为受辱，脾气暴躁的自大狂就会大发雷霆，拔刀相向，引起一场不必要的打斗，殃及许多无辜生命。有这么一个故事，有个好心人提醒一个武士，说他的背上有只跳蚤，这武士立马手起刀落，将那人一刀劈成两半。他之所以这样怒不可遏，就因为跳蚤是动物身上的寄生虫，而将高贵的武士与动物相提并论是一种不可原谅的羞辱。这理由虽简单，却不无争议。在我看来，这类故事荒唐得令人难以置信。但它们能流传开来，却说明了三点：（1）这些故事是编造出来专门震慑平民百姓的；（2）武士这一光荣职业确实被滥用了；（3）武士阶层具有极为强烈的羞耻感。当然，根据一个反常的极端例子去批判武士道法则显然有失公允，正像根据极端宗教行为的结果——宗教裁判所和宗教伪善——来评判基督教的教义一样。与酒鬼的胡言乱语相比，

---

[1] 指新井白石（1657—1725年），日本江户时代政治家、诗人及学者。——译者注
[2] 语出《旧衣新裁》。——译者注
[3] 语出《孟子·公孙丑上》。——译者注
[4] 莎士比亚戏剧《李尔王》中的人物。——译者注

宗教偏执自有一种高贵感，令人动容。同样，从武士对荣誉的极度关切中，我们难道还看不出真正美德的根基吗？

这种微妙的荣誉法则容易导致病态的极端行为，但通过宣扬宽容和忍耐可以有力地制约这种病态倾向。一遇到轻微挑衅就暴跳如雷，这被讽刺为"暴躁易怒"。有一句众所周知的谚语："忍所不能忍，是为真忍。"伟大的德川家康在留给后人的家训中这样说道："人的一生就像负重远行。勿急……勿责人，始终反躬自省……忍耐才是长久之根本。"他的一生也印证了他的话。一位狂歌[1]才子用我国历史上三个杰出人物的诗句，概括出他们不同的性格——织田信长："不按时而鸣，就杀了你，夜莺。"丰臣秀吉："不鸣就逼迫你鸣，夜莺。"德川家康："不鸣就等待你鸣，夜莺。"

孟子也极为赞扬忍耐和坚忍这两种品质。他曾写下了这样一句话："虽袒裼裸裎于我侧，尔焉能浼我哉！"[2]他还教导说，因小的冒犯便发怒，君子不屑为之，唯有为大义才值得冲冠一怒。[3]

从武士们的言论中，我们可以得知他们能坚忍温驯到何种程度。小川立所说："人诬之而不诬人，惟思己之不信。"熊泽蕃山[4]说："人咎之

---

〔1〕狂歌，和歌的一种，以俗语入诗，往往滑稽可笑，流行于江户时代中后期。——译者注

〔2〕语出《孟子·公孙丑上》。——译者注

〔3〕参见《孟子·梁惠王章句下》，原文为："王请无好小勇。夫抚剑疾视曰：'彼恶敢当我哉！'此匹夫之勇，敌一人者也。王请大之！诗云：'王赫斯怒，爰整其旅，以遏徂莒，以笃周祜，以对于天下。'此文王之勇也。文王一怒而安天下之民。书曰：'天降下民，作之君，作之师。惟曰其助上帝，宠之四方。有罪无罪，惟我在，天下曷敢有越厥志？'一人衡行于天下，武王耻之。此武王之勇也。而武王亦一怒而安天下之民。今王亦一怒而安天下之民，民惟恐王之不好勇也。"——译者注

〔4〕熊泽蕃山（1619—1691年），日本江户时期政治家、禅宗大师，阳明学派主要代表人物。——译者注

而不咎人，人怒之而不怒人，情欲俱灭，其心常乐。"我还可以引用"容不得半点羞辱"的西乡南洲[1]的话："道为天地之道，人循其道，唯在敬天。夫天者，爱万物而无私。人法天道，则当以爱我之心而爱人。以天而非人为伴，勠力为天之伴。不苛责他人，惟反求诸己。"这些话让我们联想起基督教的教义，同时也使我们认识到，在道德实践方面，自然宗教和神启宗教何其相似乃尔近。这些说法不仅仅停留在言论层面，也体现在实际行动中。

我们不得不承认，很少有人能达到宽容、忍耐和谅解的最高境界。而且，非常遗憾的是，没人能清晰完整地解释名誉究竟为何物，只有少数智者知道荣誉"并非源于某种境遇"，而在于人人恪尽本分。冲动之下，年轻人很容易忘记心平气和时从孟子那里学到的真理。这位圣贤说："欲贵者，人之同心也。人人有贵于己者，弗思耳。人之所贵者，非良贵也。赵孟之所贵，赵孟能贱之。"[2]正如我们之后看到的那样，大部分人一旦受辱就会马上反击，以死相拼，而名誉——一般不过是虚荣或世俗赞誉——则成了人生在世的最高追求。年轻人奋斗的目标是博取声名，而非获得财富或知识。很多年轻人在踏出家门的那一刻，都暗暗发誓：不名扬四海，决不归家；不少望子成龙的母亲拒绝再见他们的儿子，除非他们"衣锦还乡"。为了免于"无名"之辱或为了出人头地，少年武士们宁肯历尽千辛万苦，承受肉体和精神上最严酷的磨炼。他们知道，年轻时获得的声名会

---

[1]即西乡隆盛（1828—1877年），日本江户末期政治家，萨摩潘武士，与木户孝允、大久保利统并称"维新三杰"。——译者注
[2]语出《孟子·告子上》。——译者注

随着年龄与日俱增。在难忘的大坂围攻战[1]中,德川小公子尽管强烈要求加入先头部队,但还是被安排殿后了。城池沦陷后,他懊恼万分,痛苦不已。一位老臣竭力安慰他说:"请别着急,少主来日方长,日后还有很多机会可以立身扬名。"德川小公子听了怒目而视说:"真是愚不可及!我十四岁的年华还会再来吗?"若能获得荣誉与名声,生命毫不足惜。因此,如果人们将某项事业看得比生命还重,便会极为平静和光荣地为之献身。

值得为之献身的事有很多,其中就包括忠诚,它是联结各种封建道德的那个对称的拱门中最关键的拱心石。

---

〔1〕大坂围攻战发生于江户时代早期,是江户幕府消灭丰臣家的战争,其中包括1614年11—12月的大坂冬之阵和1615年5—6月的大坂夏之阵。大坂,即今日的大阪。明治三年(1870年)时,忌于"坂"字可拆为"士反",有"武士造反"之讳,更名为"大阪"。——译者注

第九章　忠义

　　封建道德与其他道德体系所宣扬的美德有共同之处，但对上级的尊重和忠诚这一点却是封建道德独有的。我觉得，个人忠诚是联结各色人等的道德纽带——一帮扒手也知道效忠于费金[1]；然而只有在骑士的荣誉法则中，忠诚才尤为重要。黑格尔曾批判说："封建制度下的忠诚是对个人的义务，而非对国家的责任，这种忠诚建立在不公平的原则之上。"[2]而他伟大的同胞俾斯麦却夸口说，个人忠诚是德国人的美德。俾斯麦说得之所以在理，并不是因为他所吹嘘的个人忠诚为德国或者某一国家、种族所专有，而是因为封建制度存在的时间越长，它所推崇的骑士精神的果实才存活得愈久。在美国，"每个人都与他人一样"。爱尔兰人则补充说："每个人都更胜于他人。"我们对自己君主的这种无条件忠诚可能"在一定范围内具有优越性"，但对此加以鼓励却有些荒诞。很早以前，孟德斯鸠就抱怨说，以比利牛斯山为界，是非标准是完全颠倒的。最近的德雷福斯审判[3]也证明他说得不错。当然，法国司法和其他国家司法的差异不单单是

---

　　[1]费金，狄更斯《雾都孤儿》中的人物，为小偷头目。——译者注
　　[2]语出《历史哲学》，第四部，第二篇，第一章。——原注
　　[3]德雷福斯，法国陆军参谋部犹太裔上尉军官。1894年，他被人诬陷向德国泄露国家机密。军事法庭以间谍罪免掉德雷福斯军职，并将其终生流放魔鬼岛。后其冤罪被揭露，向德国出卖情报的是当初指控德雷福斯罪行的亨利少校的朋友埃斯特哈齐少校。但陆军当局为了迎合反犹太人思潮，认为德雷福斯也并非无罪。最终，法国民众的抗议浪潮愈演愈烈，令全世界舆论为之震惊。1906年，德雷福斯被无罪释放。——译者注

以比利牛斯山来划界的。同样，我们的忠诚理念在其他国家可能得不到认可，这倒不是因为我们的理念有问题，而是因为忠诚这一封建道德已经被世人遗忘。还有一个原因，就是我们将忠诚发挥到无以复加的地步，任何国家都难以企及。格里菲斯说，中国儒家伦理道德认为，一个人的首要义务是孝顺父母，而日本人认为忠诚才是第一位的。他的这个观点完全正确。我冒昧给善良的读者讲一个"与落难恩主生死与共"的震撼故事。这人正是因为忠诚，才像莎士比亚说的那样，"在故事中赢得了应有的地位"。

这个故事的主人公是我国历史上的伟人之———菅原道真。他惨遭嫉妒和诽谤，被逐出首都。他那些冷血的政敌对此仍不满足，一心要消灭菅原道真全家。他们严密追查他儿子的下落——当时还很小——最后发现他被菅原道真的旧臣源藏偷偷藏在村塾里。当源藏被勒令在规定时间交出这个少年犯的首级时，他首先想到的是寻找一个合适的替身。他对着学生名单思来想去，仔细察看慢慢走进教室的学童，但这些土生土长的乡村孩子们中没有一个和菅原道真的公子有一点相似之处。不过，这失望只是一时的，因为，请看——又来了一位清俊的读书郎，正与幼主年纪相仿，而送他到学校的是一位气质不凡的母亲。

这一对母子都很清楚，这位读书人和幼主非常相像。在家中密室里，两人都已经将自己献给了祭坛，少年付出的是生命，母亲付出的是心，只是对外不露一丝风声。源藏对此并不知情，看到面前的少年，他有了主意。

这眼下站的正是替罪羊！——下面的故事容我一带而过。交人头的那天到了，一位叫做松王丸的官员来核验和收取幼主的首级。这个假人头能蒙混过关吗？可怜的源藏手握刀柄，打算一旦被识破就结果了他，或者自杀。松王丸在他面前提起这个令人毛骨悚然的人头，平静地仔细核验了每个五官特征，然后用一种深思熟虑、公事公办的语气宣布：这人头是真的！那天晚上，我们在学校里见到的那位母亲在家孤零零地等着。她知道自己孩子的命运吗？她急切地注视着，等着门打开，而这次却不是等儿子回来。她公公长期受到菅原道真的眷顾。自菅原道真被流放后，迫于形势，她丈夫松王丸只能转而侍奉家族恩主的仇敌。这很冷酷，他却不能背叛自己的主人。但是，他的儿子可以为菅原道真效忠。因为他熟识流放中的菅原道真一家老小，才被派去检查首级的真假。现在，这一天——也是这一生的——最艰巨的任务完成之后，他回到了家。跨过门槛时，他招呼妻子说："开心点，我的妻，我们的宝贝儿子已经为主效忠了。"

我仿佛听到我的读者说："多残酷的故事啊！""父母处心积虑地牺牲自己无辜的孩子去救别人！"，但这孩子是心甘情愿自我牺牲的。这是一个替死的故事——与亚伯拉罕拿儿子以撒来献祭[1]一样意味深长，却没有那么让人反感。在这两个故事中，他们都服从于责任，无条件地执行上天的命令，不管这命令来自谁，是有形的天使还是无形的天使，是耳朵听见还是内心听见——不过，我绝不说教。

西方的个人主义认可的是父子、夫妻各有各的利益，这就大大弱化了人们相互之间的责任。但是，武士道认为，家族利益和家庭各成员的利益是浑然一体、不可分割的。这种利益与本能的、不可抗拒的自然亲情紧密联系。因此，如果我们为自然亲情而牺牲自己（连动物都有这样自然而然的爱），又有何不可？"爱那些爱你的人，你会得到什么好处？这与利欲熏心的税吏何异？"

在赖山阳[2]的巨著《日本历史》中，他十分生动地描写了平重盛[3]

---

〔1〕语出《创世纪》，22章。——译者注
〔2〕赖山阳（1780—1832年），日本江户末期著名历史学家、汉文学家，著有《日本政记》《日本外史》等。——译者注
〔3〕平重盛（1138—1179年），日本平安时代末期著名武将、公卿，日本平氏政权开创者平清盛的嫡长子。——译者注

对于他父亲谋逆行为的内心斗争。"如果我要尽忠,那就无法对父亲尽孝;如果我遵从父亲,那就无法恪尽对天皇的义务。"可怜的平重盛!后来,我们看到他一心求死,以从这个纯洁和正义难以并存的世间解脱出来。

还有许许多多的平重盛,同样在责任和情感的剧烈冲突中备受煎熬。的确,无论是在莎士比亚作品里,还是在《旧约》里,都没有一个恰当的词来描述孝,那是我们国家才有的孝道观念。面对这种剧烈冲突,武士道的忠诚选择从不动摇。日本女人也鼓励自己的孩子为君主牺牲一切。武士的妻子与大名鼎鼎的温德汉姆[1]的妻子一样,随时准备为忠诚大业毅然决然献出自己的孩子。

和亚里士多德以及一些现代社会学家一样,武士道认为国家先于个人——个人生于国家并成为国家的一分子——他必须为国家或者国家现行的合法权威出生入死。读过柏拉图的《克里托篇》[2]的人都会记得,苏格拉底利用城市的法律,为自己宁死不逃的行为进行辩护。其中,他以它们(法律或城市)的口吻说:"既然你在我们的庇护下出生、成长和接受教育,你敢说你和你的祖辈不是我们的儿女和仆人吗?"对我们而言,不会对这些话产生任何不适感,因为武士道一直就以类似的话为座右铭的。区别在于:国家和法律在日本是以个人为化身。而忠诚正是这种政治理念的伦理产物。

---

[1]温德汉姆,英王查理一世的臣下。在查理与克伦威尔军作战时,温德汉姆和他的三个儿子都战死了。有人去安慰温德汉姆的妻子,她说道:三个儿子战死沙场不足惜,如果还有儿子的话,我也要把他献给国王。——译者注

[2]《克里托篇》,说的是苏格拉底入狱后,他的学生克里托来狱中找他。克里托不忍心看到老师就这么被谋害,决定在行刑前的那个夜晚救老师出去。但是,苏格拉底认为,"真正重要的事情不是活着,而是活得好"。也就是活得高尚,活得正当,活出内心应有的正义。最终,克里托没能说服苏格拉底离开,却被老师的大义凛然所折服。——译者注

我对斯宾塞先生的观点也略有耳闻。在他看来，政治上的服从——忠诚——只有一种过渡功能[1]。可能如此吧。一日行美德，一日便知足。[2]我们于是心满意足地重复这句话，何况这"一日"可能会是很长一段时间，就像日本国歌里唱的："直到小石子长成遍布苔藓的巨石。"

说到这里我们可能会想到，即使在英国这样一个民主国家，也会如鲍特密先生最近说的那样："英国人对某人及其后代的忠诚，就像他们的日耳曼祖先对其首领的感情一样。这种感情或多或少影响了英国人对王室血脉和本民族的忠诚，因此他们与王室格外亲近。"

斯宾塞先生预测说：政治上的屈服会让位于忠诚的信念，让位于良知的驱使。假如他的推断终成现实，那么忠诚以及随之而来的本能崇敬会永远消失吗？我们对主人的忠诚可以转移到另一个主人身上，并能做到同样忠心耿耿。我们先是臣服于大权在握的世俗统治者，随后又侍奉我们灵魂的主。几年前，斯宾塞的信徒受到误导，引发了一场极为愚昧的争论，在日本读者中造成了恐慌。他们狂热地鼓吹对君王的绝对忠诚，指责效忠于主的基督徒有叛国倾向。他们的诡辩缺乏诡辩论者的智慧，他们的复杂论证也缺乏经院哲学的缜密思维。他们压根不知道，在一定程度上，我们"侍奉两个主时，是可以做到不厚此薄彼的"，可以"让凯撒的归凯撒，上帝的归上帝"。苏格拉底不就是这样吗，他一方面光明正大、忠心耿耿地侍奉神，另一方面对世俗的主人——国家——保持同样的忠诚无私。他在世时遵循了自己的良知，死时也在效忠自己的国家。当一个国家强大到对其国民要求良心的指挥权时，这该有多可怕！

---

[1]语出《伦理学原理》，第一卷，第二版，第十章。——原注

[2]这句话由《圣经》中的"Sufficient onto the day is the evil thereof"脱胎而来。《圣经》所强调的是，当天的难处已经翻篇了，别为明天担忧。——译者注

武士道并不要求我们的良知完全屈从于神或君主。托马斯·莫布雷[1]是武士道名副其实的代言人,他说道:

令人敬畏的君主,我匍匐在你脚下。
你可以主宰我的生命,但不要羞辱我。
我的天职是任你主宰,但我的清名,
即使死去,也将永远镌刻在墓碑上,
决不能被你肆意滥用。

为了迎合君主反复无常的意志或者奇思怪想而牺牲自己的良知,这样的人为武士道的忠诚法则所不齿。他们被称为佞臣,即那些不择手段,曲意奉承以谋求地位的人;或者被称为宠臣,即那些奴颜婢膝、狐媚惑主的人。这两种大臣与伊阿古[2]描述的完全吻合——一种就像是主人的驴子,没有骨气,只会事事顺从,低三下四;另一种人事事只为自己打算,做事流于形式,虚与委蛇。当臣子和君主看法相左时,真正的忠诚是想尽一切办法劝说君主改正错误,就像肯特[3]对李尔王那样。如若劝说失败,就任由主人处置自己。在这种情况下,武士通常会用鲜血昭示自己的忠诚,为劝说主人保持理智和良知进行最后的尝试。

生命因此被视为服务主人的一种手段,最高理想则在于荣誉,武士的训练和教育都是按照这一理念进行的。

---

[1] 托马斯·莫布雷,莎士比亚戏剧《理查二世》中的人物。——译者注
[2] 伊阿古,莎士比亚戏剧《奥赛罗》中的人物。——译者注
[3] 肯特,莎士比亚戏剧《李尔王》中的人物。——译者注

第十章　武士的教育与训练

　　骑士教育的第一要点是塑造性格，潜移默化地培养审慎、聪慧以及思辨等高级才能。我们已经看到才艺在这种教育中所发挥的重要作用。虽然吟诗作赋等才艺对一个有修养的人来说是必不可少的，但在武士的训练体系中，它们只是点缀和装饰，而非绝对必需。就如超人的智力确实令人敬佩一样，但是，用来表示智力的"知"这个词，主要意味着智慧，知识是放在第二位的。构成武士道框架的三个支点分别是"智慧""仁慈"和"勇气"。武士从本质上来说就是实干。学习科学不是他的本业，他只用到涉及武器的那部分知识。宗教与神学则是僧侣的本职，武士研究它们无非是为了培养勇气。如一位英国诗人一样，武士阶级认为："拯救人的不是信条，而是证实了信条正确性的人。"哲学和文学构成了武士智力训练的主要部分。但是，这种训练不是为了追求真理。武士搞文学主要是一种消遣，学哲学要么是为了阐述一些军事或政治问题，要么是因为这有益于性格塑造。

　　根据以上认识——按照武士道教育理念制定的课程主要由以下几门构成——就不难理解了：剑术，箭术，柔术或者肉搏术，骑术，矛术，兵法，书法，伦理学，文学以及历史。其中，柔术和书法在此需要稍加解释。武士阶层格外看重优美的书法，这很有可能是因为我们的语言符号像画一样具有艺术价值，也因为笔迹能表现个人性格。柔术呢，简单而言，就是将解剖学知识运用于攻防的技能。它不同于摔跤，因为它并不仅仅依赖于肌肉的力量。它也不同于其他任何方式的攻击，因为它不使用任何武器。柔术的窍门在于抓住或者击打敌人身体的某个部位，使其失去知觉和抵抗能力。它的目的不是致人死亡，而是使人暂时失去抵御能力。

人们期待军事教育会包括数学，但武士道的教学科目里偏偏没有数学。这一明显的遗漏很容易解释：封建时代的战争并不要求以数学般的精准来进行。不仅如此，武士道的整个训练也不利于培养数字概念。

武士精神是非功利的，甚至以贫穷为自豪。就像文提狄斯[1]所说："战士的美德是建功立业，宁可蒙受损失，也不会为获利而蒙羞。"比起金银财宝和广地肥田，堂吉诃德更为自己锈迹斑斑的长矛和骨瘦如柴的老马感到自豪，而日本武士与这位被夸张了的拉曼查[2]梦幻骑士惺惺相惜。他蔑视金钱，也鄙视积敛钱财的手段。对他来说，无论金钱的来路如何，都是不折不扣的不义之财。"人爱财，兵畏死"，这句老生常谈说明人心不古，世风日下。贪生怕死、爱财如命一向饱受诟病，而不吝钱财、轻生向死则广为传扬。有一条流行的话说："万物之中忌金钱，只因金钱妨智慧。"因此，人们从小培养孩子们彻底漠视金钱。谈论金钱被视为一种粗俗的行为，而不识硬币的面值则意味着良好的教养。关于数字的知识在集合兵力和分配俸禄的时候是不可或缺的，但是，清算钱财账目是下等差事。在很多藩国，公共财政都是由下级武士或者僧侣负责管理的。有头脑的武士都深知金钱是战争的支柱，但并不会把重视钱财提升为一种美德。武士阶级的确崇尚节俭，但并不是出于经济考虑，更多是为了锻炼克己节制的品质。奢靡被视为男子气概的最大威胁，武士阶级要求极简的生活方式，很多宗族都实行禁奢法令。

---

〔1〕文提狄斯，莎士比亚戏剧《雅典的泰门》中的人物，古罗马将军，凯撒门徒。——编者注

〔2〕拉曼查，西班牙中部高原。《堂吉诃德》的西班牙书名是Don Quijote de la Mancha，意为"来自拉曼查的骑士吉诃德大人"。——译者注

我们从书中读到，古罗马交税的农民和其他财税官员逐渐上升为骑士阶级。通过这种方式，国家认可了他们的服务以及金钱本身的重要性。至于这与罗马人的奢侈贪婪有着多么密切的联系，我们不妨自由想象。但这与骑士戒律并无关系。骑士戒律一直有理有据地将财政视作卑微之物，特别是同传道授业、修身养性等高尚职业相比。

正是因为刻意鄙视金钱和金钱欲，武士道才能长时间地摆脱金钱这一万恶之源。这充分证明，我们的公务人员早就摆脱了腐败的侵蚀。可惜的是，对金钱的崇拜正在迅速地侵害着我们这个时代以及我们这一代人。

文学训诂及道义探讨曾经为武士们提供了心智训练，如今这种训练主要依靠学习数学来进行。年轻人的思想很少受到抽象事物的困扰，正如上文所言，他们接受教育的主要目的是塑造性格，并不看好那些只懂得书面知识的人。培根指出，学习的三大作用是怡情、赋彩以及长才，武士道明显倾向于为长才而学习，用他们的话来说，就是"决断和处理事务"的能力。不管是为了处理公共事务还是为了训练克己功夫，武士教育的终极目的都是致用。正如孔子所言："学而不思则罔，思而不学则殆。"[1]

当一名教师选择了品格而非智力、灵魂而非头脑作为培养的着手点和要素时，教育的职业便变得神圣。"父母生我为人，老师育我成人。"因此，出于这种想法，人们对教师便格外敬重。一个人若能博得学生如此的信任和敬重，那么他必定人品高尚，学识渊博。他是失怙者的父亲，是失足者的导师。正如我们的格言所说："父母如天地，师君如日月。"[2]

现代各种有偿服务制度在武士道的后人中并不受欢迎。武士道信奉的

---

[1]语出《论语·为政》。——译者注
[2]语出《实语教》。《实语教》是抄录经书格言的儿童启蒙书，成书于平安时代，普及于镰仓时代，在江户时代成为寺庙私塾的课本。据说作者是弘法大师。——译者注

服务是无须金钱、不计代价的。僧侣和导师提供的精神服务不会以黄金白银来回报，这并不是因为精神服务没有价值，而是因为它是无价的。比起现代政治经济学，武士道的荣誉观虽然与数学无关，却给人们上了更加生动的一课。因为工资和薪金只能为那些明确具体、可量化的服务买单，而最好的教育服务——比如为灵魂成长所提供的服务（包括僧侣的服务）并不明确具体，也无法量化。对于无法衡量的东西，金钱这种衡量面值的标准也就无能为力了。根据惯例，学生一年四季都可以送老师金钱或者礼品，但这并不是报酬，而是贡奉。这种礼品的确受到了老师们的欢迎，因为他们通常都极有原则，安贫乐道，耻于谈钱，性情孤傲，不屑于从事体力劳动，更不屑于摇尾乞怜。他们象征着贫贱不能移、逆境不能屈的崇高精神。他们象征着一切学问的终极境界，树立了自制克己的活榜样，而这些正是对武士们的普遍要求。

第十一章 克己

一方面，坚韧的磨炼教导我们要毫无怨言地忍耐；另一方面，礼仪的灌输教导我们不能因一己之悲喜而破坏了他人的快乐或宁静。这两个方面相结合，形成了禁欲主义的性情，最终导致了貌似禁欲主义的民族性格。我之所以称之为"貌似"禁欲主义，是因为我不相信真正的禁欲主义会成为整个民族的特征，同时也因为我们民族的一些风俗习惯只是在外国观察家看来显得冷漠无情。实际上，我们和其他民族一样，很容易为柔情所触动。

我认为，从某种意义上来说，我们民族比其他民族更加多愁善感——对，多愁善感得多。人为抑制感情的自然刺激会带来痛苦。试想少男少女们所受的教育，就是克制自己不为宣泄情感而流泪或呻吟。而这种教育究竟使他们变得更加麻木，还是更为敏感了，这是个生理学问题。

身为武士，却将喜怒哀乐写在脸上，被认为是缺乏男子汉气概的表现。"喜怒不形于色"是对伟人的评价，即使是最自然的情感也要加以控制。父亲抱儿子有失尊严；丈夫不可当众亲吻自己的妻子，当然私下里另当别论。有个年轻人开玩笑地道出了一些真相："美国人当着人吻自己的妻子，私下里却打她；而日本人当着人打自己的妻子，背着人却亲她。"

举止沉稳，头脑冷静，就可以免于任何激情的困扰。我记得在与中国交战[1]的后期，一个连队离开某个小镇的时候，一大群人聚集到车站向

---

[1] 指甲午战争。——译者注

将军和整支军队告别。这时,一名美国人赶到车站,希望亲眼看见人群的感情宣泄。人群当中有士兵、母亲、妻子和情人,大家都非常激动。但令美国人感到奇怪并失望的是,汽笛一响,火车开动,成千上万的人只是默默地摘下帽子,恭敬地低下头来告别。没有人挥动手绢,也没有人说一句话。侧耳倾听,才能在一片深沉的寂静中,听到断断续续的抽泣声。家庭生活也是如此。有的父母为了不让孩子察觉到他们的软弱,宁肯整晚躲在门后听病儿的呼吸!有的母亲在弥留之际也不叫儿子回来,就是为了不影响他的学业。在我国的历史和日常生活中,到处都是与普鲁塔克[1]篇章中不相上下的巾帼英雄。在我国的农民中,伊恩·麦克拉伦[2]一定能够发现不少玛吉特·豪[3]那样的贤妻良母。

正是因为这种自律克己的功夫,日本没有频繁出现基督教会的信仰热复兴。男女信众为宗教灵感所激发时,第一反应就是悄悄地抑制住激动的表现。即使有了无法抗拒的宗教直觉,即使有能力自由真诚、激情澎湃的辩论宣讲,我们也很少滔滔不绝,不可收拾。鼓励人们轻言心灵体验违背了第三条戒律——"勿以汝之耶和华之名妄言"。用最神圣庄严的语言面对乌合之众讲述极为隐秘的心灵体验,在日本人听来是极为刺耳的。一个年轻的武士在他的日记中写道:"那微妙的感想能触动你的灵魂吗?是时候让这颗种子发芽了,不要用言语干扰它,就让它静静地暗自生长吧。"

费尽唇舌地表达自己内心深处的想法和感受——尤其是宗教感受,

---

[1] 普鲁塔克(约46—120年),罗马帝国时代的希腊作家、哲学家、历史学家,以《希腊罗马英豪列传》一书闻名后世。他的作品在文艺复兴时期大受欢迎,莎士比亚不少剧作都取材于他的记载。——译者注

[2] 伊恩·麦克拉伦,约翰·沃森牧师的笔名。约翰·沃森(1850—1907年),苏格兰作家和神学家。——译者注

[3] 玛吉特·豪,伊恩·麦克拉伦作品中的人物,贤妻良母的典型。——译者注

这在我们看来，恰恰证明了它们既无深度，也缺乏诚意。正如日本谚语所说：" 开口则见肠，其唯石榴乎。"

当情绪波动时，我们尽量紧闭双唇来隐藏这种感情，这不完全是东方人的怪癖。在我们看来，语言正如法国人所定义的那样，经常是"隐藏思想的艺术"[1]。

当你去拜访处于极度痛苦之中的日本朋友时，即使是眼圈通红，满脸泪痕，他也会面带笑容地迎接你。刚一开始你可能认为那是歇斯底里的表现。但如果你一定要他解释，他一般只寥寥数语一带而过，什么"人生哪有不伤悲""有相遇就有别离""有生必有死""孩子死了还去计算他的年龄虽然愚不可及，但女人的心肠难免沉湎于此"，等等。所以，伟大的霍亨索伦[2]那句名言——"要学会不吭一声地忍受"——还没有问世，在我们日本人中已经有了共鸣。

的确，每当人性的弱点受到最严峻的考验时，日本人都是一笑了之。我认为，我们比德谟克利特[3]更有理由来解释我们爱笑的倾向，因为强颜欢笑常常能掩盖我们在不幸中平复情绪的艰难，可以用来缓解悲伤或平抑愤怒。

---

〔1〕这是塔列朗的名言。塔列朗（1754—1838年），法国外交家，曾任法国外交大臣和总理大臣。——译者注

〔2〕霍亨索伦，即霍亨索伦家族。其始祖布尔夏德一世约在11世纪初受封为索伦伯爵，第四代索伦伯爵腓特烈三世是皇帝腓特烈一世和亨利六世的忠实家臣。12世纪末期，该家族在索伦前冠以"霍亨"（意为高贵的）字样，遂以"霍亨索伦家族"名世。该家族是勃兰登堡、普鲁士及德意志帝国的主要统治家族。——译者注

〔3〕德谟克利特（前460—前370/前356年），古希腊百科全书式的学者，在哲学、逻辑学、物理、数学、天文、动植物、医学、心理学、伦理学、教育学、修辞学、军事、文学和艺术等方面都有所建树。他是"原子论"的创始者，古代唯物思想的重要代表。——译者注

由于感情受到过度压抑，便在诗歌中找到了安全阀。10世纪时期的一位诗人[1]写道："无论是中国人还是日本人，身处不幸之中，都会借诗歌宣泄内心悲苦。"母亲为慰藉丧子之痛，便幻想着死去的儿子像往常一样出去捉蜻蜓了，吟道：

今天又往何处去了，

追蜻蜓的人啊！[2]

我就不再引用其他例子了，因为我知道，如果把这些用伤心人的血泪凝结而成的珠玑笔墨译成外文，反而会糟蹋了我们的文学瑰宝。我只希望，我能把各种外表掩盖之下的冷酷麻木，或喜忧参半的歇斯底里，以至于让人怀疑是否病态的日本人的内心活动，在一定程度上揭示出来。

还有人认为，我们能够忍受痛苦并且漠视死亡，是由于我们的神经没那么脆弱敏感。这似乎是合理的解释。接下来的问题是，为什么会这样呢？也许是因为我国的气候不像美国那样刺激；也许是因为我国的君主制不同于法国的共和制，不会使我们过于兴奋；也许是因为我们不像英国人那样爱读《旧衣新裁》……就我个人而言，我认为正是因为易于激动且多愁善感，我们才认识到有必要不断自我克制。但是，如果不把多年的自律磨炼考虑在内，以上解释都不得要领。

自律很容易过头，因为它会抑制活泼的心灵，也会使原本可塑的天性

---

[1]指纪贯之（872—945年），日本平安时代初期的随笔作家与和歌圣手，代表作《土佐日记》。——译者注

[2]这是加贺千代的俳句。加贺千代（1703—1775年），日本江户时代的著名俳句女诗人。加贺千代年轻时，儿子在河边捉蜻蜓落水身亡。这事给了她很大的打击。丈夫死后，加贺出家为尼。一天，她看见一群孩子在野外追逐蜻蜓，无限悲伤顿时涌上心头，就写了这首著名的俳句。——译者注

扭曲变态，还会让人变得偏执虚伪或感情麻木。作为一种无上的美德，自律也存在着对立面和冒牌货。我们必须认识到每一种美德各自的优点并追求其积极的理想。对我们而言，自律的理想就是保持心境平和，或者借用希腊术语来说，就是达到德谟克利特称之为至高之善的境界。

下面，我们将讨论一下武士道的两种制度——自杀及复仇。其中，自杀不单是武士道精神的极致，也是武士道精神的最好体现。

第十二章　自杀与复仇的制度

对于这两种制度（前者即广为人知的切腹，后者则是复仇），国外一些学者或多或少已有所论及。

首先我们来谈谈自杀。在此，我要声明的是，我仅仅考察切腹或是剖腹，也就是我们所熟知的剖肚子，即一种剖腹断肠的自残方式。"切开腹部？这也太荒唐了吧！"第一次听说这种行为，人们常常如此惊叹。确实，外国人初次听闻难免有荒诞离奇之感。但是，对于钻研过莎士比亚作品的人来说，它称不上是闻所未闻。莎士比亚曾借布鲁图斯[1]这一角色发声："你（凯撒）的灵魂显现，将剑反转刺向我们的腹部。"英国现代诗人埃德温·阿诺德[2]也曾在其著名史诗《亚洲之光》中说道："一把利剑穿透王后的腹部。"无人谴责他蹩脚的英语或批评他有违礼仪。或者，我们再来看另一个例子，那就是圭尔奇诺[3]在热那亚的罗萨宫里留下的画作

---

[1] 马可斯·布鲁图斯（公元前85—前42年），罗马共和国元老院议员，刺杀凯撒行动的组织者。在杀死凯撒后，布鲁图斯发布了著名的演讲《我爱凯撒，我更爱罗马》。他被安上了叛国的罪名，不得不逃亡东方。公元前42年春天，布鲁图斯率领罗马军团打回了罗马，最终战败而自杀。——译者注

[2] 埃德温·阿诺德（1832—1904年），英国诗人、记者。——译者注

[3] 圭尔奇诺，意为"斜眼的人"，是乔凡尼·弗朗切斯柯·巴尔别里（1591—1666年）的绰号。巴尔别里，意大利巴洛克风格的画家。——编者注

《伽图[1]之死》。任何人只要是读过艾迪生[2]笔下的伽图绝唱，都绝不会取笑那把深深刺进伽图腹部的利剑吧！在我们国民看来，剖腹而死是悲怆动人的高尚行为，并不令人厌恶，也没有任何可笑之处。什么都无法动摇我们对切腹的认识。美德、伟大以及温柔具有令人叹服的转化力量，就连最卑顺的死法也具有了高尚的意味，象征着浴火重生。若非如此，君士坦丁大帝在天空中看到的十字架[3]也不会征服世界了。

我们民族并不觉得切腹自尽有任何荒唐之处，这不仅仅是因为我们对切腹有一些人为联想，也因为我们选择这一身体特殊部位是根据古代解剖学的理念，即腹部是灵魂和情感之所在。摩西曾写道："约瑟夫想念其手足，想到肠断。"[4]大卫向主祈祷不要忘了他的肠，以赛亚、耶利米以及其他古代先知都曾提及"肠鸣"[5]"肠痛"[6]，以上说法都印证了在日本民众之间盛行的观点，即腹部乃是灵魂的神龛。闪米特人一贯认为肝脏、肾脏和脂肪是情感和生命之源。而"腹"这一词则比希腊语的phren（心理）和thumos（精神）更为费解。日本人和希腊人都认为，灵魂正是寄

---

[1]马尔库斯·伽图（公元前95—前46年），人称小伽图，以区别他的祖父、那位写了《农业志》的老伽图。罗马共和国末期政治家和演说家，斯多葛学派追随者，共和派领袖之一。战败于凯撒后，剖腹自杀。——译者注

[2]约瑟夫·艾迪生（1672—1719年），英国散文家、诗人、政治家。——译者注

[3]公元312年10月的某一天，君士坦丁大帝率部直逼罗马城，准备从劲敌马克桑迪亚斯手中把罗马夺取过来。突然，他在夕阳照射的天空看见一个巨大的十字架，一侧写有一行字："凭这个标记可以取得胜利。"那天晚上，基督显现在君士坦丁的梦中，嘱咐他举着绣有十字架的军旗进攻。果然，君士坦丁大获全胜，马克桑迪亚斯淹死在河里。君士坦丁（306—337年），古罗马帝国皇帝，史称君士坦丁大帝。——译者注

[4]语出《创世记》，43章，30句。——译者注

[5]语出《以赛亚书》，16章，11句。——译者注

[6]语出《耶利米书》31章，20句。——译者注

居在腹部某处。不光是古老民族持如此见解。在法国，尽管史上最著名的哲学家之一笛卡尔曾提出灵魂存在于松果腺的理论，但法国人依然坚持使用ventre（腹部）这一术语，因为它的解剖学意义虽然过于模糊，但生理学意义至关重要。同样，entrailles（肠）在法语中也表示情感和同情的意思。这种信念并不全是迷信，因为比起心脏是七情六欲的中枢这一普遍观点，它更具科学性。无须请教苦行僧，日本人也比罗密欧更了解"在身体某一暗处曾寓居着人的名"。现代神经学家常常谈论腹部脑、盆骨脑，这表明这些部位极易受神经活动的刺激，处于交感神经的中枢地带。这种精神心理学观点一旦获得认可，关于切腹自尽的三段论就容易建立起来。"我将打开灵魂的居所，让你一探究竟，你可亲眼证实它到底是清是浊。"

希望读者不要误以为我是在宗教或道德层面上论证自杀的正当性。但是，至高无上的荣誉感足以让人名正言顺地自我了断。有多少人曾对加思[1]诗歌中表达的情感表示认可：

当光荣不在，死亡是最好的解脱；
死亡是逃避耻辱的必然归宿。

同样，他们将灵魂欣然付与幽冥之境。死亡关乎荣誉，武士道认为死亡是许多复杂问题的解决之道。因此，对于一个抱负不凡的武士来说，寿终正寝、自然死亡似乎过于平淡乏味，不值得孜孜以求。我敢说，很多虔诚的基督徒，只要足够诚实，即便不会直接赞赏，也都会承认，伽图、布鲁图斯、佩特罗尼乌斯[2]以及其他古代伟人自我了断，挥别尘世时的那种

---

[1]塞缪尔·加思爵士（1661—1719年），英国医生、诗人。——编者注
[2]盖厄斯·佩特罗尼乌斯（？—66年），古罗马作家，尼禄皇帝的宠臣，后因被人控告谋图不轨而自杀。——译者注

镇定自若令人着迷。如果我说，哲学家的鼻祖（苏格拉底）之死在一定程度上就有自杀成分，这种说法是否过于大胆？他的弟子们详细地告诉我们，他们的导师虽然有机会脱逃，但仍然坦然服从国家法令——他很清楚这一法令在道德上是错误的——亲手端起毒酒，甚至泼洒致命毒酒以示祭奠，难道我们还看不出这是一种自杀行为吗？从头到尾，都没有那种一般行刑过程中的武力胁迫。不错，法官的裁决书本身就是强制性的，裁决书上写着"你必须死，并且是通过你自己的手"。如果自杀仅仅指自己了结生命，那么苏格拉底毫无疑问是自杀而死。但绝不会有人指控他有罪。柏拉图厌恶自杀，因此不愿意称其导师是自杀者。

说到这里很多读者都会明白，切腹自尽不只是一种自杀方法，它是一种制度，一种法律制度和礼仪制度。作为中世纪的产物，武士们以此来赎罪、忏悔、免于受辱、报答友人或自证其诚。而当它作为一种法律制裁时，就需要按照特定程序强制执行。它是一种高雅讲究的自杀方式，如果没有沉静平和的性情和处乱不惊的气度，是做不到的。因此，切腹自尽是为武士阶层量身打造的。

若仅仅是出于崇古的好奇心，我会按捺不住描述一下这一古老仪式。不过，已经有比我更优秀的作者描述过切腹仪式了——他的书近年来鲜有读者问津，我不妨多引用一部分。在《旧日本》一书中，米特福德[1]翻译了一段珍贵的日语手稿中对切腹的阐释，接着又描述了一起他亲眼看见的切腹过程：

---

[1]阿尔吉农·伯特伦·弗里曼·米特福德（1837—？），里兹代尔男爵一世，英国外交家，收藏家，作家。这个家族最有名的，是里兹代尔男爵二世、大卫·弗里曼·米特福德的六个女儿：尤妮蒂、杰西卡、戴安娜、南希、黛博拉和帕米拉。她们或有意或无意，或主动或被动，都卷入了动荡不安的大时代的漩涡。她们初衷相似却命运各异，走上了小说家、农场主、法西斯主义者、共产主义者和公爵夫人的不同道路，史称"米特福德六姐妹"。——编者注

我们（七个外国代表）受邀跟随日本见证人进入寺庙正殿，也就是切腹仪式的执行场地。那是个庄严的场面。空荡荡的大殿里，一根根漆黑的柱子支撑着高耸的屋顶。天花板上悬挂着许多镀金吊灯和佛寺特有的装饰。在高高的祭坛前面的地板上，铺上了精美的纯白垫子，足有三四英寸高，垫子上面还铺了一块红色毛毯。颀长的蜡烛等距排列，发出昏暗神秘的烛光，仅能让人看得清整个仪式。七个日本见证人就座于席垫左侧，我们七个外国人则坐在右侧，除此以外，无旁人在场。

在紧张不安中过了几分钟后，泷善三郎[1] 身着重大场合才穿的麻布礼服庄严地走进大殿。他32岁，身强体壮，气宇轩昂。陪他走进来的还有一位断头人[2] 和三名穿着带金穗饰边的无袖罩衣的武官。"断头人"一词，和我们所说的"刽子手"不一样，只有义士才能担当此任，在大多数情况下由罪犯的同族亲属或者朋友来担任。他们的关系，与其说是受害人和刽子手，不如说是主刑人和辅刑人的关系。在这此次剖腹中，这位断头人就是泷善三郎的弟子，由于他剑术出众，所以被泷善三郎的朋友从众多弟子中挑选出来。

断头人走在泷善三郎左侧，两人慢慢走近日本见证人，向他们鞠了一躬后，又退到外国人一侧，更加郑重恭敬地向我们行鞠躬礼。两次鞠躬礼都得到了恭敬的答礼后，泷善三郎神情庄重地慢慢地走上高高的祭坛，俯首叩拜两次，然后背对着祭坛端坐在毛毯上，断头人则蹲伏在他左侧。三位侍卫官中，有一位走上前来，将庙宇中的供奉托盘俯首跪地递与罪犯。托盘上放着白纸包裹的肋差，也就是日本人所佩带的短剑或匕首，长约九寸半，刀尖和刀刃有如剃刀般锋利。罪犯恭敬地双手接过托盘，然后放在自己面前。

再一次郑重恭敬地行礼后，泷善三郎像在痛苦地招供，声音激动不已，又

---

[1]泷善三郎，日本武士，因刺杀外国人获罪，被罚切腹。——译者注
[2]断头人，原文为"介错"，是在切腹自杀时帮助切腹者割下头颅的人。——译者注

犹疑不决，但其表情举止始终不露丝毫破绽。他高声说道："吾因一己之错，下达向神户之异邦人开枪之令，又在其试图逃跑之际，再次下令射杀。犯此滔天罪行，唯有切腹谢罪。劳请在场诸位见证。"

再次鞠躬后，泷善三郎便解开衣襟，使上衣滑至腰带部位，光膀以示众人。根据风俗，他小心翼翼地将衣袖压在膝盖下面，防止自己切腹过程中后仰，因为日本武士临死之际必须前伏倒地。他郑重其事地稳稳拿起面前的匕首，充满渴望甚至深情地凝视着它。最后片刻，他似乎在尽力整理思绪，然后将刀深深刺进腰下左侧，又慢慢地拉向右侧，而后将刀翻转，轻轻上刺。在这令人窒息、惨不忍睹的过程中，泷善三郎依旧面不改色。当他拔出匕首时，身体前倾，伸长脖子，脸上第一次出现痛苦之态，但仍然一声不吭。整个过程中，断头人一直蹲坐在一旁，注视着他的一举一动。到了此刻，他突然站起身来，高举佩刀顿了一秒，随后刀光一闪，伴随着沉重恐怖的咔嚓声，罪犯顷刻间身首异处。

整个大厅陷入了一片死寂，只听得见血从眼前的尸体内汩汩流出的声音。而片刻以前，他还是位英勇的武士。这真是太恐怖了。

日本天皇的两位官员随即离开座位，径直走到外国见证人席，告知罪犯被处决，我们已经做了见证。整个仪式就此结束，我们一行离开寺庙。

我还可以通过文学作品或者相关目击者的叙述，举出大量切腹的例子。现在，只需再举一例足矣。

有兄弟两人，左近24岁，内记17岁。为报杀父之仇，两兄弟企图刺杀德川家康。可惜还没潜入营帐，就被逮个正着，成了阶下囚。老将军十分赞赏两位年轻人敢于以身犯险的勇气，下令准许他们尊严地死去。按照判决书宣判，他们家族的所有男性成员都要处以死刑，连年仅8岁的小弟八鳞也难逃厄运。于是兄弟三人一同被带往寺院执行死刑。在场的一位医师将这一场景记了下来，这段记录的内容翻译如下：

他们坐成一排等待最后的行刑令，左近对小弟说道："一会你先来，我要确保你操作无误。"小弟回答说，他从来没有见过切腹，所以想先看哥哥们是怎么做的，然后再动手。哥哥听后闪着泪花，面含微笑地说道："好样的，小家伙，你不愧是父亲的儿子。"把八鳄安置在他们两人中间后，大哥随即将匕首刺进腹部左侧，而后对其小弟说道："看，兄弟！现在明白了吗，不要切得太深，以防后仰，身体应该要微微前倾，双膝并拢。"紧接着，内记也如法炮制，同时还不忘叮嘱八鳄："眼睛一定要睁开，不然看上去像一个快咽气的娘儿们。如果匕首在腹内卡住了，而你没劲了，那就鼓足勇气使尽力气横切过去。"小弟看看两位兄长，当他们都断气后，他镇定自若地褪去上衣，学着两位哥哥的样子完成了切腹。

对切腹的过度美化自然而然地诱发了自杀行为的泛滥。为了一些得不偿失或者是根本不值得以命相抵的琐事，一群头脑发热的年轻人如飞蛾扑火般纷纷赴死。在说不清道不明的诸多动机驱使下，选择切腹的武士比进入修道院修行的道姑还多。按照他们通行的荣誉标准来衡量，生命毫不足惜。最可悲的是，荣誉经常被大打折扣。也就是说，荣誉并非是纯金一块，而是掺杂了廉价金属的合金。但丁把自杀者置于地狱中的第七层，那一层里的日本人数量恐怕难以超越！

然而，对于一位真正的武士来说，不论是仓促赴死还是一心求死，都是怯懦的表现。有位模范武士，屡战屡败，从平原一路被逼往山丘，又从丛林溃退到山洞，最后饥寒交迫，孤零零地蜷缩在漆黑的树洞里。此时，刀也钝了，弓也断了，箭也没了——在这种情况下，高贵的罗马人[1]不也在腓力比挥刀自刎了吗？但他认为在这种时刻自刎是懦夫之举，他以一种

---

[1] 指布鲁图斯。参见第四章末尾作者补注。——译者注

基督教殉道者的刚毅坚忍，即兴赋诗一首鼓舞自己：

来吧！尽管来吧，

可怕的悲伤和痛苦！

尽管压在我负重的肩上吧；

我还需要一次考验

看自己还有多少余力！

　　这就是武士道的教义——以刚强坚忍和赤诚之心承受灾难，面对逆境。这正如孟子所训诫的，"天将降大任于斯人也，必先苦其心志，劳其筋骨，饿其体肤，空乏其身，行拂乱其所为，所以动心忍性，增益其所不能"。[1]真正的荣誉就是履行上天赋予的使命，而只有至死方休，方可称为不辱使命。然而，以自杀来逃避上天赋予的重任实在是怯懦之至！在托马斯·布朗[2]爵士写的那本奇妙的《医学宗教》一书中，有段话与武士道守则中的谆谆教诲如出一辙。我这里引用如下："蔑视死亡固然是英勇之举，但当生活比死亡更艰难险恶的时候，敢于活下去才是最大的勇气。"17世纪一位有名的高僧曾经嘲讽说："武士平日里能说会道，但若从未经历过死亡，那么在关键时刻，他总是选择临阵脱逃。"他还说："一个视死如归的人，不论是真田[3]的长矛还是为朝[4]的利箭都不能伤

---

〔1〕语出《孟子·告子下》。——译者注

〔2〕托马斯·布朗（1605—1682年），英国哲学家、心理学家、医学家和作家。——译者注

〔3〕真田幸村（1567—1615年），日本战国末期名将，与平安时代末期的源义经、南北朝时代的楠木正成并称日本史中"三大末代悲剧英雄"。——译者注

〔4〕源为朝（1139—1170/1177年），源氏子弟，日本平安时代后期武将，著名弓箭手。——译者注

他分毫。"如此一来，我们离圣殿大门就近在咫尺了，因为圣殿的创建者（耶稣基督）教导我们："凡是为我舍命的，都能找到它！"尽管人们不遗余力地夸大基督教和其他宗教之间的差异，但从无数例证中略举数例就足以证明，人类的道德认同是相通的。

由此可见，武士道的切腹制度并不像我们初次听闻时那样荒谬野蛮。现在我们再来看看从切腹派生出来的制度——报复，或称复仇——是否更为理性和文明。对这个问题，我希望能长话短说，因为这种类似的制度，或者说风俗，曾在多个民族中大行其道并且经久不息。决斗和私刑延续至今，就证明了这一点。

最近不就有个美国军官为了替德雷福斯报仇而向举报者埃斯特哈齐提出决斗吗？正如在一个不存在婚姻制度的原始部族里，通奸是无罪的，只有情人的嫉妒才能使心上人免受其他男性的侵犯；因此，在没有刑事法庭的年代里，是受害人家族蓄意策划的复仇制度维持着社会秩序。奥西里斯[1]问荷鲁斯[2]："世上什么最美？"答曰："为父母报仇。"——日本人还要再加上一条，那就是"为君主报仇"。

复仇时，正义感能得到满足。报仇之人常常义正词严："我那善良的父亲本不应该死，杀他的人真是罪大恶极。如果我父亲还在世，绝不会容忍此等行为，因为上天自有公道，作恶之人必遭天谴。这是我父亲的遗愿，也是上天的指示。他必须死在我手里，因为他让我父亲流血而亡，作为父亲的亲生骨肉，我必须让凶手血债血偿。我与他不共戴天，不是你死就是我亡。"这种思路简单幼稚（虽然我们知道，哈姆雷特所思所想也不过如此），却显示了人类与生俱来的那种绝对的公平正义感。"以牙还牙，以

---

[1]奥西里斯，埃及九神之冥王，主宰生杀予夺。——译者注
[2]荷鲁斯，奥西里斯之子，古埃及神话中法老的守护神。——译者注

眼还眼",我们复仇的念头就如数学一般精准,只有等式两边达到铢两相称,我们才能放下心中的执念。

犹太教的神嫉妒成性,希腊神话里也有嫉妒女神涅墨西斯[1]。但在犹太教和希腊神话中,复仇都是神灵所为。但是,常识就为武士道提供了复仇制度,使武士道成为伸张正义的道德法庭,无须依照普通法律进行裁判。当四十七名浪人的恩主被判处死刑时,他没有更高的法庭可以申诉,所以这些忠心耿耿的家臣只能诉诸复仇这唯一的最高法庭。他们因复仇被绳之以法,但世道人心却凭直觉还了他们公道。时至今日,这些义士犹如他们坐落在泉岳寺[2]的坟墓一般,万古长青,流芳百世。

尽管老子教导我们要以德报怨,但孔夫子所言似乎更有说服力,那就是要以直报怨。然而,似乎只有在维护恩人和长辈时,复仇才具有正当性。那些包括伤害妻儿在内的一己私仇,却要默默忍受或谅解。因此,当汉尼拔[3]誓死要报国仇家恨,日本武士能感同身受,但詹姆士·汉密尔顿将发妻坟墓上的一抔黄土揣在腰间,以长久激励自己向摄政王默里寻仇,却令日本武士嗤之以鼻。

刑法颁布以来,切腹和复仇制度都失去了存在的理由。我们再也听不到美丽少女为报父仇而女扮男装、追杀凶手这类传奇故事了,也看不到家族世仇的悲剧发生,就连宫本武藏[4]行侠仗义的经历,也都成为过去。自有纪律严明的警察为受害者暗中侦查捕获罪犯,而后自有法律来伸张

---

[1]涅墨西斯,希腊神话中冷酷无情的复仇女神。——编者注
[2]泉岳寺,曹洞宗的寺庙,位于东京都港区高轮,因为埋葬浅野长矩和他的四十七浪人而出名。——编者注
[3]汉尼拔·巴卡(公元前247—前182年),北非古国迦太基名将,军事家。——译者注
[4]宫本武藏(1584—1645年),日本江户时代初期的剑客。——译者注

正义，整个国家和社会都能看见正义得以匡扶。如此一来，正义感得到满足，复仇便无用武之地了。但如果复仇真如一位新英格兰牧师所描述的，"希望用受害人的生命之血加倍满足内心的饥渴"，那么仅凭刑法中的几段法令显然还无法杜绝复仇现象。

切腹虽然在法律层面上已经消失，但我们还时不时听说这种行为。只要过去不被彻底遗忘，以后恐怕还会继续存在。如果自杀行为的拥趸在全世界范围内以惊人速度持续增长，那么大量无痛且省时的自杀方式将会风靡开来。即便如此，默塞里[1]教授仍然认为，切腹在所有自杀方式中最为尊贵。他认为："当一种自杀以极度痛苦的方式或经过了漫长煎熬后才得以完成，十有八九，它会被认定为狂热偏执、疯癫病态的心智错乱行为。"[2]但标准的切腹不具备狂热、疯癫或者病态兴奋的特性，只有极度的冷静才能使该切腹仪式大功告成。斯特拉恩博士将自杀分为两种，即理性自杀或者准自杀，非理性自杀或真自杀，而切腹则是理性自杀或准自杀的最佳范例。

从这些血淋淋的制度以及武士道的要旨来看，我们很容易推断出，刀在社会法纪和生活中扮演着重要角色。有句流传下来的格言就称，刀是武士之魂。

---

[1]默塞里（1852—1929年），意大利医生、心理学家。——编者注
[2]语出《论自杀》。——原注

第十三章　刀——武士之魂

　　武士道将刀视为力量与勇猛的象征。当穆罕默德宣称"刀是打开天堂和地狱之门的钥匙"时，他不过是在附会日本人的观点。日本武士早在孩提时代就学习如何挥舞刀剑了。年满5岁，他们就身着武士服，站在棋盘[1]上，把真正的武士刀插进刀鞘，替换掉那把挂在腰间玩耍的玩具匕首，首次被承认其武士资格。这对于他们来说，是人生的重大时刻。武士受封仪式结束后，凡出家门，他必佩带这武士的象征物。当然，平常日子里，他也佩带镀金的木质短剑代替武士刀。但过不了几年，他就会把玩具刀丢在一旁，而经常佩带未经磨砺的真钢刀，兴致勃勃地在木头或石头上试验这把新玩意的刀刃。15岁成年时，他有了独立行动的自由，并为拥有无坚不摧的锋利钢刀而深感自豪。当然，拥有危险武器的同时也赋予他一种责任感和自尊心。"武士不枉佩刀"，他腰间所佩钢刀代表了他的信念，即忠诚和荣誉。这两把刀一长一短，分别被称为太刀（或打刀）和小太刀（或胁差），从不离身。在家的时候，武士把刀恭敬地摆放在书房或客厅最显眼的位置；到了晚上，就将其置于枕边，伸手可及。它们是武士形影不离的伙伴，备受青睐，还获得了各种爱称。人们对刀过于崇敬，几乎到了顶礼膜拜的程度。历史之父希罗多德[2]曾记录过一则令人匪夷所思的事件，即

---

　　[1]指围棋棋盘，共有361个方块，代表着战场，游戏的目标就是尽可能占领更多的地盘。——编者注

　　[2]希罗多德（约前484—约前425年），伟大的古希腊作家、历史学家，西方文学奠基人，人文主义的杰出代表。——译者注

塞西亚人向一把铁制偃月刀大行祭祀之礼。日本的宗庙和家里都珍藏着武士刀以示尊崇，甚至对一把再平常不过的匕首也礼遇有加。对武士刀的任何亵渎行为都被视同对主人的冒犯。任何人胆敢漫不经心地从一把刀上跨过，恐怕都不得好死！

刀如此备受珍爱，难免进入艺术家的法眼，为其精湛手艺提供了施展空间，同时也沦为虚荣的标志。尤其是在和平年代，武士刀更是类似于主教和国王的权杖，只有象征意义，而无实际用途。人们在刀柄上裹上鲨鱼皮和上好的缎带，在护手上镶金嵌银，在刀鞘上涂上彩漆，这件最可怕的武器便失去了一半的威慑力。不过，与刀相比，这些饰物不过是些花里胡哨的玩意而已。

刀匠不只是个工匠，而是富有灵感的艺术家；他的刀铺也不仅是手工作坊，而是艺术的殿堂。他每天干活之前都要祷告和净身。诚如习语所言，他是在"用自己的灵和心锻造打磨"。每一次抡锤、浸水和打磨，都成了具有宗教意味的神圣行为。那么到底是佩刀人的精气神，还是他的守护神，为刀注入了如此强大的魔力呢？如此完美无瑕的艺术品，足以使托莱多和大马士革的刀具相形失色，它所传达的不仅仅是一种艺术气息。它的刀刃寒气逼人，刀面上透着刀刃出鞘一刹那的那股杀气。它的质地完美无瑕，闪烁着青蓝色的光芒；它的刀锋锐利无比，打造着历史与未来；它那弯曲的刀背，融合了细腻精致之美与无坚不摧之势——所有这些使我们深感震撼，既为它的力与美，也为它的可敬与可怖。如果只是件精致玩意，它就不具有任何杀伤力。但刀总是伸手可及，所以极易被滥用。人们动不动就拔刀出鞘，有时竟在无辜者的脖子上试验新刀锋利与否。

不过，我们最关心的问题是——武士道是否为滥杀行为进行辩护？毫无疑问，答案是否定的。正因为武士道极力强调使用刀具的正当性，所以它对武器的滥用深恶痛绝。只有懦夫或莽汉才动不动在不该用刀的场合挥刀相向，而自制沉着之人则清楚什么时候该亮出武器，而且动刀的场合少之又少。让我们听听已故的胜海舟伯爵所说的话。他见证过日本最动荡的历史阶段，那时暗杀不绝，自裁成风，其他类似的逞凶肆虐、好勇斗狠成了家常便饭。他曾一度执掌国家大权，因而时常成为暗杀对象。即便如此，他也不愿大开杀戒，使他的刀沾染上一丝血迹。在向一位友人叙述往事时，他以一种特有的平易语气说："我最恨杀人，我一个人都没杀过，还放了不少本该砍头的人。有一天，河上玄斋[1]对我说：'你就是杀得太少了，难道你能不吃辣椒和茄子吗？'确实，有些人好不到哪儿去，可你看，他自己最后不也被宰了吗？我能全身而退，可能就是因为我不嗜杀。我把刀柄紧紧系在刀鞘上，要想拔刀出鞘都很难。我下定决心，就算他们要砍了我，我也不会还手。不错，有些人就是跳蚤和蚊子，生性爱叮人——不过多叮几口又能怎样？顶多是有点痒而已，要不了命。"[2]这些话出自一名真正的武士之口，他在人生大起大落的熔炉中经受了烈火般的武士道锻炼。现在流行这样的话："挨得住打，降得了人。""不战而屈人之兵，乃大胜也。"许多诸如此类的格言都表达了一个意思，真正的降服对手不是与死敌针锋相对，武士道的终极理想乃是和平。

然而令人遗憾的是，如今捍卫和平的崇高理想成了牧师和道德家们的专职，而武士们只专事训练和鼓吹军事技能。久而久之，他们心目中理想的女人都带上了悍妇的好勇斗狠之色。说到这里，我们多用一些篇幅来谈一谈妇女的教育和地位或许不无裨益。

---

[1] 河上玄斋（1834—1871年），幕府末期尊攘派志士，熊本藩武士。后因参加叛乱被处死。——译者注

[2] 语出《海舟座谈》。——译者注

第十四章　妇女的教育及其地位

占据人类一半的女性有时被称为矛盾的典型，因为女人的直觉思维是男人的"数学式认知"所无法理解的。汉字"妙"的字形由两部分组成，一部分是"少"，表示"青春"，另一部分则是个"女"字，两者相加为"妙"，意思是"神秘""不可知"，因为女人的性感魅力和细腻心思不是男人的粗率心理所能解释的。

然而，武士道中的女性典范几乎没有什么神秘感，其矛盾也只是表面上的。我曾说过她是悍妇，但这只说出了事实的一半。从字形上看，中国人表示妻子的"妇"字，是一个拿着扫帚的女人形象。当然，这不是用来攻击或防卫自己的另一半，也不是用来骑着上天施展巫术的，而只是为了它发明之初的那个无害的用途。同样，英语里表示"妻子"的wife是从weaver（织工）演变而来，而表示"女儿"的daughter则是从duhitar（挤奶人）演变而来。德国皇帝说，妇女的生活范围离不开厨房（Küche）、教堂（Kirche）和孩子（Kinder）。虽然武士道的理想女性的生活不限于此，但其角色也主要是在家庭以内。这种居家的和勇悍的特征看似矛盾，但与骑士戒律并不冲突，接下来我们就来论证这一点。

武士道教育主要针对男性，所以武士道所珍视的女性美德自然离真正的女性特征相去甚远。温克尔曼[1]说："希腊艺术的极致美是男性美，而

---

[1] 温克尔曼（1717—1768年），德国艺术史学家和考古学家。——编者注

非女性美。"莱基[1]补充说，这一说法不仅适用于希腊艺术，也同样适用于希腊人的道德观。与此相同，武士道所吹捧的女性都能"从女性的脆弱中解放出来，表现出一种不让须眉的英勇刚强和坚毅果敢"[2]。因此，少女所接受的训练就是压抑感情、磨炼意志和使用武器——尤其是长柄剑，这样她们才能在意外情况下保护自己。然而，这种战事训练的主要目的不是上战场，而是出于个人和家庭双重考虑。女性没有自己的恩主，她们只需保护自己的身体。她用武器捍卫自己的纯洁，如同她丈夫满腔热忱地捍卫主君。到了家里，她的武艺就可以用来教育子女，我们稍后将看到这一点。

击剑和类似的练习，虽然没有太多实际用途，但对女性的跪坐习惯是一种有益的矫正。当然，习武并不仅仅是为了健康，也可以备不时之需。女孩一成年，就会被授予短刀（怀剑），用来刺进攻击者的胸膛，必要情况下甚至可以刺向自己。第二种情形虽然经常出现，但我不会苛责她们。基督教的宗教良知虽然反对恐怖式自杀，却把佩拉基娅[3]和多明尼娜这两位纯洁而虔诚的自杀女性追封为圣徒，并没有对她们过多苛刻。当日本的维吉尼亚[4]的贞操受到威胁时，她不需坐等父亲的匕首，她的武器早就藏在自己怀里了。不知道如何正确地自我了断，对她来说是一种耻辱。例如，尽管她对解剖学知之甚少，但必须知道刺进喉咙的确切位置。她必须知道

---

〔1〕莱基，即威廉·莱基（1838—1903年），爱尔兰历史学家和政治理论家，著有《欧洲伦理史》。

〔2〕语出《欧洲的道德史》，第2卷，第383页。——原注

〔3〕佩拉基娅，基督教的殉教者。4世纪初，罗马皇帝迫害基督教，年仅15岁的佩拉基娅为保持其贞洁自房顶跳下自杀。——译者注

〔4〕此处以比喻的方法说理。传说古罗马政治家阿彼乌斯·克劳狄乌斯想霸占美丽的少女维吉尼亚，指使他的随从声称维吉尼亚是他的家婢，也不听少女的父亲维吉尼乌斯的请求。维吉尼乌斯于是当着前者和民众的面，刺杀了女儿，维护了她的贞操。——译者注

如何用腰带把下肢绑好，这样，无论死得有多痛苦惨烈，她的尸体被发现时，四肢形态都不会走样，做到死得端庄体面。这种谨慎和诚敬，和基督教徒殉道者珀佩图亚[1]或童贞女维斯特尔·科妮莉亚相比，岂非有过之而无不及？我之所以这样冒昧地质问，是因为有人不理解我们的沐浴习惯和其他生活小节，无端批评我国国民没有贞操观念。[2]事实恰恰相反，贞操是武士女人的主要美德——贞操被看得高于生命。一名年轻女子被俘，落进一群野蛮的士兵手中，面临被强暴的危险。她说，只要让她先给因战乱而失散的姐妹们写封信，她就会顺从他们的求欢意愿。写完信后，她跑到最近的井边，纵身一跃，保全了自己的名誉。她留下的信的最后几行是这样的：

恐层云遮月，
她别无他路，
新月高挂在天，
她已倏忽即逝。

如果让读者误以为武士女人的最高理想是具有男子气概，是不公平的。事实远非如此！她们必须有出众的才艺，过风雅的生活。音乐，舞蹈，文学，一样不缺。在我们的文学中，不少优美的诗句都表达了女性情感。事实上，女性在日本纯文学史上发挥了重要作用。习舞（我指的是武士之女，而不是艺伎）只是为了使她们僵硬的动作更加柔美流畅。弹奏乐器是为了缓解父亲和丈夫疲惫的时光，因此，学习音乐并不是为了掌握技巧，

---

[1]珀佩图亚，生于非洲的基督徒妇女。因受迫害被捕，在罗马被命与猛兽搏斗而殉教。——译者注

[2]对裸体和入浴的通情达理的解释，参看芬克的《日本的莲花季》，第286—297页。——原注

也不是为了音乐艺术本身，而是为了净化心灵。因为有人说，如果演奏者做不到身心和谐，就不可能弹奏出和谐的声音。在这里，我们再一次发现了从前在武士训练中流行的观念，即才艺永远是道德价值的陪衬。音乐和舞蹈等闲情逸致能增添生活风趣足矣，不是为了助长虚荣和浮华。当波斯王子被带到伦敦的舞厅起舞作乐时，他直截了当地说，他的国家养着一群舞女，专门给他们跳舞为生。听了这话，我衷心同情这位王子。

我们的女人学习才艺并不是为了在人前表演或扬名社会，而是为了和家里人一起自娱自乐；如果她们在社交聚会上表现出色，那也只是作为女主人的本分——换句话说，是尽地主之谊的一项内容。她们的教育完全是以家庭为核心。可以说，在旧日本，无论是在战争时期还是和平时期，妇女的才艺训练都主要是为了服务家庭；无论漂泊多远，她们都念念不忘家中的厨灶。为了维护家庭的尊严和名誉，她们不辞劳苦，甚至不惜生命。她们夜以继日地围着温暖的小巢歌唱，声音坚定而温柔，勇敢而哀伤。作为女儿，她们为父亲做出牺牲；作为妻子，她们为丈夫做出牺牲；作为母亲，她们又为儿女做出牺牲。因此，人们从小就教育她们要克己隐忍。她没有自己独立的生活，而是为他人服务的。作为男人的内助，如果她的出现有助于丈夫，她就和他共同出现；如果妨碍了他的工作，她就会退隐到幕后。这样的事屡见不鲜：一对年轻男女相互爱慕，陷入热恋，但当她意识到他对她过度迷恋，以致忘记了自己的职责时，这姑娘竟自毁容貌，使自己魅力顿消。吾妻是武士之女心目中的理想妻子。她发现迷恋自己的一个男人正密谋反对她的丈夫，便假装加入了这个罪恶的阴谋，暗中设法代替了她丈夫的位置，结果情人杀手的剑砍在了忠实的吾妻头上。下面是一位年轻的大名[1]的妻子自杀前写的一封信，大概不用什么注释吧：

---

〔1〕指木村重成。木村重成（？—1615年），日本安土桃山时代的武将。
——译者注

我听闻一切皆非偶然，世事皆有定数。你我同乘一树之荫，共饮一溪之水，都是宿缘。两年前我们永结同心，你我便两心相依，如影随形，须臾不离，相亲相爱。但新近听闻，此番征战是你最后一战，且听愚妻离别之言。听闻中国古代有位英武之士项王，一场战败，却不愿与爱妾虞姬分别。木曾义仲[1]亦英勇过人，却也为情所困，难与妻子诀别，终致仕途坎坷。希望或欢乐既已不在，我何必活在这世上成为你的牵绊呢？我为什么不去世人必经的黄泉路上等你？千万不要忘记秀赖公[2]对你的恩情。我们对他的感激之情如海深，如山高。

无论是女人为了丈夫、家庭和家人的利益而奉献，还是男人为了主公和国家的利益而牺牲，都一样无怨无悔，无上光荣。自我牺牲是男人忠于主公和女人献身家庭的关键，没有自我牺牲就没法解决生活的诸多难题。妻子不是丈夫的奴隶，同样，她的丈夫也不是主公的奴隶。她所发挥的作用是贤内助，即"家里的助手"。在奉献他人的排行榜上，首先是女人为男人而牺牲自我，其次是男人为主公而牺牲自我，最后是主公克己奉天。我知道这种教义有不足之处，而基督教的优越性也正体现在这里，因为基督教要求每个人都对造物主直接负责。然而，我认为，基督所宣扬的最伟大的教义，也是基督使命中最为神圣的要义，就是通过牺牲自我来服务于更崇高的事业。就此而言，武士道是以永恒真理为基础的。

我想我的读者不会指责我言论偏颇，过度美化奴性般的自我奉献。在很大程度上我采纳了饱学深思的黑格尔所提出和捍卫的观点，即历史就

---

[1]木曾义仲（1154—1184年），即源义仲，日本平安时代末期的武将。——译者注
[2]丰臣秀赖（1593—1615年），日本战国时期武将、公卿，太阁丰臣秀吉第三子。——编者注

是自由的发生和实现。我想指出的一点是，武士道的全部教义充满了自我牺牲的精神，对女人男人都是一样的要求。因此，除非武士道信条的影响完全消除，否则美国女权主义倡导的激进观点不会轻易实现。她们高呼："日本女人们，起来反抗陈规陋习吧！"这样的反抗能成功吗？能提高女性的地位吗？通过这样一种轻举妄动所获得的权利，能够补偿她们从传统中继承下来的那种妩媚动人、温柔娴雅吗？古罗马妇女走出了家庭之后，随之而来的道德腐败难道还不够严重吗？这位美国女权运动改革家能向我们保证，反抗就是女人获得历史发展的正确道路吗？这些都是重大问题。变革必须发生，也将会发生，但不一定要通过反抗！说到这里，让我们看看武士道体制下，女性的生活是否悲惨不堪，到了不得不反抗的地步。

我们听说过，许多欧洲骑士们表面上十分尊重"上帝和淑女"——这两个词放在一起不大相称，吉本[1]曾经为之脸红。哈莱姆还告诉我们，骑士道德粗俗下流，骑士对女人的殷勤意味着不光彩的爱。骑士精神对脆弱的女性产生的影响是哲学家们反思的对象。基佐[2]认为，封建主义和骑士精神对女性产生了健康有益的影响。而斯宾塞先生告诉我们说，在一个军事社会（封建社会不就是军事社会吗？）中妇女的地位必然很低，只有进入工业社会，妇女的地位才会有所改善。基佐先生与斯宾塞先生的理论哪个更适用于日本呢？我的答案是，可能两者都是对的。日本的军人阶级仅限于武士，大约有两百万人。他们上面有军事贵族、大名、宫廷权贵和官僚——这些人只是名义上的武士。武士下面还有众多平民——农、工、

---

[1] 爱德华·吉本（1737—1794年），英国著名历史学家，18世纪欧洲启蒙时代史学的卓越代表，影响深远的史学名著《罗马帝国衰亡史》一书的作者。——译者注

[2] 弗朗索瓦·皮埃尔·吉尧姆·基佐（1787—1874年），法国政治家和历史学家，曾任法国首相。——译者注

商，他们靠和平时期从事手艺为生。因此，赫伯特·斯宾塞对军事社会特征的描述可以说仅适用于武士阶层，而他对工业社会特征的描述则适用于武士以上和武士以下这两个阶层。妇女的地位很好地说明了这一点，因为在武士阶层中，妇女的自由尤其受限。奇怪的是，社会阶层越低——如小手艺人——夫妻的地位就越平等。而在更高层的贵族中，男女之间的差异也不那么明显，主要是因为闲暇的贵族趋于女性化，展现性别差异的机会不多。因此，斯宾塞的观点在旧日本得到了充分的验证。至于基佐的观点，只要读过他对封建社会的介绍，大家都会记得，他主要考虑的是上层贵族，所以他的概括适用于大名和官僚阶层。

如果我的言论对武士道制度下的妇女地位评价很低，那我就严重歪曲了历史真相，我将会深感内疚。我可以毫不犹豫地宣称，她的确没有得到与男人平等的待遇。但在没有充分认识差异和不平等之前，我们对这个问题难免产生误解。

人与人只有在极个别的时候能实现真正的平等，比如在法庭上或投票民意调查时。如果我们还知道这一事实，再讨论什么两性平等问题似乎就显得庸人自扰了。《美国独立宣言》宣称人生而平等，但它没有考虑到人们的精神或身体能力。它只是重复了古罗马法学家乌尔比安[1]很久以前的宣言，即法律面前人人平等。在这种情况下，法律权利就成了衡量平等程度的尺度。如果法律是衡量妇女社会地位的唯一尺度，那么确认她的社会地位就像确认她体重多少磅、多少盎司一样容易。但问题是，有没有正确的标准来衡量男女的相对社会地位？男女的社会地位，真就像金银的价格

---

[1] 乌尔比安（约170—228年），古罗马著名法学家，首次区分了公法和私法。与帕比尼安、保罗、盖尤斯、莫迪斯和蒂努斯并称"古罗马五大法学家"。——编者注

一样，用数字算出来就万事大吉了吗？这种计算方法没有考虑到人最重要的价值，即内在价值。要确保男女履行各自的本分需要满足诸多条件，因此衡量男女相对地位的标准必须是综合性的；或者借用经济语言来说，必须是复本位的[1]。武士道有自己的标准，而且是双重的。它试图评价妇女在战场上和家庭中的两种价值。在战场上，女人的地位微不足道；在家庭中她却举足轻重。她因为这种双重角色而得到了双重待遇。作为一个社会的、政治的存在，她们无足轻重；作为妻子和母亲，她们却得到了无上的尊重和深切的爱戴。为什么在罗马那样的军事国家中，女主人如此受人尊敬？难道不正是因为她们身为母亲吗？她们不是战士，也不是立法者，而是以人母的身份使男人向她们鞠躬膜拜。我们日本人也是如此。当父亲和丈夫外出种田或打仗时，整个家庭完全靠母亲和妻子在打理。她们不仅要抚育教导子女，还负责保护子女的安全。我刚才谈到的妇女习武，主要目的就是能够正确地指导和关怀子女的教育。

日本人常常谦称自己的妻子为"贱内""拙荆"等，对日本文化一知半解的外国人据此认为，日本女人受到轻视，不受尊敬。我注意到，这种肤浅的观念在外国人中相当盛行。但是，"愚父""犬子"和"鄙人"等说法现在也还广泛使用，答案不就不言自明了吗？

在我看来，我们的婚姻观似乎在某种程度上比基督教的婚姻观走得更远。"男女应为一体。"盎格鲁-撒克逊人主张个人主义，总抱着夫妻是两个独立个人的想法不放——若夫妻不和，双方就承认各自的权利；若夫妻和顺，则不免卿卿我我、甜言蜜语一番。当夫妻一方和外人说起自己的另一半时——不管好话还是坏话，比如可爱啦、聪明啦、善良啦，如此

---

[1]复本位制，亦称金银复本位制，是指以金银两种特定铸币同时充作本位币，并规定其币值对比的一种货币制度。——编者注

等等，我们听起来会觉得极不理性。吹嘘"我的聪明才智""我的可爱性格"等，是否有失品味？我们认为，赞美妻子就是赞美自己的一部分。在日本，自卖自夸被认为是没有品位的表现。我真希望基督教国家也作如是观！因为礼貌地谦称自己的妻子是武士的惯例，所以我在这里多说了几句题外话。

条顿人[1]的部落生活就是从迷信和敬畏女性开始的（虽然这种女性崇拜在德国正在消失），而美国社会建立之初，人们痛苦地意识到：他们的女性人口严重不足[2]（随着女性人口日益增加，我担心她们会很快丧失殖民时代所享受的优待）。在西方文明中，男人对女人的尊敬已经成为主要道德准则。但在武士道的军事道德中，区分好坏却另有标准。这个标准以职责为纽带，把个人与自己的神圣天性以及五伦关系紧紧维系在一起。这些关系中，我们已经提醒读者注意忠诚，即臣子与君主之间的关系。对于其余的人伦关系，我只是顺便提及，因为它们并不是武士道独有的。这些关系建立在自然情感的基础之上，它们为全人类所共有。而武士道教义所涉及的某些特殊关系，武士道自会着重强调。说到这里，男子之间的一种友谊，有种特殊的力量和柔情，常常比兄弟情谊多了一种浪漫的依恋，这种依恋由于早年的男女隔绝而越发炽烈。西方的骑士制度或盎格鲁-撒克逊人的自由交际为男女情感打开了方便之门，但日本的男女隔绝则堵塞了它的自然通道。说到这里，我大可以多讲几个日语故事，类似达蒙与皮西厄斯[3]或者阿基

---

[1] 条顿人，古代日耳曼人中的一个分支。后世常以条顿人泛指日耳曼人及其后裔，或是直接以此称呼德国人。——译者注

[2] 作者说的是用大量烟草换取英国新娘的殖民时代。——原注

[3] 达蒙与皮西厄斯是一对好友。皮西厄斯获罪后，被叙拉古僭主狄奥尼修斯宣判死刑，他获准在行刑之前回乡处理家事，条件是达蒙作为他的替身关在监狱里，以免他逃跑。在规定的日期到来之前，皮西厄斯果然回来受刑。狄奥尼修斯为他们的友情和诚信所感动，遂赦免其罪。——译者注

里斯和帕特洛克罗斯[1]那样肝胆相照的生死兄弟。或者讲讲武士道情同手足、生死与共的故事，和大卫和约拿单[2]的故事一样令人感同身受。

武士道的美德和教义，其影响并不局限于军事阶层，这不足为怪，却促使我们接下来去思考武士道对整个日本民族的影响。

---

[1]阿基里斯是古希腊特洛伊战争中的英雄，后因与阿伽门农发生争执而退出战争。他的好友帕特洛克罗斯穿戴上他的武器甲胄代替他参战，打退了特洛伊军，却被赫克托耳所杀。阿基里斯闻讯赶回，杀死赫克托耳，为好友报了仇。——译者注

[2]大卫在侍奉以色列王扫罗时，与其长子约拿单结为莫逆之交。后来，约拿单在战争中与父亲一起阵亡。大卫听到这个消息后哀痛万分，作《弓之歌》来吊唁。——编者注

第十五章　武士道的影响

到目前为止，我们只向大家展示了武士道这座山脉中最突出的山峰。这是骑士美德的出类拔萃之处，它大大提升了我们国民的整体水平。太阳初升时，总是先染红了最高的山峰，然后才逐渐照射到低处的山谷。同理，武士道的道德体系最初是用来训诫军武阶层的，后来才从普通民众中间吸引了大批追随者。民主政治造就了一个天生的王者为民众之领袖，而贵族政治则在民众之中注入了贵族之精神。美德可以蔚然成风，恶习也可以泛滥成灾。爱默生说："一群人中只需一个智者，就能使所有人都变成智者，感染力就是如此之快。"任何社会阶级或种姓都无法抵挡道德力量的传播。

尽管我们喋喋不休地夸赞盎格鲁-撒克逊走向自由的胜利进程，但下层民众并没有成为这一进程的主要推动力量。毋宁说，这一胜利是英国贵族绅士所为，不是吗？丹纳说："这个三音节词[1]，英吉利海峡对岸一直在用，它尽数概括了英国社会的历史。"民主派会自信满满地对这种说法加以反驳："亚当耕地、夏娃织布的时候，这位绅士在哪里？"伊甸园里压根没有绅士，这真是天大的遗憾！人类的始祖因为没他在场而深感痛苦，而且为此付出了极高的代价。如果有他在，人类始祖不仅能把伊甸园打理得更有品位，而且无须经受痛苦就能明白背叛耶和华意味着什么：不忠、

---

[1] 指"gentleman"，即绅士。——译者注

羞耻、谋反和叛逆。

　　武士造就了旧日本。他们不仅是旧日本的花朵，也是旧日本的根源。天道经由武士传承下来。虽然和普通百姓比，他们一直高高在上，但他们为民众树立了道德标准，成为普通百姓效仿的榜样。我承认，武士道有秘传教义和对外教义。对外教义是幸福教义，旨在谋求大众福祉；秘传教义是德性教义，则旨在提高个人道德修养。

　　在欧洲骑士制度的鼎盛时期，骑士数量也仅占人口的一小部分，但正如爱默生所言："从菲利普·西德尼[1]到瓦尔特·司各特[2]，英国文学一半的戏剧和全部的长篇小说，都在描绘绅士这个形象。"如果把西德尼和司各特的名字分别换成近松[3]和马琴，你就能大致了解日本文学史的主要特征了。

　　数不清的民间娱乐和教化形式——戏剧、曲艺、评书、净琉璃[4]和小说——都以武士故事为主题。农民们围在小屋的炉火旁，不厌其烦地讲述着源义经的丰功伟绩和其家臣弁庆的赤胆忠心，或者曾我兄弟的英勇事迹。那些肤色黝黑的顽童们听得张大了嘴巴，直到最后一根树枝烧完，火在余烬中熄灭，而刚听过的故事还在他们心中燃烧。商铺伙计们结束了一天的工作后，关上商店的雨窗[5]，聚在一起，讲述织田信长和丰臣秀吉的

---

〔1〕菲利普·西德尼（1554—1586年），英国政治家、诗人和学者。——译者注

〔2〕瓦尔特·司各特，英国小说家、诗人，被称为英国历史小说之父，其代表作有《艾凡赫》。

〔3〕近松门左卫门（1653—1725年），日本江户时代净琉璃和歌舞伎剧作家。——译者注

〔4〕净琉璃，日本传统音乐的一种说唱故事，在三味线（日本弦乐器，起源于中国三弦，成形于15世纪）的伴奏下说唱。后与耍木偶相结合，作为偶人净琉璃而得到发展。——译者注

〔5〕日本房屋外用来防雨的木板套窗。——原注

故事，讲到深夜，他们昏昏欲睡，柜台前的差事已经抛到脑后，满脑子都是战场厮杀和征伐。孩童刚开始蹒跚学步，大人就教他们笨口拙舌地讲述桃太郎征服鬼岛[1]的冒险经历。甚至连女孩都爱慕着骑士的勇敢和美德，就像黛丝德蒙娜[2]一样，如饥似渴地倾听着关于武士的浪漫传奇。

武士逐渐成为整个民族的理想典范。"樱花是花中之魁，武士是人中之王"。武士就这样在日本民间广为传颂。因为武士阶层被禁止经商，他们对商业发展确实无所助益。但是，人们的其他行为和思想方法，无不受到武士道的影响。如今重知识讲道德的日本，都直接或间接地与武士道精神息息相关。

在那部意味深长的著作《贵族主义与进化》中，马洛克[3]先生雄辩地告诉我们："非生物的社会进化可以被定义为伟人意志的意外结果。"不仅如此，历史进步是在斗争中发生的，"不是乌合之众为了生计而斗争，而是社会上一小部分人为了更好地领导、指引及利用民众而进行的斗争"。姑且不论他的观点是否站得住脚，这些说法都证实了武士道在我们帝国的社会进步中所起的作用。

日本有一个以侠客闻名于世的群体，这一群体后来成为民主运动的天然领袖。他们的形成过程，足以说明武士道精神是如何渗透到社会各阶层的。他们是坚强的民主斗士，浑身上下都洋溢着阳刚豪迈之气。作为人权的代言人和捍卫者，他们每个人都有成百上千的追随者，这些追随者以武士对待大名的忠诚，不惜以"身家性命，摩顶放踵以事君王"。在众多狂

---

[1]日本家喻户晓的传说故事。——译者注
[2]黛丝德蒙娜，莎士比亚戏剧《奥赛罗》中的一个角色。——编者注
[3]威廉·赫雷尔·马洛克（1849-1923年），英国小说家、经济学家。——编者注

热浮躁的幕僚支持下，这些天生的领袖对两把刀阶级[1]形成了一股强有力的遏制力量。

武士道以多种方式从它滥觞的社会阶层中渗透开来，在平民大众中起着发酵剂的作用，为全体人民提供了道德榜样。武士训诫最早代表了贵族精英们的荣誉，后来激励并鼓舞了整个民族；虽然普通民众无法达到社会精英的道德水准，但日本的大和魂最终成为这个岛国的民族精神。如果像马修·阿诺尔德[2]所定义的那样，宗教无非是"关涉情感的道德"的话，那么没有什么道德体系比武士道更有资格进入宗教之列了。本居宣长把日本民族的心声写进了他的歌中：

天佑日本岛！
若问什么是
日本的大和魂，
那便是晨曦中
美丽芬芳的野樱花！

是的，樱花一直是我国国民的最爱，也是我们民族性格的标志。请注意诗人所唱的"晨曦中美丽芬芳的野樱花"一句。

象征着大和魂的樱花不是一种弱不禁风、任人摆布的栽培植物，而是一种天生地长的野生花木。它是土生土长的。它可能也具备异国花草的普遍特征，但在本质上，它仍然是在我国大地上自然孕育及生长而成的。但我们喜爱樱花并不仅仅因为它是本土原生的。樱花以它具有的其他任何

---

[1]即武士阶级。他们被授予特权，允许佩带一长一短两把刀，象征着"武士的灵魂"。参见第十三章。——译者注

[2]马修·阿诺尔德（1822—1888年），英国诗人、评论家。——译者注

花木都不具备的美丽和雅致,深深吸引了我们。我们不能跟着欧洲人去欣赏他们的玫瑰,因为玫瑰缺乏樱花的淳朴。还有,玫瑰色泽艳丽,花香浓郁,可在花香之下掩盖着刺;玫瑰对生命极其执着和坚守,宁肯枯萎枝头,也不愿盛年凋落——这一切,与我们的国花有所不同。樱花色泽淡雅,清香怡人,她美丽的花瓣之下不会暗藏匕首或毒药;她随时都可以顺应自然,舍弃生命。一般而言,色泽与形态之美均无法长久,因为那都是有形的存在,唯有花香可以四处弥漫,如生命的呼吸一样恒久永存,生生不息。因此,在所有宗教仪式中,乳香和没药[1]都发挥着重要的作用。香气中似乎有种灵性。樱花的芬芳给清晨的空气注入了勃勃生机。旭日东升,首先照亮远东的岛屿,这时平静地深吸一口空气,啊,多美好的一天!没有什么比这更令人心旷神怡的了!

据记载,造物主在闻到一种甜蜜的味道后,便在内心下了一番决心[2]。照此看来,樱花飘香的时节,也理应会使大和民族走出他们的狭小天地吧?如果他们暂时忘记了辛劳和磨难,忘记了痛苦和悲伤,不要责怪他们。他们短暂寻欢作乐以后,一样会精力充沛、斗志昂扬回到日常工作中。因此,樱花成为我们的国花有诸多原因,不一而足。

这花朵那么美丽而易凋谢,随风飘落后又让芳香在空气中弥漫四溢,直到永远消逝……这就是典型的大和精神吗?难道我们的日本魂竟如此脆弱易逝吗?

---

[1]没药,橄榄科植物地丁树或哈地丁树的干燥树脂,主产于非洲索马里、埃塞俄比亚以及印度等地。在东方是一种活血、化瘀、止痛及健胃的中药。在西方常做成各种芳香剂、防腐剂和止痛剂,并被视作具有神奇疗效的一种药物。——译者注

[2]参见《创世记》第8章第21节。——译者注

第十六章　武士道还存在吗？

西方文明在我国迅速推进，是否已经消灭了日本古老文明的一切痕迹？一个民族的灵魂如果这么快就销声匿迹，太可悲了。能这么轻易地屈从于外来影响，实在是个可怜的灵魂。

构成民族整体性格的具体心理因素不一而足，而且根深蒂固，像"鱼的鳍、鸟的喙和食肉动物的牙齿等物种的基本特征"一样顽强。古斯塔夫·勒庞[1]先生最近的大作充满了浅薄的论断和华丽的概括，他说："由智力产生的认识是人类的共同遗产；而天性上的优缺点则构成了每个民族独有的遗产：它坚如磐石，即使时间的长河日复一日地连续冲刷它几个世纪，所磨蚀掉的也不过是它最外表的棱角。"[2]如果性格上的优缺点真的是每个民族独有的遗产，那么这些话的确振聋发聩并发人深省。这种把民族性格类型化的理论早在勒庞开始写书之前就已经有了，而且早已被西奥多·韦茨[3]和休·默里[4]推翻。在研究武士道宣扬的各种美德时，我们参考了欧洲的情形进行比较和说明。我们发现，没有哪一种性格特征可

---

[1]勒庞（1841—1931年），法国博物学家，其研究领域包括人类学、心理学、社会学、医学、发明和物理学。其代表作《乌合之众：大众心理研究》被认为是人群心理学的开创性著作之一。——编者注

[2]语出《民族心理学》，第33页。——原注

[3]西奥多·韦茨（1821—1864年），德国心理学家、人类学家。代表作是其六卷本巨著《自然人类学》。——编者注

[4]休·默里（1779—1846年），苏格兰地理学家和作家。——编者注

称为武士道的专有遗产。但一个民族的整体道德的确可以与众不同。爱默生将这种整体性格称为"无数支强大的单个力量共同作用的结果"。但是,他并没有像勒庞那样,认为它是一个种族或民族的独有遗产。这位康科德[1]的哲学家称它为"将每个国家最强大的人团结在一起的东西,使他们彼此理解,相处融洽。它是如此清晰明确,就好比谁没戴互济会的标志,一下就能看得出来"。

武士道在我们民族,尤其是在武士身上烙下的性格印记,不能说是"物种的基本特征",但武士道仍具有生命力则是毋庸置疑的。哪怕武士道仅仅是一种物质力量,它在过去七百年里所获得的动能也不会就此戛然而止。哪怕它是遗传下来的,它的影响也必然非常广泛。就像法国经济学家M.谢松算的那笔账,假设一个世纪有三代人,"我们每个人的血管里都流淌着生于公元1000年的至少两千万人的血液"。一个耕地的农民,"背负几个世纪的重荷",他的血管里流淌着好几个时代的血液,所以他和我们是兄弟,就像他和"牛"是兄弟一样。

武士道是一种潜移默化且难以抗拒的力量,它一直在推动着这个民族和个人前行。新日本最杰出的先驱者之一吉田松阴[2],在行刑前夕所吟诵的下列诗歌,正是本民族的真实自白:

明知这一生必死,

大和魂召唤着我!

接受命运的挑战!

虽没有成文的形式,但武士道一直都是一种精神的源泉,是我们国家

---

[1]爱默生后来定居于美国马萨诸塞州的康科德。——译者注
[2]吉田松阴(1830—1859年),日本江户幕府末期思想家、教育家,明治维新的先驱者。——译者注

的原动力，过去是，现在也是。

兰塞姆[1]先生说："今天，三个截然不同的日本同时存在——还没有完全消失的旧日本；精神已在但还没有完全成形的新日本；正经历剧烈阵痛转型中的日本。"虽然就主要方面来看，特别是在具体的制度方面，这一说法非常中肯，但涉及基本道德观念时，这一论断仍需做出一些修正；因为武士道诞生于旧日本并塑造了旧日本，它同时也为日本的转型提供了指导原则，事实证明，它还是形成新时代的力量。

伟大的政治家们为我国的航船掌舵，穿过了复辟的飓风和民族复兴的漩涡，除了武士道之外，他们不知道别的道德教义。一些作家[2]最近试图证明，基督教传教士对新日本的建立做出了可观的贡献。我愿尊重一切值得尊敬的人；但是，这一荣誉不宜授予虔诚的传教士们。与其在证据不足的情况下骤下论断，不如坚持圣经教导，将荣誉归于他人，这更适合于他们的职业。就我个人而言，我相信基督教传教士在日本的教育领域，尤其是在道德教育领域，为日本做出了巨大贡献——只是，上帝的神迹仍蒙着一层神圣和奥秘的面纱。无论他们做什么，影响都是间接的。不，到目前为止，基督教使团在塑造新日本方面收效甚微。是武士道，纯粹朴实的武士道，在鞭策和激励着我们，不管我们身处顺境还是逆境。翻开现代日本缔造者的传记——佐久间象山[3]、西乡隆盛、大久保利通[4]和木户孝允

---

[1] 亚瑟·兰塞姆（1884—1967年），英国作家，"一战"时在俄罗斯做战地记者。——译者注

[2] 参见斯皮尔的《在亚洲的传道与政治》和丹尼斯的《基督教传教与社会进化》等。——原注

[3] 佐久间象山（1811—1864年），日本江户幕府末期思想家，兵法家。——译者注

[4] 大久保利通（1830—1878年），日本明治维新时代政治家，与西乡隆盛、木户孝允并称"维新三杰"。——译者注

的传记，还有伊藤博文、大隈重信和板垣退助[1]等在世人物的回忆录——你会发现，他们的思想和行动都受到了武士道的激励和鞭策。研究和观察过远东地区的亨利·诺曼[2]先生宣称，日本与其他东方专制国家唯一的不同之处在于，"影响国民的主导力量是有史以来人类所创造的荣誉准则中最严格、最崇高及最正确的"[3]。他的这句话，点明了建设今天的新日本并实现日本未来使命的原动力。

日本的转型是全世界公认的事实。在这样的宏图伟业中，自然会有各种各样的动机；但如果要说出什么是最重要的，毫无疑问是武士道。当我们全国开放对外贸易时，当我们介绍西方生活各方面的最新进步时，当我们开始学习西方的政治和科学时，我们最主要的动机不是开发我们的物质资源和增加财富，更不是盲目模仿西方习俗。

认真观察过东方的体制和国民的汤森[4]先生写道：

天天都有人对我们说，欧洲如何影响了日本，说得我们都忘了日本岛发生的变化完全是自发的，欧洲人并没有主动教会日本什么，是日本自己选择学习欧洲的组织方式、民事和军事管理，而且到目前学得十分成功。日本从欧洲引进了机械科学，正如土耳其许多年前从欧洲进口大炮一样。准确地说，那不叫影响，除非说英国从中国进口茶叶是受中国的影响。

汤森先生接着问道：

---

[1] 板垣退助（1837—1919年），日本政治家、民权运动家，日本第一个政党——自由党的创立者。——译者注

[2] 亨利·诺曼（1858—1939年），英国记者、自由政治家。1906年被封为爵士。——译者注

[3] 语出《远东》，第375页。——原注

[4] 梅瑞迪斯·汤森（1831—1911年），美国学者、历史学家。——译者注

曾经改造日本的欧洲传教士、哲学家、政治家和鼓吹者呢？他们在哪里呢？[1]

汤森先生很清楚，我们自己才是日本一切变化的终极根源。如果他一门心思地研究我们的心理状况，以他敏锐的洞察力，他很容易相信这个源泉不是别的，而是武士道。荣誉感使我们无法忍受被视为落后国家——这是最强烈的动机。经济或经营方面的意识是在后来的变革过程中被唤醒的。

武士道的影响，今天仍无处不在，凡是识字的人都知道。日本人的任何生活细节都能说明这一点。赫恩（小泉八云）对日本人的心理提供了最具说服力和最忠实的解释。读了他的书你就会了解到，他所描写的日本人的内心活动其实就是武士道的心理活动。日本人普遍重视礼节，这就是武士道的流风遗韵，已经众所周知，就不再赘述了。"矮小的日本人"的耐力、坚忍和勇敢在中日甲午战争中充分得到证明。[2] "还有更忠君爱国的国民吗？"这个问题被问过很多次，答案令人骄傲："举世无双。"我们必须感谢武士道的恩赐。

公平而言，我们需要认识到，无论我们性格上有什么样的缺点，武士道都责无旁贷。我们缺乏深奥的哲学——虽然我们的年轻一代已经在科学研究方面获得了国际声誉，但在哲学方面却没有取得任何成就，这可以追溯到武士道的教育体制忽视了形而上学的训练。我们的荣誉感也使我们过度敏感和易怒；如果有外国人指责我们自负，那也是荣誉感的病态结果。

---

[1] 语出《亚洲与欧洲》。——原注
[2] 论述这个问题的著述中，特别请参阅伊斯特莱科与山田合著的《英雄的日本》，以及戴奥斯的《新远东》。——原注

外国人在日本旅行时，大概都没少碰见这样的年轻人，他们头发蓬乱，衣衫褴褛，手拿长棍或者一本书，在街上高视阔步，一副与世无涉的样子。这就是"书生"（学生）。对他们来说，地球太小，天不够高。他对宇宙和人生有他自己的独到见解。他住在空中楼阁里，靠永恒的智慧过活。他眼中闪耀着勃勃雄心；他的头脑对知识如饥似渴。贫穷只是驱使他前进的动力；世俗钱财在他看来是他品格的桎梏。他是忠诚爱国的宝库，自封为国家荣誉的守护者。他将他所有的优点和缺点融于一身，他就是武士道的最后孑遗。

武士道至今仍影响深远，我曾经说过，武士道是一种潜移默化的影响。人们更容易为沿袭下来的传统而打动，往往不知不觉、不由自主地响应武士道。因此，同样的道德观念用新的语言和武士道的旧有说法表达出来，其效力会有很大的不同。一个堕落的基督徒，任何牧师的劝导都无法阻止他的堕落倾向，但用当初他效忠于神的誓言来打动他，他就立刻痛改前非。"忠诚"一词能激发起所有已经冷却和麻木的高尚情感。一群惹是生非的年轻人，由于对某位老师的不满，在大学里长期"罢课"，校长只提了两个简单的问题，他们立即就分崩离析了——"你的教授是个好人吗？如果是个好人，就应该尊重他，让他留在学校。他不好吗？如果是这样，推一个快倒下的人不是男子汉所为。"其实，真正的问题是教授没有学问，但是与道义的正当性相比，这种学问上的无能就显得无足轻重了。只有通过唤起武士道所灌输的道德情操，伟大的道德革新才能大功告成。

传教工作失败的一个原因是大多数传教士对我们的历史一无所知。有人说："有必要关心异教徒的历史记载吗？"结果呢，他们的宗教与我们祖祖辈辈几个世纪以来所继承的思想习俗相去甚远。嘲弄一个民族的历史？他们根本不知道，任何民族的经历，甚至是最落后的非洲土著的历史，都是人类通史的一页，都是由上帝亲手写成的。就连那些灭绝的种族也留下了自己的典籍，需要独具慧眼的人去解读。对于一个睿智和虔诚的人来说，种族本身就是上帝之手留下的印记，黑白分明，就如同他们的肤色一样。如果这个比喻贴切的话，那么黄种人的历史就是金色象形文字书写的珍贵一页！

传教士忽视了各民族历史，宣称基督教是一个新的宗教，但在我看来，基督教是"古老而又古老的故事"。说得更明白一些，或者说，用耳熟能详的民族道德词语来表达，基督教是人同此心，心同此理，不分其种族或国籍。美国或英国的基督新教，多了盎格鲁-撒克逊人的奇思怪想，失去了基督教创建之初的优雅和纯洁——嫁接在武士道的主干之上，只会是羸弱的枝条。新信仰的传播者是否应该将整个民族道德的枝枝叶叶连根拔起，然后在荒芜的土地上播下福音的种子？这样的大刀阔斧的英雄之举是有可能的——据说在夏威夷，教会激进分子已经完全消灭了土著民族，成功地聚敛了财富。但是，这在日本绝无可能——不，耶稣在地上建立他的国时，也绝不会采用这样的手段。

我们应该把周伊特[1]下面这句话牢记在心，他是个圣洁的人、虔诚的基督徒及博学多才的学者：

人们把世界分成了异教徒和基督徒，却没有考虑到前者中可能隐藏了多少善，也没有考虑到后者中可能混杂了多少恶。他们把最高尚的自己和最卑劣的邻居相互比较，把基督教的崇高理想和希腊或东方教会的腐败堕落相提并论。他们的目的不是寻求公正，而是满足于不遗余力地赞美自己和贬损异教。[2]

但无论个人有什么不足，基督教所信奉的基本原则都是一种力量，我

---

[1] 约瑟夫·周伊特（1751—1813年），美国牧师、法学家。——编者注
[2] 语出《论信仰与教义的讲道集》，第2章。——原注

们在预测武士道的未来时必须认真对待,这一点毫无疑问。武士道的日子似乎已经屈指可数了。不祥的征兆预示着它的未来。不仅有迹象,还有令人敬畏的力量正在威胁着它。

第十七章　武士道的未来

拿欧洲的骑士精神和日本的武士道进行深刻的历史对比，这样的题材真是可遇而不可求。如果历史能重演，那么武士道的命运肯定会和骑士精神相差无几。圣·帕拉耶[1]分析骑士精神的衰落时，提出了一些特殊的局部原因，这些原因并不适用于日本。但是，在中世纪及中世纪之后，有一些更加宏观和普遍的原因，最终造成了骑士精神和骑士制度的衰落，武士道的衰退也正是出于同样的原因。

欧洲和日本的情况有一点明显的差异。在欧洲，当骑士精神失去了封建政权的奶水滋养后，它便被教会收养，从而获得了新生，但日本并没有一个足够强大的宗教势力来哺育武士道。因此，当呵护它的封建制消亡时，武士道便沦为孤儿，只能自求多福了。目前，复杂的军事组织为它提供栖身之所。但我们知道，现代战争已经无法为武士道提供任何持续发展的空间。早年滋养过它的神道教已经过时。中国古代圣贤正被边沁[2]和密尔[3]这类文化新贵所取代。一种更加温和的道德理论迎合了沙文主义倾向，被认为完全符合当下的需求，已经应运而生，并得到大力追捧，但至

---

[1] 圣·帕拉耶（1697—1781年），法国历史学家、古典学家、语言学家、词汇学家。——编者注

[2] 杰里米·边沁（1748—1832年），英国法理学家、功利主义哲学家、经济学家，英国法律改革运动的先驱和领袖。——译者注

[3] 约翰·斯图尔特·密尔（1806—1873年），英国哲学家、经济学家，边沁功利主义支持者，19世纪著名古典自由主义思想家。——译者注

今我们只能听到他们刺耳的声音在煽情的新闻专栏中回荡。

各地领主和各方势力纷纷摆开阵势来对抗武士道。正如维布伦[1]所言："工业阶层中礼仪规范的衰落——或者被称为生活的庸俗化——在所有眼光敏锐的人看来，已成为现代文明的主要祸害之一。"武士道是一种托拉斯[2]，一种由垄断智力和文化储备资本、确定道德等级和价值的人组成的托拉斯，而不可阻挡的民主胜利浪潮容不下任何形式的托拉斯，所以仅仅靠民主浪潮的力量就足以吞噬武士道的残余。当前的社会力量与弱小的阶级精神是对立的。而正如弗里曼严厉批评的那样，骑士精神是一种阶级精神。现代社会如果还标榜统一性，就无法容忍"为了一个特权阶级的利益而量身定做的纯粹个人职责"[3]。再加上教育的普及、艺术和风俗的产业化、财富的积累和城市生活等方面的进步，我们不难看出，无论是最锋利的武士刀刃，还是最强劲的弓弩射出的最锐利的箭，都没了用武之地。建立在荣誉的基石上，并用名誉来捍卫的国家，我们应称之为名誉之国，还是按照卡莱尔[4]的说法，称之为英雄之国呢？我们的国家正在迅速落入巧言善辩的律师和大放厥词、穷兵黩武的政客手中。一位伟大的思想家在谈到特蕾莎[5]和安提戈涅[6]时说道："他们热忱行为发生的环境已

---

[1]索尔斯坦·邦德·维布伦（1857—1929年），美国经济学家。——译者注

[2]托拉斯，垄断组织的高级形式之一，由许多生产同类商品的企业或产品有密切关系的企业合并组成。旨在垄断销售市场、争夺原料产地和投资范围，加强竞争力量，以获取高额垄断利润。——编者注

[3]弗里曼《诺曼底征服》，第5卷，第482页。——原注

[4]托马斯·卡莱尔（1795—1881年），英国思想家、历史作家、散文家。——译者注

[5]特蕾莎，17世纪小说中荷兰人马泽伯的爱人。——编者注

[6]安提戈涅，古希腊悲剧作家索福克勒斯同名戏剧的女主人公。在剧中，她被塑造成维护神权和自然法，而不向世俗权势低头的伟大女英雄形象，激发了后世许多思想家如黑格尔、克尔凯郭尔及德里达等的哲思。——编者注

经不在。"这话用到武士身上也很合适。

呜呼，骑士的美德！呜呼，武士的骄傲！武士道德在军鼓和号角声中走进这个世界，注定要随着"武家和主君们的消失"而退场。

如果历史还能给我们些许教益，那么凡是靠武德立国的国家，不管是像斯巴达那样的城邦，还是罗马式的帝国，永远不可能成为世间"恒久的城市"。虽然好战本能是人类的普遍天性，而且事实证明，好战本能对于培养崇高情操和男子气概功不可没，但它不能囊括全部的人性。在好战的本能之下，隐藏着一种更神圣的本能——爱。我们已经了解到，神道教、孟子和王阳明都清晰地阐释过这一点；武士道和其他所有武德，无疑都仅仅关注眼前的实际需要，常常忘记了适时强调这一点。近来，生活的天地变得更加宽广了。比武士道更高尚宏伟的使命召唤着我们。随着人生观的丰富，民主政治的发展，对其他民族和国家了解的加深，孔子的仁爱思想——能不能加上佛教的慈悲思想？——会被融入基督教的博爱思想中。人已不仅仅是臣民，而发展为公民了；不，作为人，他们已经超越公民了。虽然战争的阴云仍笼罩在地平线上，但我们相信和平天使的翅膀可以驱散它们。世界历史证实了"温驯之人将会继承大地"的预言。一个国家出卖和平的优先权，从工业主义的前沿倒退到经济刺激主义的行列，这的确是一笔失算的买卖!

当社会发生了天翻地覆的变化，不仅厌恶武士道，而且敌视武士道时，是该给武士道风风光光地发丧下葬了。不过要说出武士精神消失的确切时间点，就像要说出它诞生的确切时间点一样困难。米勒博士说骑士精神在1559年正式废除，那一年法国的亨利二世在比武中被刺死。对我们来说，1870年废除封建制度的正式法令敲响了武士道的丧钟。五年后颁布了禁止佩剑的法令，等于鸣钟送走了"无价的生命恩典，义务的国防，培养勇武和军功"的旧时代，它迎来了"诡辩家、经济学家和谋略家"的新时代。

据说，日本最近在同中国的战争中依靠村田枪[1]和克虏伯炮[2]取得了胜利；还据说，这场胜利是现代学校制度发挥作用的结果。但是，这些话对了不到一半。即使是埃尔巴或斯坦威[3]制造的最精良的钢琴，不经名家之手，它本身能弹奏出李斯特的狂想曲或者贝多芬的奏鸣曲吗？再者，如果说枪就能赢得战争，那么为什么路易·拿破仑未能用他的密特莱尔兹式机关枪[4]打败普鲁士军队呢？或者，西班牙人为什么未能用他们的毛瑟步枪[5]去打败旧式雷明顿手枪[6]武装起来的菲律宾人呢？毋庸赘述，俗话说得好，是精神在激励，没有这种精神，最好的工具也无济于事。最先进的枪支和大炮不是自己发射的，最现代化的教育制度也不能使懦夫成为英雄。不！在鸭绿江、在朝鲜和满洲的战役中获胜的是我们祖先的灵魂，是他们牵引着我们的手，激荡着我们的心灵。那是我们骁勇善战的祖先的灵魂，他们没有死。所有心明眼亮的人都能看到，千真万确，他们无处不在。粗略了解任何一个思想先进的日本人，他身上仍有武士的风范。克拉姆教授表达得恰如其分，荣誉、勇气和所有武德的伟大遗产，是"让我们托管的财富，是死者和子孙后代不可剥夺的领地"。眼下需要保护这一遗

---

[1] 村田枪，一款问世于1880年的日式步枪，因设计者为村田经芳而得名。村田经芳，萨摩藩著名射手，日本陆军少佐。——译者注

[2] 克虏伯大炮，因其设计者和制造商为阿尔弗雷德·克虏伯而得名。阿尔弗雷德·克虏伯（1812—1887年），德国实业家，闻名天下的火炮大王，现代战争武器的奠基人。——译者注

[3] 埃尔巴和斯坦威，都是西方有名的钢琴制造家。——编者注

[4] 密特莱尔兹式机关枪，一种拥有多管步枪口径的截击枪，可以同时发射多发子弹，也可以快速连续发射多发子弹。——编者注

[5] 毛瑟步枪，一种旋转式闭锁枪机的后装单发步枪，因其设计者为德国人威廉·毛瑟与保罗·毛瑟两兄弟而得名。——译者注

[6] 雷明顿手枪，19世纪中期，美国雷明顿公司生产的一种左轮手枪。——译者注

产，使古老的精神完好无损；未来则需要拓宽这一遗产的内涵，使之运用到生活的各个方面和各种关系中。

　　过去半个世纪的事件证实了这一预言，即封建日本的道德体系，像它的城堡和军械库一样轰然倒塌，新道德像浴火重生的凤凰一样引领新日本迈向进步。实现这样的预言值得欣慰，也不无可能，但不要忘记，凤凰只是从自己的灰烬中升起，它不是途经此地，也不借其他鸟类的翅膀飞翔。"神的国即在汝等之中"。它不会从巍巍高山之上飞过，也不会从茫茫大海上横渡。《古兰经》说，"上帝给每个人派了一位懂母语的先知"。天国的种子在日本人中得到证实和肯定，武士道就是它开出的花朵。可悲的是，还没等到果实成熟，武士道就要消亡了。我们四处寻找美好与光明、力量与慰藉的其他源泉，但是至今尚未找到任何东西来替代它。没有灵魂的行尸走肉们强词夺理，极力追捧功利主义和唯物主义的盈亏哲学。能够和功利主义、唯物主义相抗衡的伟大道德体系唯有基督教。必须承认，和基督教相比，武士道就像一根"光线黯淡的灯芯"一样，救世主弥赛亚宣称，他不是要熄灭它，而是要使它熊熊燃烧。像希伯来人先驱——以赛亚、耶利米、阿莫斯和哈巴谷等一样，武士道特别强调统治者、公职人员和国民的道德行为，而基督教的道德几乎只要求基督徒个人及其追随者，所以随着个人主义的道德影响力不断增长，基督教道德将有更多实际用途。如果我不算大错特错的话，尼采所谓的盛气凌人、一意孤行的"主人道德"，在某些方面与武士道类似。由于尼采病态的扭曲，它是对拿撒勒人[1]的谦卑的、禁欲的及被称为奴隶道德的一种过渡，或一种短期的反动。

---

　　[1]拿撒勒人，指犹太人。拿撒勒，以色列北部城市，基督教圣城之一，主要居住者为犹太人。——译者注

基督教和唯物主义（包括功利主义）——将来会把它们简化为更古老的希伯来主义和希腊主义吗？——将会瓜分世界。弱势的道德体系会为了生存而与其中一方结盟。武士道站在哪一边？它无须捍卫固定的教条或公式，可以作为一个个体消失，像樱花一样在晨风中飘散。但是，它永远都不会面临彻底灭绝的命运。正如斯多葛派，谁能说它已经死了呢？作为一个哲学体系它已经死亡，但作为一种美德它仍然存在。它的勃勃生机仍然渗透在生活的诸多方面——在西方国家的哲学中，在整个文明世界的法理之中。不，只要还有人在拼搏奋斗，超越自我，只要他还能实现精神对肉体的控制，我们就能看到芝诺不朽的训诫仍在发挥作用。

武士道作为一套自成体系的道德准则可能会消失，但它的力量将会在大地上永存；它培养军事技能和个人荣誉感的学校可能会被摧毁，但它的光辉和荣耀将在废墟中长存。就像象征它的花朵一样，当它被吹向四方时，它仍然会用生命的花香给人类带来祝福。多年以后，当武士道的风俗习惯被彻底埋葬，当武士道的名字被遗忘时，它的芳香就会从"站在路旁眺望"也望不见的遥远山冈上随风飘来——这时，正如那个教友派诗人用美丽的语言所吟唱的那样：

不知来自何处的芬芳

使旅人心怀感激，

停下脚步，脱下帽子，

去接受那来自空中的祝福。